世界を変えた建築構造の物語

Built
The Hidden Stories Behind Our Structures

ロマ・アグラワル 著
牧尾晴喜 訳

目次

STORY

エンジニアの／としての物語

私は大切な猫のぬいぐるみを片手で握りしめ、それを失くしてしまうのではないかと心配していた。そしてもう片方の手で母のスカートにしがみついた。まだ慣れないめまぐるしい環境の中で、未知の世界に恐怖と興奮を覚えた私は、唯一なじみのある2つのものにすがりついたのだ。

今、改めてマンハッタンのことを頭に浮かべようとすると、感受性が豊かだった幼い頃に初めて訪れたときの光景を思い出す。車の排気ガスの変な臭い、街かどのレモネード売りの叫び声、急ぎ足で行き交い、私に容赦なくぶつかってくる人々の群れ。それは、大都会から遠く離れた場所に住む一人の子どもにとって圧倒的な体験だった。頭上に広がるのは空ではなく、太陽を遮るガラスと鋼の高層ビル。このおばけみたいなものはなに？ どうすれば登れるの？ 上から見下ろしたら、どんなふうに見えるんだろう？ きらびやかな街を母に連れられるままに歩きながら、私はきょろきょろと左右を見回していた。顔を上に向けたまま歩いていたために、母の後ろでつまずきながらも、雲に向かって伸びる無数の柱に釘付けになった。

私はそこで見たものを再現しようと、家に帰ってからミニチュアのクレーンでブロックを積み上げた。学校では、大きな紙に縦長の長方形を明るく大胆な色で描いた。その後、長年にわたって繰り返し訪れるうちにニューヨークは私の心の風景の一部となり、刻々と変化するスカイラインと新しい高層ビルは私の憧れとなった。

父が電気エンジニアとして働いていた数年間、私たちはアメリカに住んでいた。残念ながら、住まいはマンハッタンを訪れたときに感銘を受けた高層ビルではなく、ニューヨーク州北部の丘陵地にある木造の軋む家だったけれど。私が6歳のとき、父はムンバイで家業を継ぐためにエンジニアをあきらめ、私たちはインド洋を見渡す7階建てのコンクリートのマンションに住むことになった。コンテナの中での長い航海の旅を経て無事に新しい家に着いた私のバービー人形たちにも、当然くつろいでもらう必要があった。父は私がパーツを失くさないよう大きな白いシーツを広げ、クレーンを組み立て直すのを手伝ってくれた。私は大きな音を立てながら、長いプラスチックの管を持ち上げ、カードを所定の位置に動かして人形のための家を建てた。これが、おそらく私のエンジニアリングのキャリアに向けた最初の一歩だったといえる。

アメリカ訛りと、少しオタク的傾向がある（まだお気づきでない読者の皆さんにもそのうちわかるだろう）私にとって、ムンバイでの新たな学校は試練だった。何人かの同級生に「学者」とからかわれたのだ。けれども徐々に、私を理解してくれる友達や教師にめぐり合えた。私は大きな金縁のメガネ越しに、物理、数学、地理の教科書を読みふけり、化学、歴史、語学には苦労したけれども、美術の授業は大好きだった。私の母は大学で数学と自然科学を学び、コンピュータープログラマーとして働いたこともあり、私の自然科学と数学への関心の高まりを歓迎し、追加の宿題と読書を課した。学生時代を通して、私はこれらの科目が一番好きで、大人になったら宇宙飛行士か建築家になると決めていた。

当時の私は「構造エンジニア」という言葉を耳にしたこともなく、いつの日か私が壮大な超高層ビル、ザ・シャード（ロンドンにある超高層ビル。設計：レンゾ・ピアノ）のプロジェクトに参加することになるなど夢にも思っていなかった。

家族は、勉強が大好きな私に、視野を広げる絶好のチャンスである留学をさせようと決意した。そして、15歳のときに私はロンドンに移り、数学、物理、デザインを（上位20％にあたる）Aレベルで学んだ。またしても新しい国の新しい学校だったが、今回はすぐに同類の人間（ファラデーの法則に心酔し、実験室で実験することが楽しいと思える私と似た女子）を探し出した。素晴らしい教師たちのおかげで大学で物理学を勉強する道が開かれ、私はオックスフォードへ移った。

それまでの学校での物理学は理解の範囲内だったが、大学では（少なくとも最初は）そうではなかった。光は波であると同時に粒子の集まり？　時空は曲げることができる⁇　タイムトラベルは数学的には可能?!　私は夢中になったが、こうした理論を理解するのには苦労した。成績でみると、私は常にクラスメートから数歩遅れているように感じていた。だから、何がどのように機能しているかをようやく理解できたときは、本当に報われたと感じた。私は図書館での時間、社交ダンスやラテンダンスのレッスンの時間、洗濯や料理をする時間（ただし、後でわかるようにそれほど上手ではないかもしれない）といった生活のバランスをうまく取りながら、物理学を楽しんでいた。宇宙に行くとか、建築家になるという子どもの頃の夢は遠い思い出になっていたが、かといって人生で何をしたいのかは、まったくわかっていなかった。

そしてある夏、私はオックスフォード大学の物理学部で、さまざまな建物のありとあらゆる防火機能の図面作成に取り組んでいた。その仕事自体は世の中を変えるようなものではなかったが、私の周りで働く人たちは、世の中を変えるようなプロジェクトに取り組んでいた。エンジニアとして、彼らは物理学者が世界のメカニズムを定義する粒子を探求するために用いる機器の設計の仕事をしていた。ご想像の通り、私は彼らを質問責めにし、彼らの仕事の内容を聞いて驚いた。彼らの一人は、ガラスレンズ用の金属製ホルダーを設計していた。簡単な作業のように思うかもしれないが、装置全体を摂氏マイナス70度まで冷却しなければならず、金属はガラスよりも収縮するので、ホルダーを注意深く巧妙に設計しないと冷却された金属がレンズを砕いてしまう。それは巨大な機械の機構の中の微細なパーツにすぎないが、複雑で創造的な課題であった。私は休み時間にゆっくりと、自分ならこの課題をどう解決するか考えた。

そして突然、自分の中で一つのことがとても明確になった。私は、物理学と数学を用いて現実的な問題を解決し、その過程で何らかのかたちで世界に貢献したいと思っていたのだ。そしてこの瞬間、子どもの頃の高層ビルへの思いが、記憶の奥底から再び浮かび上がってきた。私は構造エンジニアになって建物を設計したい。物理学者からエンジニアに移行するために、ロンドンのインペリアル・カレッジで1年間勉強し、卒業後に就職してエンジニアとしての人生をスタートさせた。

構造エンジニアとしての私の責務は、設計された建造物が実際にきちんと建つようにすることだ。過去10年間で、私は驚くほど多様な建設工事に従事してきた。私は、西ヨーロッパで最も高いビルであるザ・シャードの設計チームの一員として6年間にわたり屋外尖塔と基礎の計算をしたり、ニューカッスルの奇抜な歩道橋や、ロンドンのクリスタルパレス駅の湾曲した屋根の設計を行ったりした。また、何百戸もの新築集合住宅の設計、ジョージアン様式のタウンハウスの建設当初の姿への復原、芸術家の彫刻の設置安定性の確保などにも携わった。私の仕事は、数学と物理学を用いて何かを作ること（それ自体が非常に楽しいこと）だが、それだけではない。まず、現代のエンジニアリングプロジェクトは、壮大なチームワークである。過去には、（建築に関する最初の理論書を紀元前30〜23年頃に書いた）共和制ローマ末期・帝政ローマ初期の建築家・建築理論家マルクス・ウィトルウィウス・ポリオや、（フィレンツェの大聖堂に息をのむようなドームを建てた）ブルネレスキのようなエンジニアがマスタービルダーとして知られていた。彼らは当時の建設に必要なすべての分野に関する知識を持っていた。しかし現在は、建造物はより複雑で技術的に進歩しており、一人でプロジェクトのあらゆる側面を設計することは不可能だ。一人ひとりがそれぞれの専門の分野を持ったことで浮かび上がった課題は、材料、物理的な労力、数学的計算を織り交ぜるという、複雑かつ激しさを宿したダンスの中で全員をまとめ上げなければならないことである。そのため、私は建築家やほかのエンジニアと一緒に、設計課題についてのブレインストーミングを行っている。図面により現場管理者を支援し、積算担当者はコストを計算し、ロジスティクスを検討する。現場作業員は材料を受け取り、私たちのビジョンを形にするためにそれを再構成する。このような時折混沌とする活動がすべて、数十年、さらには数世紀も存続する堅固な建造物に結びつくとは想像しがたいときもある。

私が関わる新しい建造物たちは、設計していくうちにそれぞれに育って独自の個性を表し始め、私にとっては友人のような存在になる。最初は数枚のスケッチでコミュニケーションを取り、徐々にその建造物がどのような構造になり、建設され、時が経てばどう変わるかがわかってくる。一緒に過ごす時間が長ければ長いほど、尊敬し、愛さえ感じる。竣工したら、私は友人である建造物に直接会いに行き、その周りを歩く。さらにその後も私たちはお互いに関わりを持ち続け、ほかの人が私に代って建造物と関わったり、建物が住まいや職場となって外の世界から誰かを守っているのを遠くから見守ったりする。

設計した建造物に対するこのような気持ちは、もちろん私だけのものかもしれないけれど、実は私たちは皆、周りにあるエンジニアリング、つまり自分が歩く道路や、通り抜けるトンネル、渡る橋と密接に関係している。これらの建造物により私たちの生活は楽になっているのだ。そして、手入れを行う見返りとして、これらの建造物は目立つことはないが私たちにとって不可欠なものになる。デスクが整然と並べられたガラスの超高層オフィスに足を踏み入れると、気力が充実し、プロフェッショナルな気分になれる。地下鉄の窓からトンネルを補強する鉄骨のリングを見ると、私たちの進歩のスピードを知ることができる。不均一なレンガの壁と石畳の小道は、過去から今日に至る歴史を思い起こさせてくれる。構造は私たちの生活をかたちづくり、維持し、私たちが存在するための背景となる。私たちは構造のことを意識しなかったり、その存在に気づかなかったりするが、構造にはストーリーがある。川に架かる巨大な橋の上部でぴんと張ったケーブル、高層ビルのガラスの外壁の裏にある鉄骨の骨組み、私たちの足下に埋められた導管やトンネル。これらの構造物は人類によって建設された世界を支えており、そこには、人類の創意工夫が詰まっている。そして、人と人との関わり、人と自然との関わりの多くを解き明かしてくれる。エンジニアリングによって設計された、絶え間なく変化し続ける世界は、聞く耳と見る目を持つ者にとっては、魅力的で秘密に満ちたストーリーとして体験できるものである。

皆さんがこういったストーリーを発見し、その秘密に気づくこと。世界を改めて理解することで、身の回りにある何百もの建造物の見方を変えること。住まいやさまざまな地域を新しい驚きの感覚で見ること。そして、一人のエンジニアとして今までとは異なる目で自分の世界を見られるようになることが、本書に込めた私の願いである。

FORCE
建物が支える力

自分が設計したものに足を踏み入れるときの感覚は独特のものだ。大学を卒業した後の私の最初のプロジェクトは、英国のニューカッスルにあるノーザンブリア大学歩道橋だった。私は2年にわたり、建築家の図面に合わせてビジョンの実現を支援し、書類数百ページにもおよぶ計算を行い、無数のコンピューターモデルを作成した。そして歩道橋は建設された。クレーンと掘削機が作業を終え、ついに私は自分が実現に寄与した鉄骨の構造物の上に立つ機会を得た。

私は少しの間、橋の手前の固い地面に立っていた。そして一歩足を踏みだした瞬間の興奮と信じられないという気持ちを、私は今でも忘れられない。毎日何千人もの人が渡るこの橋の建造の一端を担ったということに自分でも驚いていた。私は高い鉄骨のマストとそこから放射状に伸びるケーブルを見上げた。それは橋の自重と私の体重を簡単に支え、高速道路の上に架かるスリムなデッキを安全に支持していた。よじ登れないように角度が付けられた欄干は、日光を冷たく反射していた。下を通り過ぎていく車やトラックは、社会に対する初めての物理的な貢献に驚愕しながら橋の上に誇らしげに立っている若いエンジニアに気づくことはなかった。

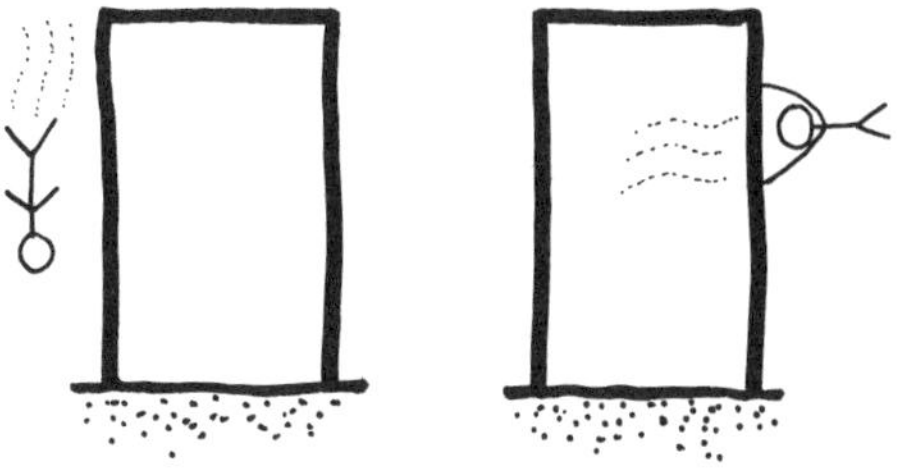

力の流れを考える。

ノーザンブリア大学歩道橋は、英国のニューカッスル・アポン・タインにある大学の2つの主要な敷地をつなぐために2007年に建設された。(①鋼製ケーブル　②コンクリート造の支柱　③鉄骨造のデッキ下部ダンパー付)

私の足元にあるその橋はもちろん微動だにしなかった。当然ながら、橋が受ける力を把握するために私が注意深く実行したいくつもの計算とモデリングは、確認に確認を重ねたものだった。私たちエンジニアは、間違いを犯すことが許されない。設計した建造物が毎日何千もの人々に利用されることをわかっているからだ。そこを通りぬけ、そこで働き、そこに住む人々は、エンジニアがつくった建造物が裏切るとは思っていない。私たちはエンジニアリングを信じ、エンジニアリングの基礎の上に立っている（多くの場合、文字通り）。そして、建造物を強固で信頼できるものにすることがエンジニアの責務である。それでも歴史は、それがうまくいかない場合もあることを示している。１９０７年8月29日の午後、ケベック・シティの住民は地震が起きたと思ったというが、実際は15キロ離れたところで、もっと考えられないことが起きていた。セントローレンス川のほとりで金属を引き裂く音が空中にとどろいた。建設中の橋をつなぎ合わせていたリベットが破断し、恐怖におののく作業員の頭上に飛び散った。鉄骨の支柱はまるで紙でできているかのように折れ曲がり、橋はほとんどの作業員とともに川に突っ込んだ。管理ミスや計算ミスが大惨事につながった残酷な史上最悪の橋の崩壊の例である。

私のエンジニアとしての最初のプロジェクトであるノーザンブリア大学歩道橋の上に立つ。

世界最長の橋をつくろうとするが……

橋は都市を拡大し、人々を結びつけ、商業とコミュニケーションを促進する。セントローレンス川に橋を架けるというアイデアは、1850年代から議会で議論されてきたが、そこには重大な技術的課題が残っていた。川は最も狭い地点でも3キロメートルの幅があり、水深は深く、流れも速かった。冬になると水が凍り、川の水路に大きな氷の山ができた。それにもかかわらず、最終的にはプロジェクトを実行するためにケベック橋梁会社が設立され、1900年に基礎工事が始まった。

会社のチーフエンジニアのエドワード・ホーアは、それまで長さ90メートルを超える橋の設計に携わったことはなかった（このプロジェクトの当初の計画でさえ、480メートルを少し超える「径間（橋の支持のない部分の長さ）」が要求されていた）。そのため、セオドア・クーパーをコンサルタントとして業務に加えるという運命的な決定が下された。クーパーは、アメリカで最高の橋梁技術者の一人として広く知られており、鉄道橋における鉄骨の利用に関する論文で受賞歴のある人物だった。理論上は、彼は理想的な候補のように見えたに違いないが、そこには最初から問題があった。クーパーは遠く離れたニューヨークに住んでいて、健康状態がよくなかったため、ほとんど現場を訪れることはなかったのである。それでも彼は、鉄骨の製造と工事の検査を自ら担当することを主張した。彼は自分の設計をほかの者がチェックすること

カナダのケベック・シティのセントローレンス川に架かるケベック橋が、1907年の建設中に崩壊した後の惨状。

を拒否し、現場の進捗状況の把握は、比較的経験の浅い検査担当者のノーマン・マクルーアに頼っていた。この鉄骨の構造物の建設は1905年に始まったが、その後の2年間、工事の進捗状況に対するマクルーアの不安は募る一方だった。そもそも、工場から届いた鉄骨が想定以上に重かった。なかには自重で座屈し、まっすぐではなく弓なりになっているものもあった。さらに心配なことに、作業員によって設置された鉄骨の多くは、橋が完成する以前にすでに変形しており、鉄骨にかかる力を支えるに十分な強度がないことを示していた。

このような変形は、橋の設計を当初の計画から変更し、中央径間の長さを約549メートルまで延長するというクーパーの判断の結果だった。野心がクーパーの判断を鈍らせたのであろう。彼はこの決断により、当時スコットランドのフォース橋が保持していた記録を抜いて、世界で最も長いスパンを持つカンティレバー橋のエンジニアになることを目論んでいた可能性がある。橋のスパンが大きくなるほど、建設に多くの材料が必要になり、橋は重くなる。クーパーの新しい設計案は元の設計案よりも約18％重量が増えていたが、計算に十分な注意を払いもせず、橋にはこの追加の重量を支えるのに十分な強度があると判断していた。マクルーアはこれに反対し、2人は手紙のやりとりで議論したものの、何も解決されなかった。

最終的に、マクルーアは非常に心配になり、クーパーと対峙するために工事を中断して電車でニューヨークに向かった。マクルーアが不在の間に、彼の指示に反して現場のエンジニアが作業員による橋の組み立てを再開し、悲劇的な結果がもたらされた。わずか15秒で、橋の南半分全体（19，000トンの鉄骨）が川に崩落し、現場で作業をしていた86人のうち75人が死亡した。

多くの問題やミスにより橋の崩壊が引き起こされた。特にこの惨劇により、監督なしで一人のエンジニアに巨大な権限を与えることの危険性が明らかになった。カナダだけでなく、ほかの国でも、ケベック橋の過ちを繰り返さないように、業務の規制を目的としたプロのエンジニアのための組織が設立された。そうであっても、最終的な責任の多くは、橋の重量を過小評価したセオドア・クーパーにある。結局のところ、橋の自重を支持するのに十分な構造ではなかったということなのだ。

圧縮力(左)と引張力(右)により本を支持。

重力と戦う

ケベック橋の突然の惨劇は、人的要因による欠陥工事において、重力が壊滅的な影響を及ぼす可能性があることを示している。エンジニアの主な仕事は、押し、引き、揺さぶり、ねじり、押しつぶし、曲げ、引きちぎり、分割、突然の破壊、引き裂きなどを引き起こすと予測される多様な力に対して、建造物がどのように耐えられるかを理解することである。したがって、重力の影響の把握は、多くのプロジェクトにおいて主要な検討事項だ。重力は太陽系を一つにまとめ、地球上のすべてのものを地球の中心に引き付ける力である。すべての物体の中に発生した重力による力は、重量と呼ばれる。この力は物体の中を「流れて」いる。あなたの体のさまざまな部分の重量について考えていただきたい。手の重量は腕に作用し、肩を引っ張って背骨を押し込む。そして、その力は背骨を流れ下り、腰に届き、骨盤で2つの力に分岐し、それぞれの脚に流れ込み、地面へ降りていく。これとほぼ同じように、ストローで塔を作って上から水を注ぐと、水は行く手に現れるさまざまな経路をたどって流れ、複数の選択肢がある箇所では分岐する。

構造計画においては、力がどこを流れているのか、そしてそれがどのような力であるのかを理解し、力を伝達する構造が要件に対し十分な強度を持っているかを確認することが重要である。

重力（および風や地震などの現象）が構造の中に生じさせる力には、主に2つの種類がある。それは、「圧縮力」と「引張力」である。厚手の紙を筒状に丸め、テーブルの上に垂直に立て、その上に本を置くと、本が筒を下向きに押す。これを行う「力」（質量に重力を乗じたもの）は、体の重量が脚の中を流れるのと同じように、筒を伝わってテーブルに流れ落ちる。筒には（脚と同様に）圧縮力がかかっている。

逆に、本をひもの一端につなぎ、もう一端を持ち上げると、吊り下げられた本は、これもまた重力の影響により、ひもを引っ張る。本の力がひもの中を流れ上がり、ひもには引張力がかかっているといえる。これは、手の重量が腕に及ぼす影響と同じである。

1番目の例では、紙の筒が圧縮力に耐えるのに十分な強度を持っていれば、本が筒を押しつぶしてテーブルに落ちることはない。2番目の例では、ひもが引張力に耐えるのに十分な強度を持っていれば、本は安全に吊り下げられたままとなる。

わざと崩壊を引き起こすために、より重い本を使った場合には、本の重量の増加に応じて、支持材にかかる力も増加する。筒にはもはや十分な強度がないので、押しつぶされ、本はテーブルに落ちる。同様に、より重い本を吊るすと、ひもは引張力に耐えきれずにぷつっと切

壁を通って荷重が伝わる
→ 壁式構造

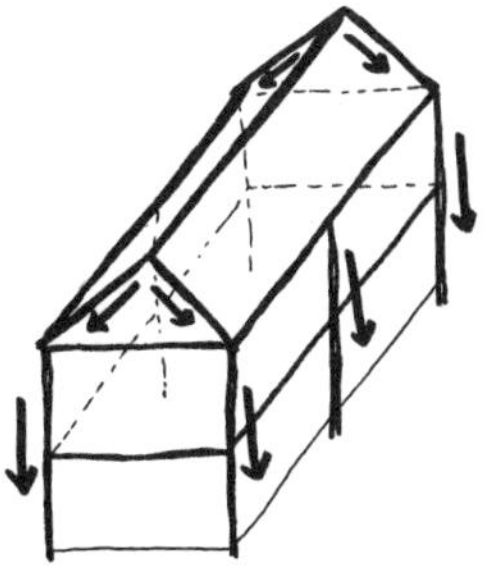
骨組みを通って荷重が伝わる
→ ラーメン構造

家を建てるための2つの方法。耐力壁（左）または骨組み（右）により支える。

れ、本は落下する。

橋の中の力は、橋の自重と橋の上を移動する人間や車両の重量によって生じる。ノーザンブリア大学の歩道橋の設計では、私は力が構造のどこにあるかを見つけ出すための計算を行った。その結果、各部分でどれくらいの圧縮力または引張力が作用しているかを正確に把握することができた。コンピューターモデルを使用して橋のすべての箇所をテストし、鉄骨が過度に曲がったり、つぶれたり、折れたりしないようにするために必要な鉄骨のサイズを計算した。

2つの形式

力の種類とその流れ方は、構造がどのように組み立てられているかによっても異なる。これには、主に2つの方式がある。一つは壁式構造、もう一つはラーメン構造として知られている。

私たちの祖先の泥造りの小屋は、円形または長方形に配置された厚い壁の形に泥を固めることによって作られたものだが、これは一つ目の方式で建てられている。この平屋建ての住居は、ソリッドの（中空ではなく、中まで詰まった）壁で壁式構造を形成していた。この構造体の重量は、泥の壁全体に圧縮力として自由に流れていた。これは、紙の筒の上に置いた本に似ており、壁のすべての側面に対して均一に圧縮力がかかっている。小屋を複数階建てにすると、ある時点で、より重い本が紙の筒を押しつぶすように、過度の圧縮力が耐力壁にかかり、壁は崩れる。

私たちの祖先は木を調達できるようになると、ラーメン構造で家を建てた。丸太を結びつなぐことで、力を伝達するネットワーク、つまり骨組みを作り出した。内部をさまざまな要素から保護するために、動物の皮や織った植物が丸太の間に吊り下げられた。泥造りの小屋の壁は力に耐えるのと「同時に」住民を保護するのに対し、木造の家には、力に耐える丸太に「加えて」重量のない動物の皮の「壁」という2つの異なるシステムが含まれている。力の伝達方法が、壁式構造とラーメン構造の根本的な違いである。

時が流れ、建造物の耐力壁や骨組みに使われる材料は、より洗練されていった。壁式構造は、泥よりも強いレンガや石で造られるようになった。産業革命後の1800年代には、鋼鉄が大規模に製造され始め、船舶や兵器だけでなく、建築にも金属を使用するようになった。コンクリートは再発見された（古代ローマ人はコンクリートの製造方法を知っていたが、ローマ帝国の崩壊によりその知見は失われていった）。これらの進歩の瞬間は、建造物に大きな変化をもたらした。

1930年に完成したシドニー・ハーバー・ブリッジは、シドニー(オーストラリア)のノース・ショアと中心部のビジネス街との間で列車、車両、歩行者の交通に対応するために建設された。(①アーチ状の鉄骨トラス　②引張力のかかったケーブル)

鉄骨やコンクリートは木材よりもはるかに強く、大きな架構を作るのに適しているため、より高いビルやより長い橋を建設することができるようになった。今日、シドニー・ハーバー・ブリッジの優雅な鉄骨のアーチ、マンハッタンのハースト・タワーの三角形からなる幾何学的フォルム、2008年北京オリンピックの象徴的建物である「鳥の巣」国家体育場など、より大きく、より複雑な構造がラーメン構造で造られている。

図面を読み込み考える

新たに建物の設計を始めるとき、建築家が丁寧に作成した、完成後の建物の外観に関する図面をじっくり見る。エンジニアはある程度の年数を重ねると、ある種のX線的透視能力を身につける。建物を試練にさらす重力やそのほかの力に抵抗するために必要な骨組みを、図面の中の建物から透かして見ることができるようになるのだ。私は、骨組みを安定させるための建物の背骨がどこに必要で、支持用の骨はどこで接合する必要があり、これらがどれくらいの大きさでなければいけないのかを可視化する。黒のマーカーで建築家の図面の上にスケッチし、肉に骨を加えていく。カラフルな図面に加えられた黒い太線は、ある程度の堅牢性を付加する。建築家とは多くの議論が必要で、時にそれは熱を帯びたものとなる。解決策を見出すためには妥協が必要だ。建築家がオープンスペースとして考えている場所に、柱が必要だと私が主張することもよくある。構造体が必要だと建築家は思っていた場所に、じつは構造体は不要だと私が考え、より多くの空間が取れるときもある。技術的な問題が生じたときは、お互いの視点への理解が必要だ。私たちは、視覚的な美しさと技術的な質の高さのバランスを取らなければならない。最終的には、構造と美しさの意図が（ほぼ）完全に調和したデザインに到達する。

建造物の架構は、柱、梁、ブレースのネットワークから構成されている。柱は骨組みの垂直部分、梁は水平部分であり、「斜材」とも呼ばれるブレースは、そのほかの角度の部分である。たとえば、シドニー・ハーバー・ブリッジの写真を見ると、柱、梁、ブレースが混在し、あらゆる角度の鉄骨から橋が形成されていることがわかる。柱と梁がどのように相互に作用して支え合い、どのように力を引き寄せるのか、そして、どのように崩壊するかを理解し、崩壊しないように設計するのが最も重要である。

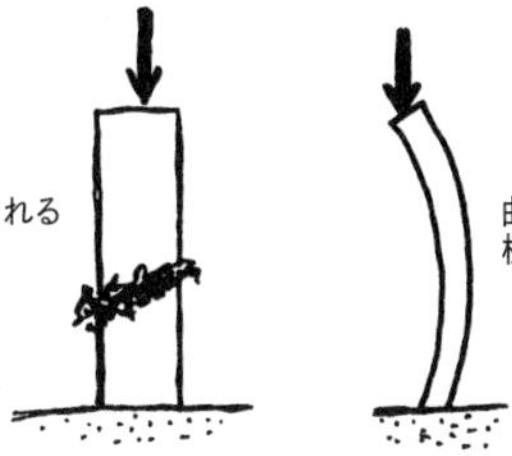

2種類の柱の壊れ方。押しつぶし(左)および曲げ(右)。

柱というものは何千年もの間、重力に抵抗するために使用されてきたが、古代ギリシャ人と古代ローマ人はそれを一つの芸術形態として進化させた。アテネのパルテノン神殿の美しさと堅固さは、外周部分に並ぶ溝彫りの入った大理石製のドリス式列柱によるところが大きい。ローマにあるフォロ・ロマーノの遺跡では、神殿の脆く壊れやすい残骸を支え、あるいは天を目指しながらもその成長を妨げられたかのような巨大な柱が圧倒的な存在感を放っている。もちろん、柱は建造物を支えるという非常に重要で実用的な機能を果たさなければならないが、古代のエンジニアは自然や神話にインスピレーションを受けた彫刻で柱を思いのままに飾った。カールした葉の繊細な彫刻が柱頭に施されたコリント式の柱は、古代ギリシャの彫刻家カリマコスが、コリントスの乙女の墓に残されたバスケットの中や周りに生えていたアカンサスを見て考案したと考えられている。フォロ・ロマーノの近辺では、数十本のコリント式の柱を見ることができる。コリント式の柱は何世紀にもわたって公共建築の古典であり続けた。例えばアメリカ合衆国最高裁判所のファサードや、もっと身近な例を挙げるとすれば、私の住むヴィクトリア様式のアパートの入り口も美しく

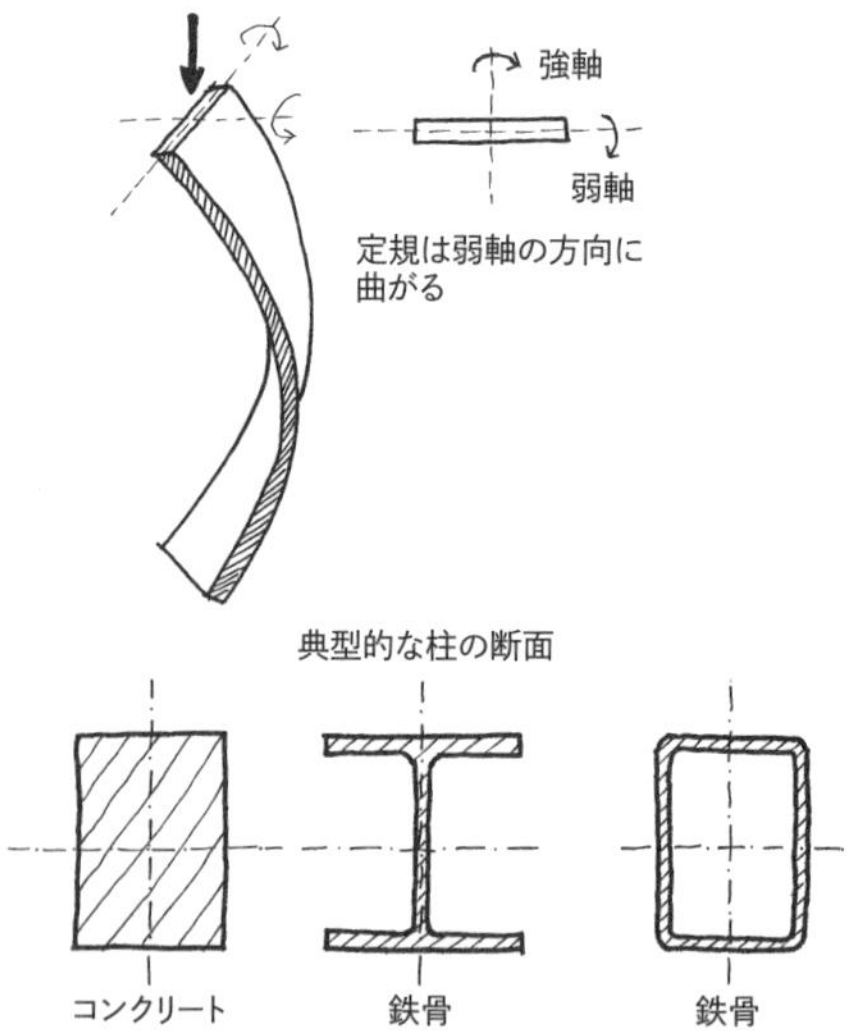

定規を曲げると、細い構造が弱軸に沿ってどのように曲がるかがわかる（上）。一方、柱はコンクリートでも鉄骨でも、どちらの軸にも曲がらないような形で作られている（下）。

飾っている。

柱は通常、圧縮力に対抗することによって機能する。柱の壊れ方の一つは、押しつぶされることで素材が耐えられなくなり、つぶれたり砕けたりすることである。これは、かなり重い本を紙の筒の上に置いたときに起こる現象と同じだ。もう一つの壊れ方は、曲げによるものである。プラスチック製の定規をテーブルの上に垂直に立てて、手のひらで押し下げると、定規が曲がり始めるのがわかる。そのまま押し下げ続けると、定規はさらに曲がり、最終的にはポキッと折れる。

柱を設計する際には、微妙なバランスを取らなければならない。スペースを取りすぎないように柱をスリムにする必要があるが、かといって細すぎると柱にかかる荷重によって柱が曲がってしまうか

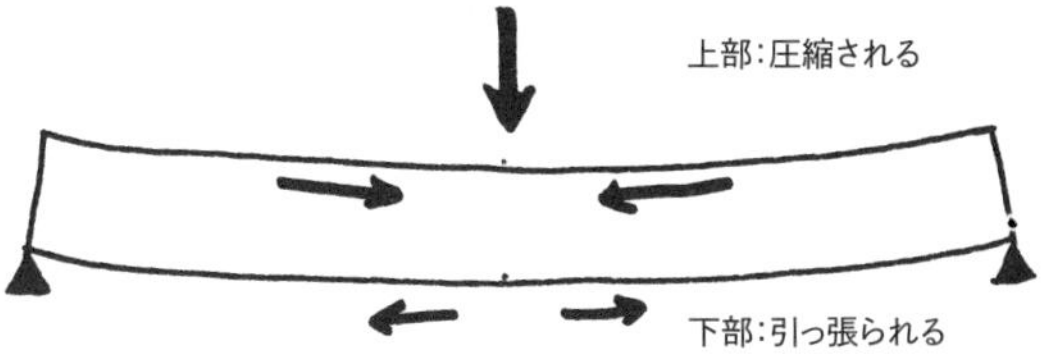

梁は重量がかかると曲がる。上部は圧縮され、下部は引っ張られる。

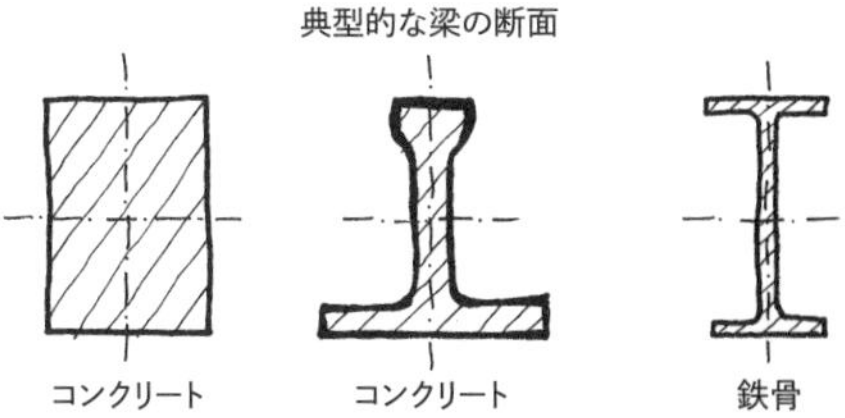

このような曲げに抵抗するために、梁は特定の形で作られている。

もしれない。同時に、柱が押しつぶされないように十分な強度の素材にする必要もある。古代の建造物に使われていた柱は、ほとんどの場合、ずんぐりと太い石材の柱であったため、曲げによって壊れる可能性はほとんどなかった。対照的に、現代の鉄骨やコンクリートの柱は非常に細く、そのほとんどが曲げに弱い傾向がある。

定規は一方向で幅が広く、他方向で薄い。定規を押し下げたときにわかるように、定規は主に弱い方の軸に曲がる。これを防ぐには、両方の軸を曲がりにくくすればよい。そのため、現代の鉄骨の柱は通常「H」字型に作られ、コンクリートの柱は正方形か長方形で作られている。こうすることにより、柱はより大きな荷重に耐えられる。

梁を強くするには？

梁は床の骨組みを形成し、柱とは異なった動きをする。私たちが梁の上に立つと、梁はわずかに曲がり、梁を支える柱に私たちの体重が伝わる。そして、柱は圧縮され、体重が地面に伝わる。梁の中心に立つと、体重の半分と梁の重量の半分ずつが、梁の両端に伝わる。そして、柱がこれらの重さを下に伝達する。私たちが梁の上に立つとき、梁はあまり曲がらない方が好ましい。これは、足元で床が動くと不快だからというだけではなく、梁が壊れてしまう可能性があるからだ。梁の強度を上げるためには、梁のせい（高さ方向の幅）、形状、素材により、梁を適度に曲がりにくくする必要がある。

梁に荷重がかかると梁は曲がり、荷重は梁の中を不均一に流れていく。梁の上部は圧縮され、下部は引っ張られる。つまり、梁の上部には圧縮力がかかり、下部には引張力がかかる。ニンジンを手で曲げてみていただきたい。ニンジンをUの字に曲げようとすると、やがて下側が割れる。これは、ニンジンの下部の引張力が大きすぎて、ニンジンがそれに抵抗できない場合に起きることだ。直径の異なるニンジンを使ってこれを繰り返すと、細いニンジンほど曲がりやすいことがわかる。太いニンジンを同程度まで曲げるには、より多くの力が必要となる。同様に、梁のせいが大きいほど梁は曲がりにくくなるため、荷重がかかったときの歪みも少なくなる。

梁を曲がりにくくするほかの方法は、形状についてよく考えることである。梁が受ける圧縮力は最上部で最大になり、引張力は最下部で最大になる。したがって、梁の上部または下部により多くの材料を配置すれば、より多くの力に耐えられる。これら2つの原則（せいと形状）を組み合わせると、梁に最も適した形は「I」字型（断面がアルファベットの「I」に似ているため）だとわかる。なぜなら、最も大きな力がかかる上部と下部に最も多くの材料が配置されているからだ。そのため、ほとんどの鉄骨梁はI字型になっている（I字型の梁は細長くて、縦方向のせいが横幅より大きいためH字型の柱とは少し異なる。H字型の柱は正方形に近い）。コンクリートの梁もIの字のような形にできなくはないが、コンクリートは長方形の型に注ぐ方が成形が簡単である。したがって、コストと実用性の理由から、ほとんどのコンクリート梁は単純な長方形になっているのだ。

一方で、ケベック橋のような大きな橋は、「通常の」I字型の梁を使用するには長すぎる。こういった距離に橋を架けるためには、せいが大きく重量のある梁が必要だが、そうすると、所定の位置に持ち上げることが不可能になる。そこで、代わりに別のタイプの構造である、三角形の安定性を利用した「トラス」が使用される。

4本の棒の角をテープで貼り合わせて長方形を作り、それを横方向に押すと、長方形が平行四辺形になって、最後には壊れてしまう。一方、三角形は同じように変形したり壊れたりすることはない。トラスは、梁、柱、ブレースから構成される三角形のネットワークであり、部材を介して力を巧みに伝達する。また、トラスには小さくて軽い部材が使用され、部材の

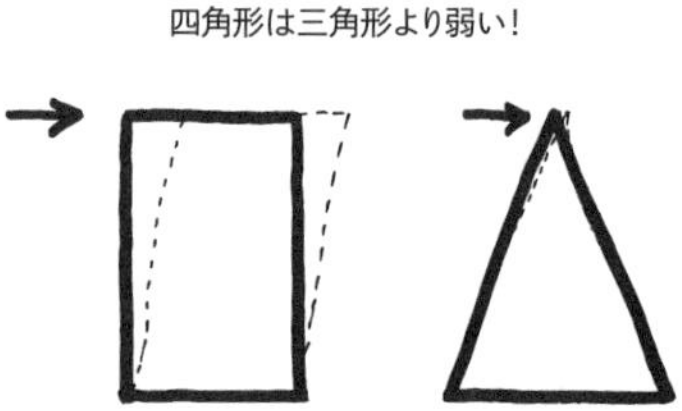

四角形は三角形よりも本質的に弱い形状である。

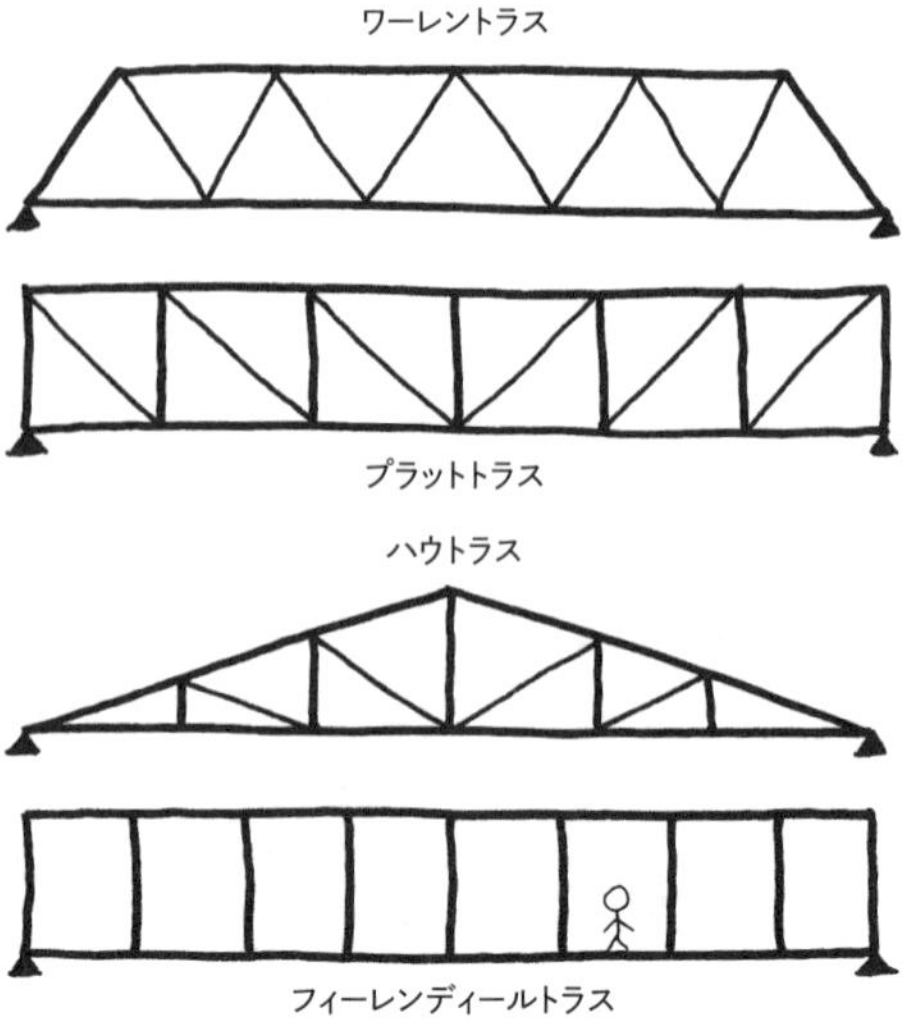

ほとんどのトラスは小さな三角形で構成されているが、長方形を用いる場合もある。

間に隙間があるため、同等の長さのI字型の梁よりも使用する材料が少なくてすむ。

小さな鉄骨部材を建設現場に運んで接合すればよいので、トラスの製作は容易である。ほとんどの大きな橋は、そのどこかにトラスを採用している。たとえば、サンフランシスコのゴールデン・ゲート・ブリッジの場合、金属のパターンが、橋の全長にわたって道路レベルの側面に走っている。Nという文字と逆さまのNが交互に続いているように見えるこのパターンは、トラスを構成するために考えられた三角形の配列である。

重力以外の難物

重力が地球の表面にある物体に及ぼす引力は予測可能である。エンジニアはその影響を理解しているため、重量に抵抗できるような柱、梁、トラスを設計できる。しかし、同様に破壊的なほかの力は、それほど簡単に方程式に当てはめられない。その一つが風である。風はランダムに変動し、予測不可能であるがために、歴史を通じてエンジニアを悩ませ続けてきた。風の影響を考慮しながら構造の安定性を維持することは、すべてのエンジニアが解決しなければならない問題として今でも存在している。

私がアテネを訪れたときに最も感動した遺跡の一つは、アクロポリスのすぐ北の古代ローマ時代のアゴラに建つ、白い大理石でできた大きな八角形の塔だった。キュロス（古代マケドニア王国の都市）の天文学者アンドロニコスによって紀元前50年頃に建てられたアンドロニコス・

ギリシャのアテネで紀元前2世紀から1世紀にかけて建てられたアンドロニコス・キュッレステスのホロロゲイオン(風の塔)。

キュッレステスのホロロゲイオン、別名「風の塔」は、8つの日時計と、水時計と風向計をそれぞれ一つずつ備えた時計塔だった。塔の周りをゆっくりと歩きながら見上げると、各面の上部に、翼の付いた8つの風の神々のレリーフがあることに気づいた。ある神は厳しい表情で、ある神は優しい表情で、つぼや花輪を腕にかかえて前方に向かって飛んでいる。もともとは塔の上にトリトンの銅像が立っていて、風向計として風の神が吹いている方向を指していたのだという。

塔は、風とその潜在的な破壊力に対して古代ローマ人が抱いていた畏敬の念の証であった。「最初の建築家」と呼ばれることもある古代ローマのマスタービルダー、ウィトルウィウス(紀元前80年誕生)は、後世に強い影響を及ぼした建造物の設計に関する10巻の論文『建築について』で、風を考慮することの重要性を強く語っている。第1巻では、ソラヌス（東）、オースター（南）、ファボニウス（西）、セプテントリオ（北）の4つの主な方向と、これら主方向の間に位置する4つの方向について説明している。

驚くべきことに、風が異なる方向で、どのような異なる動きをするかについて、古代ローマのエンジニアはすでに深く理解していた。今日のエンジニアが行っている風力の計算は極めて洗練されているものだが、その作業の基礎は2000年前に、この八角形の塔の彫刻に刻まれていたのである。

風の力をどう計算するか

風は地球上のあらゆる場所において、建造物に作用する。高さ100メートル未満のビルを設計する際に、私が通常使用しているのは風の分布図である。この分布図は数十年にわたって測定されたデータをもとに作成され、特定の場所での基準となる風速を示す等高線が描かれた気象図である。私は基準となる風速に、敷地の海からの距離、敷地の高度、周囲の地形の変動性（丘陵の程度や建物の数）などで定義する数値を組み合わせる。数式によりこれらの要素を組み合わせて、12の方位（円を30度ごとに分割した方向）で構造が受ける風の量を示す。これは、ウィトルウィウスによって記述され、風の塔のレリーフで示された8つの方向とそれほど異なるものではない。

しかし、超高層ビルといったより大きな構造物を設計する場合、風の分布図の数字は適用しない。風は直線的ではなく、上空にいくほど変化は予測できない。データをもとに推定を試みたり、数学的なテクニックを使って１００メートルの高層ビルの数値を３００メートルの高層ビルに合うように調整したりしても、非現実的な結果しか得られない。そのため、予測の代わりに、構造を風洞でテストする必要がある。ロンドンのリージェンツ運河の近くにある40階建ての高層ビルの設計を行っていたとき、私はある試験施設を訪れた。風洞試験装置のミニチュアの世界は、それ自体が驚異的だ。ミルトン・キーンズの模型作成者たちは、私の設計する建物の２００分の１のレプリカだけではなく、その地域のほかのすべての建造物のミニチュアも製作し、その模型全体がターンテーブルに載せられていた。ビルの周りの建造物は、データをとる上で非常に重要だ。ビルが野原の真ん中にあるのなら、ほかの物体に邪魔されることなく風の力を直接受けるだろう。しかし、大都市ではさまざまな建造物が混ざり合い、密集した街並みが風の流れと乱流に影響を与えるため、ビルが受ける力は異なってくる。

私はビルの模型の背後に立ち、「トンネル」（滑らかな壁で構成された、正方形の細長い通路）を介して反対側にある巨大な送風機の方向を眺めた。送風機は、建物が特定の方向から受ける風速に設定されていた。装置に接続されているケーブルのチェックが済み、作業員の準備ができると、送風機のスイッチが入れられた。羽根が回転し、冷たい空気が目の前のミニチュアの街を吹き抜けて私の顔に打ちつける中で、私は脚に力を入れて踏ん張った。建物のモデルの内部では何千ものセンサーが、風による押す力と引く力がどの程度かかっているかを検知し、数値をコンピューターに送信した。ターンテーブルを15度ずつ回転させ、24の方向からのデータをシステムが記録するまで、このプロセスが繰り返された。その後、数週間をかけて施設のエンジニアがデータを整理し、レポートを作成した。私はビルを検証するために、コンピューターモデルにレポートの数値を入力した。風によって及ぼされるあらゆる方向のあらゆる影響に対して、構造は安定性を保てなければならない。

風が構造に与える悪影響は3種類ある。まず、地上の建物が軽量であると、嵐の後に散乱するカラーコーンのように、風によって倒されることがある。2つ目は、地盤が弱いと、風によって建物が動いて沈むことがある。風の強い日のヨットを想像してみていただきたい。ヨットは、風の力に押されて水上を進む。これはセーリングをしている場合には望ましい効果だが、風に押されて建物や橋が陸上を横に動くことは望ましいことではない。もちろん、土は水ほど流動的ではないので、嵐の中で建物が目の前を浮かんで通り過ぎていくのを見ることはない（もしも目撃した場合は反対方向に逃げてください、というのが専門家としての私のアドバイスである）。しかし、土が押しつぶされれば動くことはあるので、エンジニアは建物を所定の位置に保つために強固な基礎を設置する必要がある。

3つ目の影響は、海で揺れる船に似ている。すべての建物は、吹いている風の強さに応じて木のように前後に揺れている。これは正常で安全なことだ。ただし、木とは異なり、建物は変位を簡単に確認できるほど大きくは動かない。高層ビルは通常、最大で建物高さを50

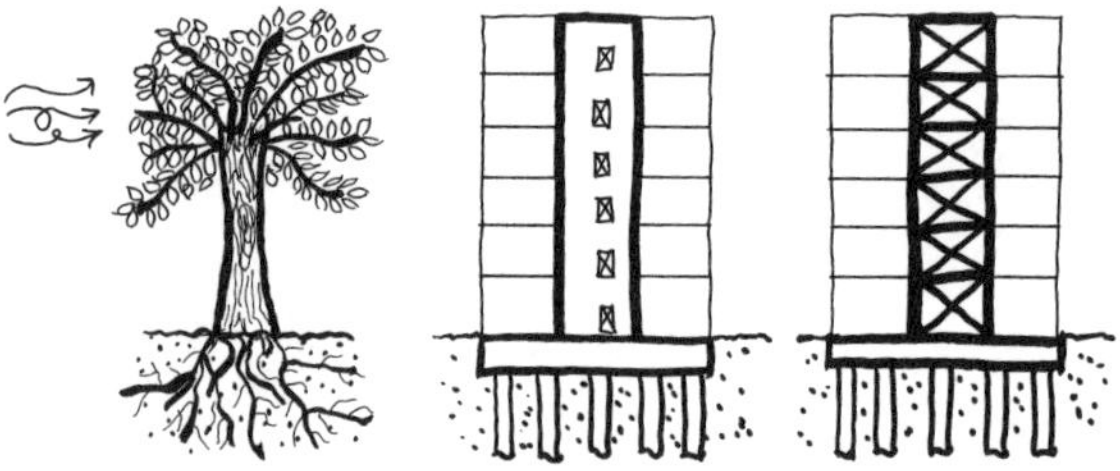

コンクリート造でも鉄骨造でも、建物のコアは安定した「幹」として機能するように設計されているため、地盤にしっかりと根付いている必要がある。

0で割った数値までは曲がるように設計されている（日本では、稀に発生する地震、極めて稀に発生する地震といった条件により1／100、1／200などの異なる数値が採用されている）。したがって、高さ500メートルのビルの動く範囲は1メートルまでである。また、この揺れが速すぎると船酔いを引き起こす可能性がある。

建物が転倒するのを防ぐ方法の一つは、建物を十分に重くすることである。過去においては、ほとんどの建物はさほど高くはなく、かつ石やレンガでできていたため、風の脅威に耐えるには十分な重量があった。しかし、建物が高くなるほど、受ける風は強くなる。20世紀になると、人類は高くて軽い建物を作り始めたので、風の力を無視することはできなくなったのだ。

現代の超高層ビルでは、重量だけでは直立状態を維持するのに必ずしも十分ではない。エンジニアは代わりに、建物が風に耐えるのに十分な剛性（圧縮・ずれ・ねじれなどの外力に対する、物体の変形しにくい性質）を持つための方法を考え出す必要がある。強風で曲がる木がいかにその力に耐える

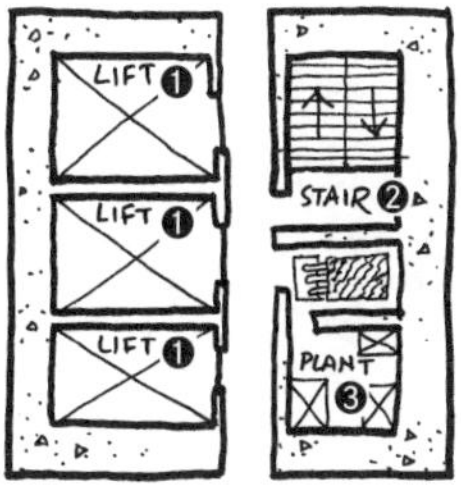

コンクリートのコアの平面図

通常は建物の中央に隠されているコアのレイアウト。コアは、必須の設備に適した場所を提供する。（①エレベーター　②階段　③設備）

かを知っているという人は、現代の建物が非常に強い風の中で直立を保てるようにエンジニアが採用している原理をすでに理解している。強固でしっかりと張った根と、しなやかな幹により木の安定性が保たれているのと同様に、建物の安定性は多くの場合、鉄骨またはコンクリートで作られたコアによって保たれている。

コアとは、建物全体を貫いて人体の背骨のように垂直に伸びる正方形または長方形に配置された部分のことであり、その名前が示すように建物の中央にある場合が多い。建物の床はコアの壁に接合されている。私たちがコアに気づきにくいのは、コアがうまく隠されており、通常はそこに建物にはなくてはならない基本設備（エレベーター、階段、換気ダクト、電気ケーブル、水道管など）を組み込んでいるからだ。

風が建物に当たると、コアはその力を受けて、力はコアを伝わっていく。建物のコアは地面から突き出たカンティレバーである。これは、飛び込み台のように、一方の端がしっかりと固定され、もう一方の端が自由に動く構造を指す。コアが少し曲がることで、風の力が基礎部分に流れ落ちるように設計されており、これによりコアと建物が安定する。木の根のおかげで、木が風の力に耐えて力を分散できるのと同じである。

コンクリート造のコアでは、壁を（エレベーターや階段のドア用に特定の場所に設けられる開口部を除いて）厚く固めることで、コアの剛性が確保される。一方で、鉄骨造のコアは考え方が異なる。もし、コンクリートの壁をそのまま鋼鉄の壁に置き換えたなら、非常に高価なものになってしまう。しかも、鋼鉄の重量が大きくなりすぎるので、壁を形成するのは不可能だ。そのため、厚く固めた壁の代わりに、鉄骨の柱と梁が三角形と長方形の形で配置された架構、つまり垂直のトラスが造られる。

これらのコンクリートの壁や鉄骨の骨組みにかかる力は、風の方向によって異なる。私のコンピューターモデルには、24の異なる方向で計測された風洞レポートの風力値が入っている。これらの力は、コンクリート造のコアの壁や、鉄骨造のコアの骨組みを構成する梁、柱、ブレースに圧縮力と引張力をもたらす。次にコンピューターは、すべての方向について、コアの全部材にかかる圧縮力と引張力を計算する。そして、最大の圧縮力と引張力の数値を用いて、コンクリートの壁や鉄骨の骨組みを一つずつ設計していく。それぞれの部材にかかる力に応じて、コンクリートの厚みや鉄骨のサイズを変えなければいけない。これにより、コアはどんな風向きでもビルの安定性を保てる。コア全体をチェックするのはもちろんのこと、24の異なる風の影響についての一つひとつをチェックするのは複雑なプロセスである。幸いなことに、今ではこの大変な作業はコンピューターが肩代わりしてくれるので、エンジニアの作業はかなり楽になった。

コア以外の対処法

41階建てでガーキン（ピクルスに用いる小さなキュウリ）のような形をしているロンドンの建物、30セント・メリー・アクスは、風の中で安定した状態を保つための別の方法を採用している。濃淡のある青いガラスがエレガントに湾曲したシリンダー状の建物は、菱形状に交差する大きな鉄骨で囲われている。

背骨や骨格のように内部から建物の安定性を確保するコアの代わりに、30セント・メリー・アクスは外殻で覆われている。この外殻（専門用語で「外部ブレースフレーム」または「ダイアグリッド」）は、まるでカメの甲羅である。建物を押し倒そうとする力に内部構造で抵抗するのではなく、建物の周りの殻またはフレームにより建物が守られるのだ。風が吹くと、ダイアグリッドを形成する鉄骨のネットワークが風の力を基礎に伝達し、建物を安定させている。

外部ブレースフレームの見事な例として、パリのポンピドゥー・センターも挙げられる。建築家のレンゾ・ピアノ、リチャード・ロジャース、チャンフランコ・フランチーニらは、「裏返し」の建物を構想した。上水管や下水管、電気線、換気ダクト、さらには階段、エレベーター、エスカレーターなど、通常は隠れているはずのすべてのものが建物の外側に配置されている。ホワイト、ブルー、グリーンに塗り分けられた蛇行するパイプや、ジグザグに上つ

2012年に完成したロンドンの30セント・メリー・アクス(別名「ガーキン」)では、建物を外力から保護するための鉄骨造の外殻を採用している。(①三角形で構成されたダイアグリッド)

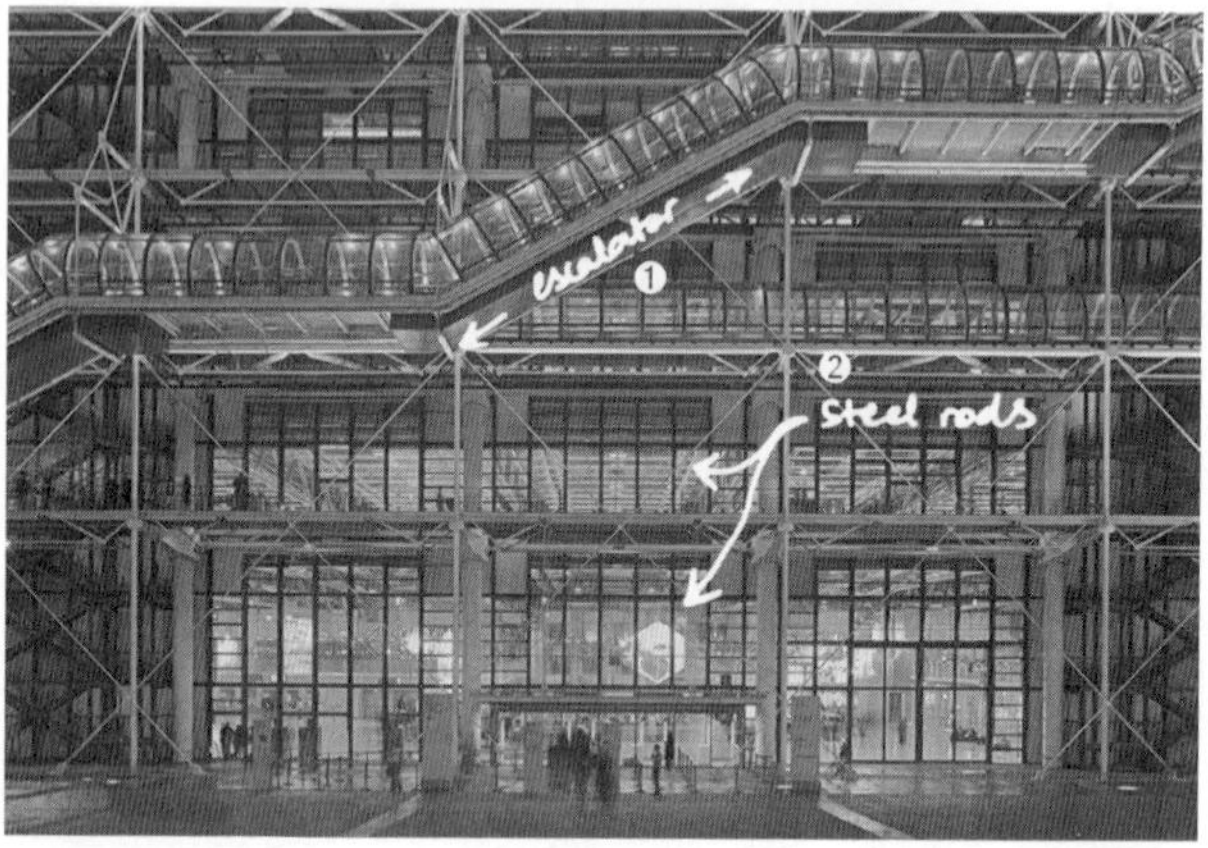

パリのポンピドゥー・センターは、鋼製ロッドのネットワークで構成された外部ブレースフレームを採用している。(①エスカレーター　②鋼製ロッド)

ていくエスカレーターの半透明チューブなどの要素は印象的で、見る者の記憶に残る。さらによく見てみると、空調ダクトや排水管に混ざって、大きなX字型の鋼製ロッドが網状になり、外殻構造として建物全体を覆っていることがわかる。この鋼製ロッドにより、建物は風に対して安定した状態に保たれているのだ。

建物がどのように機能して、荷重がどこに向かっているのかを理解できることは、構造エンジニアの私にとって喜びである。必要不可欠な設備をすべて隠したりカムフラージュしたりせず、ポンピドゥー・センターのように設備を露出することは、一見すると奇妙に思えるかもしれない。しかし実際には、建物をスムーズに運用するための思い切りのよい誠実さの表れであり、建物の特色がよく見てとれる。

建物は動く！

ただし、ダイアグリッドやコアが建物に組み込まれているのは、倒壊を防ぐためだけではなく、揺れを制御するためでもある。鉄骨やコンクリートで作られた一見堅固な建物が動くというと奇妙に思うかもしれないが、建物は動くものである。揺れ自体が問題ではない。重要なのは揺れにより、建物がどれだけ速く、どれだけ長く動くかである。人間が動きを感じられる加速度のレベル（物体の速度変化の度合いについての尺度）は、長年にわたる実験を通じて判明している。たとえば、飛行機での移動を考えていただきたい。飛行機が非常に速く飛んでいても、機内の穏やかな空気の中では動いているのをほとんど感じない。しかし、乱気流にぶつかると、速度が急激に変わったと感じる。同様に、建物もかなり大きく動くことはあるが、加速度が小さければ何も感じない。しかし、加速度が大きいと、建物が少ししか動いていない場合でも、吐き気を感じることがある。

私たちに影響を与えるのは加速度だけではない。建物が揺れ続ける時間、つまり建物が左右に振り子のように揺れ動く時間も私たちを不安にさせる。再び、飛び込み台の例を使って説明しよう。誰かが飛び込み台で跳ね上がってから飛び込むと、飛び込み台はしばらく振動してから停止する。端が強く固定されている厚い飛び込み台は、短い距離を往復して数回で止まる。さほど強く固定されていない薄くて強度の低い飛び込み台は、より長い時間、より長い距離を往復する。

高層ビルを設計する際は、揺れの加速度が人間の知覚範囲外であるようにするだけでなく、揺れがすぐに止まるようにしなければならない。

重力と風に耐える構造を設計するのに使われるコンピューターモデルは、この課題にも有効だ。梁、柱、コアの素材、形状、サイズをプログラムに入力すると、ソフトウエアが風の力、素材の剛性、構造の形状を分析し、加速度がどれくらいかを教えてくれる。人々が感じられる境界を下回っているなら、何もする必要はない。しかし、加速度がその境界となる値を超えている場合は、構造の剛性を上げる必要がある。コンクリート造のコアの場合は壁の厚みを増すことを検討し、鉄骨造のコアの場合はより大きな鉄骨の使用を検討する。そして、目標の加速度に達するまで、モデルで何度も計算する。

ビルは高くて細いほど揺れが顕著になる。時には、加速度と揺れの長さを制御するのに十分な剛性を構造に確保できないことがある。そうなると、完全に安全なはずの建物であっても、安全と感じられなくなってしまう。その場合は、ビルと反対方向に動く「動吸振器」と呼ばれる一種の振り子を設置し、ビルの揺れを人工的に制御する。

建物を含むすべての物体は、固有振動数を持っている。固有振動数とは、物体が何らかの影響を受けたときに1秒間に振動する回数のことである。ワイングラスにも固有振動数があるため、オペラ歌手は手を触れずにグラスを粉砕できるのだという。つまり、グラスに固有の周波数で声を出せば、声のエネルギーにより、グラスは劇的に振動し、粉々になるのだ。同様に、風や地震は特定の周波数で建物を振動させる。このとき、もし建物の固有振動数と突風や地震の固有振動数が一致してしまったら、建物は過剰に振動し、損傷してしまう。この現象（物体が固有振動数で過剰に振動すること）を、「共振」という。

振り子（ケーブルやバネで吊り下げられた重り）はケーブルの長さやバネの剛性に応じて、一定の時間内に一定の回数だけ左右に振れる。振り子を使って超高層ビルの揺れを打ち消すには、（コンピューターモデルで）超高層ビルの周波数を計算し、周波数の近い振り子をビルの上部に取り付ける必要がある。風や地震が超高層ビルを揺らすと、ビルは左右に動き始める。これにより振り子も振動するが、その振動の方向はビルの揺れとは逆である。音を出している音叉を考えてみよう。二股に分かれた一方の先端に触れるだけで、音叉の振動、つまり音を止

建物が揺れると、
振り子は反対方向に振れる

振り子が反対方向に振れることによって、高い建物の揺れを打ち消す。

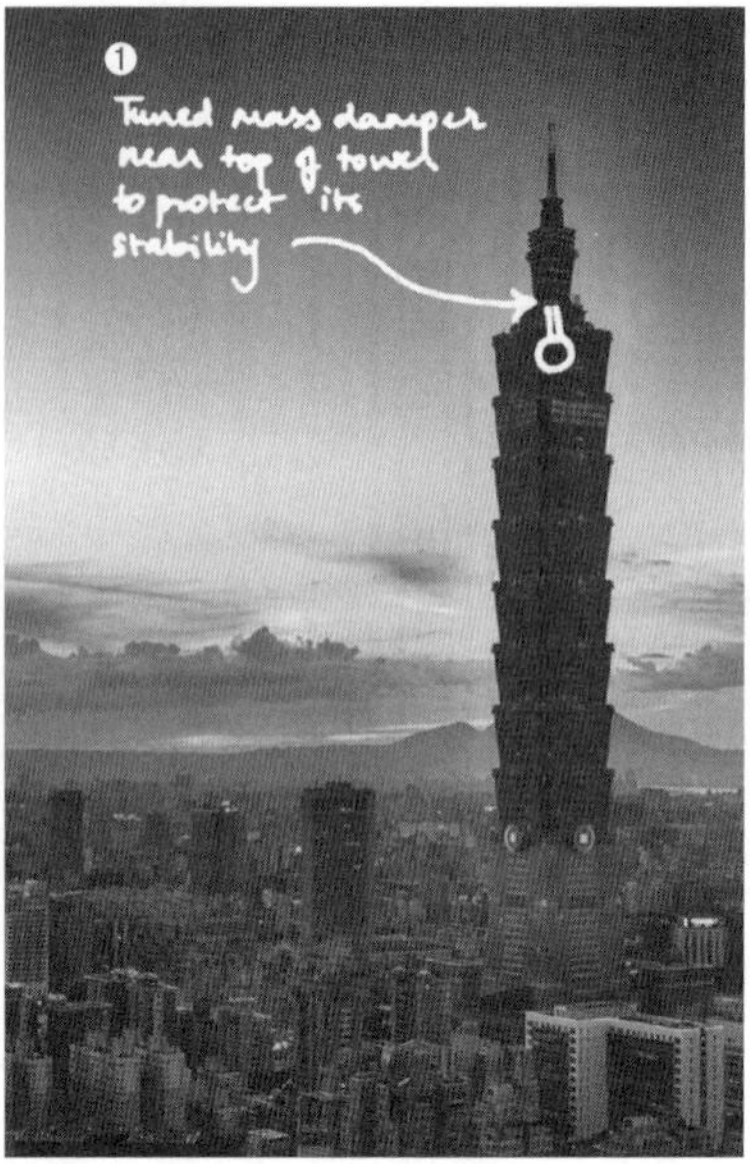

高さ509メートルの台北101は、台北市（台湾）のスカイラインの中で圧倒的な存在感を示している。（①建物を安定させるための動吸振器が建物の上部に設けられている）

めることができる。音叉に触れた指が振動のエネルギーを吸収するからだ。これと同じプロセスが、揺れる超高層ビルでも起こっている。

建物が音叉だとすれば、振り子は指のように機能し、超高層ビルの動きによって生じるエネルギーを吸収する。ビルの動きは小さくなり、このことを建物の動きが「減衰する」という。「減衰する・弱める（damp）」という用語は、「ダンパー：動吸振器（tuned mass damper）」の由来となっている。内部の人々はこのような減衰の動きを感じることはない。

台湾の台北市にある509メートルの高層ビルである台北101は、2004年の竣工時には世界で最も高いビルだった。仏塔と竹の茎に影響を受けた独特の建築様式で有名なこの建物は、まるで植物の茎が地面から押し出されたかのように、有機的なイメージをもたらす8つの台形の要素で構成されている。グリーンがかった色付きの窓により、このイメージが一層印象づけられる。

しかし、この高層ビルは、92階と87階の間に巨大な鋼製の球が吊り下げられていることでもよく知られている。660トンのこの鋼製の振り子は、世界の超高層ビルの中で最も重いものである。この振り子は有数の観光名所（振り子の大きさに加え、幾何学的な美しさや明るい黄色により、まるでSF映画のように見えるため）になっているが、本当の目的は、台北を襲うと予想される台風や地震からタワーを守ることである。嵐や直下の地面を振動させる地震によって建物が揺れると、振り子が揺れてタワーの動きを吸収する。2015年8月には台風13号（ソウデロア）が台湾を襲い、毎時170キロメートル以上の突風が吹いたが、台北101は無

台北101の振り子は、建物が台風や地震に耐えるために設置された。

傷だった。救世主となった振り子は、過去最大の1メートルに達する振れを記録した。

地震に対抗する

風や地震は、どちらも水平方向に作用するランダムな力なので、エンジニアは振り子を使って対抗する。しかし地震は、非常に壊滅的な影響を及ぼす可能性があるため、ほかの予防策も必要となることが多い。その壊滅的な力ゆえ、地震の起源についてはさまざまな解釈が存在する。古代インドの神話には、地球を背負っている4頭の象が動いたり背伸びをしたりするから地球が揺れるのだと書かれている。北欧神話では、ロキ（悪行のために洞窟に投獄されたいたずら好きの神）が拘束具と格闘するから地球は揺れるという。日本では、地震は巨大なナマズのせいだと考えられていた。このナマズは地面の下の泥の中に住んでいて、見張り役の神に巨大な石で押さえつけられている。しかし、時々、神の注意が散漫になり、ナマズがのたうちまわってしまうという。こういった説明に比べると面白みはないが、今日の私たちは、地球でときどき発生する振動について、より正確な説明ができる。地震は地球のさまざまな地殻の層が互いに動くときに発生する。このとき、震源地という一点からエネルギーの波が爆発的に広がる。エネルギーはこの点から同心円状に広がり、建造物を含む地表のすべてのものを揺さぶる。揺れによって引き起こされた建造物に影響を及ぼすエネルギーの波は、予測不可能で不規則であり、警告なしに襲いかかってくる。

エンジニアは、過去の記録から地震の周波数を調べ、コンピューターモデルで建設する建物の固有振動数と比較する。地震と建物の周波数があまり近くならないようにする必要があるのは、風の場合と同じだ。そうしないと、建物が共振して損傷したり、崩壊したりするおそれがある。周波数が近い場合は、建物の重量を増やすか、構造のコアまたは骨組みの剛性を上げることにより、建物の固有振動数を変えるといった措置を取る。

地震のエネルギー波の影響を軽減するもう一つの方法は、特殊なゴム製の「台座」(別名「支承」)を使用することである。強力なスピーカーから大音量の低音が出ているリビングルームに座っていると、振動がスピーカーから床、ソファ、そして最終的には身体に伝わるのを感じる。しかしスピーカーの下にゴム製の台座を敷くと、台座がほとんどの振動を吸収するため、振動の影響が少なくなる。同様に、建物の柱の下に大きなゴム支承を取り付ければ、地震の振動を吸収できる。

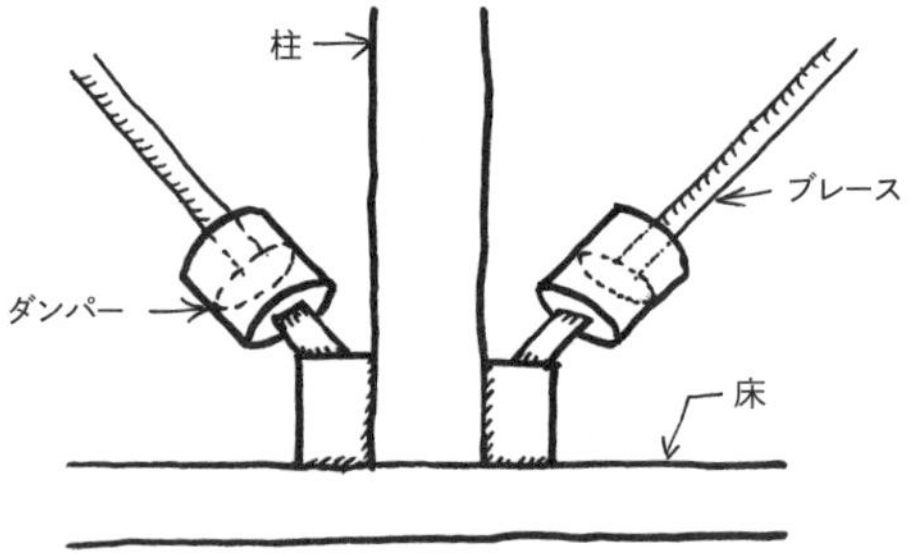

メキシコのメキシコシティの超高層ビル、トーレ・マヨールを守るダンパー。

地震エネルギーは、梁、柱、ブレースの接続部分でも吸収が可能である。メキシコシティのトーレ・マヨールという超高層ビルでは、これを行うために非常に巧妙なシステムが採用されている。この55階建ての構造には、車のピストンのような衝撃吸収機構である油圧ダンパーが96個、X字型になるように配置されている。建物の全周と全長にわたってダイアグリッドを形成し、地震に対する追加の補強材として機能している。地震が発生すると、建物全体としては揺れるが、その動きがダンパー部分で吸収されるため、内部で感じられる揺れは小さくなる。実際、トーレ・マヨールが完成した直後にマグニチュード7・6を記録した地震がメキシコシティを襲い、広範囲に被害をもたらしたが、このビルは無傷で生き残った。建物の中にいた人は、地震があったことにさえ気づかなかったと証言している。

極めて緻密に設計されていて安全であるため、建造物が複雑な技術であらゆる力と日々戦っていることに、ビルの利用者はまったく気づくことなく快適に生活し続けている。これはある意味、エンジニアの理想である。

FIRE
炎を防ぐ

1993年3月12日の朝、私はいつものように髪を後ろできつく束ね、パリッとした白いブラウスとグレーの制服を着てムンバイのジュフ地区の学校に行った。私の歯は緑色の矯正器具で固定されていた。それは自分で選んだものであったが、まったくもってオシャレではなかった（そう、私は9歳の時点で完全にオタクだったのである）。午後2時、普段通りに母がライムグリーンのフィアットで妹と私を迎えに来て家に連れて帰る。母が駐車している間、私たちはどちらが最初に家の玄関に着くかというでいつもの競争で階段を4階まで駆け上がったが、何かが違うと感じて最後の段で立ち止まった。隣に住む女性が、頭に掛けたショールを神経質に触り、動揺した様子で待ち受けていたので、足がすくんでしまったのである。

その理由はすぐにわかった。母が私たちを学校に迎えに行っている間に、ムンバイ証券取引所（現ボンベイ証券取引所。私の父と叔父が働いていた建物）に爆弾攻撃があったのだ。

私たちは慌ててアパートに駆け込み、テレビのスイッチを入れた。どのテレビ局のニュースもその事件を報道していた。連続爆弾テロによりムンバイ市内の各地で爆発が続いており、何百人という死傷者が出ていた。携帯電話が普及する前のことだったので、父と叔父が生きていて安全かどうかを知るすべはなかった。

ムンバイ証券取引所は、ムンバイの金融街の中心部にあるコンクリート造29階建ての高層ビルである。爆弾を搭載した車が地下のガレージに侵入して爆発した。多くの命が失われ、さらに多くの人が負傷した。私はテレビの前で恐怖を感じながら、血とほこりで汚れながらも、渦巻く煙から泣きながら逃げる人々の映像を呆然と見ていた。パトカー、消防車、救急車がビルに向かって走り、サイレンが鳴り響いていた。爆発に最も近い1階と2階の事務所が大きく破壊されているのがわかった。建物のこの付近にいた人が誰も生き残れなかったことは明らかだ。上の階から慌てふためいた人々が何とか階段を下りてきてビルから脱出していた。私たちは顔を見合わせながら一言も言葉を交わさなかったが、みんなが同じことを考えているのは明らかだ。父と叔父が働いていたのは8階である。私たちは、ただただ最良の結果を祈るだけだった。

これは後で知ったことだが、大きな爆発がビルを揺らした瞬間、デスクにいた私の父は、接続の悪い電話回線を通してクライアントと大声で話していたらしい。最初は発電機か大きな冷却装置が爆発したと思ったのだそうだ。父は席から飛び上がり、スタッフたちに落ち着いてオフィスにとどまるように伝えた。しかし数秒後、父は恐怖を感じた人々が階段を駆け下りるのに気づいた。爆弾攻撃があったことを知った多くの人々が、すぐに逃げろと叫んでいた。私の父と叔父、スタッフたちはオフィスを出て恐怖の現場の方に進んだ。

何百人もの人々が階段を下りようと押し寄せており、ほとんど動けない状態だった。父は顔を下に向け、階段のすぐ向こうにあるバラバラになった体（血まみれの腕、脚）を見ないようにして一歩一歩踏み出すことに集中し、そしてなんとか1階にたどり着いた。負傷者に対応しているたくさんの緊急車両が通りを封鎖していた。父と叔父はそのエリアから遠ざかり、バスに乗って祖母の家に向かったのだという。私たちが学校から戻ってから2時間が過ぎた頃（それは私の人生で最も長い2時間だった）、父はやっと私たちに電話をかけて、2人とも安全だと伝えることができたのだった。

十数年が過ぎて、構造工学の修士課程で学んでいた私は、爆発から高層ビルを守る方法について話し合う授業に出席していた。そのとき突然、あの3月の恐怖の事件が脳裏によみがえってきたのである。あの事件では建物の根元で大爆発が起こり、その後には火災も発生したのに、なぜムンバイ証券取引所のビル全体が崩壊しなかったのかという疑問が、そのとき初めて頭に浮かんだ。

今思うと、これには主に2つの理由が考えられる。まず、特定の建物に関しては、攻撃により損傷してもトランプで作った家のようには簡単に倒れないよう、エンジニアによって爆発に耐えられる設計がされている。すべての建造物の設計に最低限の安全基準が適用されているが、象徴的な高層の建物や特に多くの人が利用する建物のように攻撃の対象となりやすい建物は、考え得るさまざまな爆発のシナリオに対して特別に設計されている。もう一つの理由として、すべての建造物は急速に炎にのみ込まれないように設計されている。こうすることにより、炎や煙をできるだけ狭い範囲に抑えて消火・鎮火し、重大な構造破損が起きる前に建物内の人が脱出するのに十分な時間をかせぐことができる。

しかし、私たちは最初からこのように建物を作っていたわけではない。私たちは過去の災害から学んだのである。

謎のアパート大爆発

1968年5月16日、朝早く目覚めたアイビー・ホッジは、お茶を淹れるために台所に行った。彼女はガスコンロの詮をひねり、マッチに火を付けた。そして気づいた瞬間には、彼女は空を見上げて仰向けに倒れていた。台所とリビングルームの壁は消えていた。

ロンドンのカニング・タウンにある22階建ての高層ビル。その18階にあるアイビーのアパートで爆発が起きたのだ。平時の静かな住宅街で起こった、街で前例のないこの出来事は、その後の建物の建設に大きな影響を与えた。

この高層ビルは、第二次世界大戦後に切実に必要とされた復興の一環として急ピッチで建設されたものだった。この地域は戦争の爆撃で住宅地の約4分の1を失った。爆撃による破

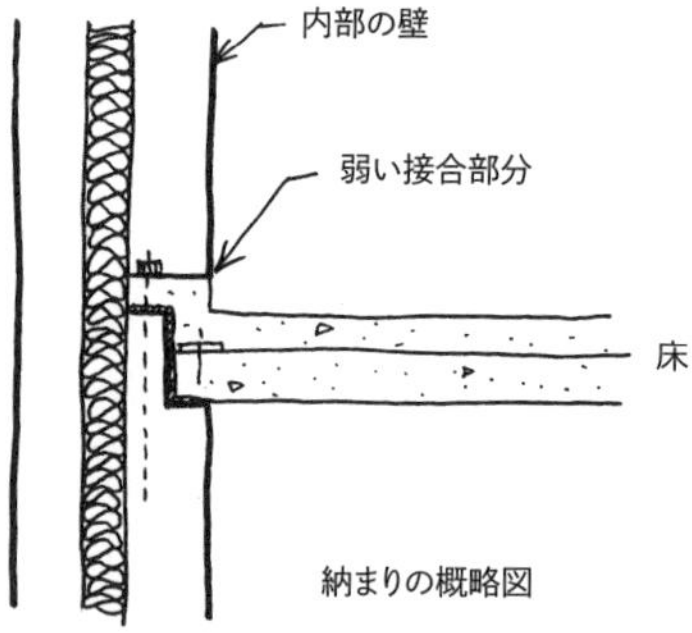

ローナン・ポイントで使用された稚拙な納まり。現場で少量の生コンクリートを使用してプレハブパネルを接合した。

壊は、戦後の人口増加と相まって、深刻な住宅不足をもたらしていた。そこで、迅速かつ効率的に建設を進めるために、新しい建設方式が試された。この建物は、ローナン・ポイントと呼ばれる開発のために建設された9棟の同一の高層ビルの中で2番目に建てられたものだった。

このタワーは「プレハブ」方式により急ピッチで建設されていた。（ほとんどの一般的なコンクリート工事で行われるように）生コンクリートを建設現場で注いで、それが固まって壁や床になるのを待つのではなく、部屋のサイズに合わせたコンクリートのパネルが工場で作られた。できあがったパネルは現場に運ばれ、クレーンで所定の位置に設置される。1階の壁を立て、その上に慎重に水平のパネルを置いて2階を作り、この過程を上の階にも繰り返していく。それはトランプのカードで家を建てるようなものだった。パネルは少量の生コンクリートを使って現場で接合される。建物の重量は、これらの大きな耐力パネルを介してのみ伝えられ、骨格や骨組みはなかった。この新しいプレハブシステムは、低コストで、より短い工期、より少ない労働力（すべて、戦後の英国の復興において考慮すべき重要な経済的要因）での建設を可能にした。

アイビー・ホッジのアパートでは、新たに設置された欠陥のあるボイラー設備から常にガスが漏れていた。その漏れたガスにマッチの炎が引火したことで、爆発が起きたのだ。彼女のアパートの角を構成していた壁のパネルは吹き飛び、支えを失った上層の壁パネルは落下して下の階に激突した。そして、ビルのその区画の床は1層ずつ崩壊し、建物が上から下に大きく削ぎ取られた。アパートで眠っていた4人が亡くなった。

不思議なことに、爆発ではアイビーの鼓膜は破れてはいない。大きな圧力でなくても鼓膜を損傷することから、この爆発の力はそれほど大きくなかったとわかる。その後の調査では、実際の事故のほんの3分の1の力の爆発でも壁パネルが外れることが示されている。パネルは適切に結合されることなく、ただ積み重ねられていたので、吹き飛ばされるのを食い止めるものはほとんどなかった。パネル間の摩擦力と少量の生コンクリートの「接着剤」だけでパネルを所定の位置に保持させる設計だったが、それは十分ではなかった。爆発により壁が押し出されたとき、押す力が摩擦力とコンクリートの抵抗を上回ったために、壁は飛び出してしまったのだ。そして、上階の壁の荷重は行き場を失い、壁はそのまま倒壊した。

この崩壊に関しては、もう一つ珍しい点がある。通常なら、建物の下層部での爆発が最も大きな被害をもたらすと考えられる。上層階が下を押しつぶす可能性があるからだ。しかし、

①
Explosion near top....
②
caused a huge collapse

1968年のロンドンのローナン・ポイントでの爆発における床の不均衡な崩壊。（①上層部での爆発が、②大規模な崩壊を引き起こした）

この事故の場合、もし建物の下層部で同じ爆発が起こったのなら、まったく崩壊が起こらなかった可能性がある。

摩擦力は重量によって引き起こされる。つまり、2つの面の接合部に作用する荷重が大きいほど、摩擦力は大きくなる。タワーの上層部（アイビーがいた場所）では、壁と床の接合部には4階分の重量しかかかっていなかったため、摩擦力は小さかった。そのため爆発の圧力が摩擦力を上回り、コンクリートパネルを飛ばした。しかし、タワーの下層部では20階分以上のパネルの重量がかかっていたので、壁パネル間の摩擦力はより大きいものだった（これは、積み上げた雑誌の上のほうを引き出すよりも、下のほうの雑誌を引き出す方がずっと難しいことからもわかる）。このように、直感に反して、上層部の爆発が悲惨な結果をもたらすこととなったのである。現在では、それほど頻繁に起きることではない。後で説明するように、建物がこのような工法で建てられなくなったからだ。

ローナン・ポイントでの崩壊は、将来の建設のために2つの重要な教訓をもたらした。第一に、壁や床のパネルが予想以上の力で押された場合に滑り出るのを防ぐために、構造を結合することの重要性（たとえば、ローナン・ポイントで床と床の間のプレハブの壁パネルを鉄筋で結合していたなら、建物が爆風に耐えるのに役立った可能性がある。現在のプレハブの建物では、この種の結合システムが用いられている）。従来の工法で建てられる建造物においても、コンクリートを打設する場合、または現場で鉄骨を固定する場合は、梁と柱がしっかりと接続されることが不可欠である。鉄骨造の場合に鉄骨を結合するのに使用されるボルトには、風や重力によって加えられる通常の荷重に耐えるためだけでなく、構造を一体化した状態を保つのに十分な強度が求められる。

第二に、エンジニアは建物への不均衡な影響を防ぐ責務があること。ローナン・ポイントでは、18階でのたった一度の爆発により、すべての階でタワーの角が崩壊した。「不均衡な崩壊（disproportionate collapse）」という新しい用語は、このドミノ効果が原因に対して不均衡であったことに由来するものである。爆発のような出来事が起きた場合、建物の損傷は避けられないが、一つの階の爆発の影響が建物全体に影響してはならない。カニング・タウンで起きたこの高層ビルの問題は、荷重が行き場を失ったことである。したがって、構造の一部が失われたとしても、力がどこかに流れるようにすることが重要なのだ。これは椅子に座っている状態に似ている。理論的には、4本の脚のそれぞれに体重の4分の1ずつがかかっている。ところが、多くの人は経験があると思うが、すべての体重が2本の脚だけにかかるように椅子を後ろに傾けると、脚にかかる設計上の荷重は2倍になる。2本の脚が壊れると、あなたは床に落ちて背中に擦り傷を負うだろう。しかし、作り手がこのような動作を予測し、すべての脚に2倍の荷重を見込んで設計していれば、こういったことは起こらない。

荷重が流れる新しい経路を意識的に設けるという考え方は、このようにして生まれた。私のコンピューターモデルでは、柱を1本削除して、隣接する柱により大きな力を想定した場合にも対応できるように設計する。それにより、もしその柱がなくなったとしても、周りの柱がその役目を担うことができる。次に、削除した柱を元に戻し、別の柱を取り除いてみる。このようにさまざまな組み合わせを試して、爆発に直面しても構造が安定していることを確認する。構造エンジニアとはジェンガで遊ばない方がよい。なぜなら私たちは、取り除いても構造が崩壊しないブロックを見分けることができるのだ。

街を火災から守るには？

歴史を通して、エンジニアと行政当局は、街や都市を焼け野原にしてしまう火事との戦いに取り組んできた。古代ローマ時代の家屋は、床や屋根、骨組みまでが木材で作られていることが多く、簡単に火がつくことから火事が頻繁に起こった。西暦64年に起きたローマの大火は、都市の3分の2ほどを破壊した。その頃の木材は、現在のように耐火性のあるもので保護されておらず、壁は、細い木で組まれた格子（見た目はバスケットにも似ている）に、湿った土、粘土、砂、わらを混ぜたものが塗り付けられた土壁だった。このような建物は可燃性が高く、急速に火が広がってしまう。さらに、街路が狭いため炎がほかの建物へ簡単に燃え移ってしまうことが状況を悪化させた。

マルクス・リキニウス・クラッススは、紀元前1世紀に古代ローマの上流階級に生まれた。尊敬される将軍（スパルタクスの反乱の鎮圧に貢献）であった一方で、悪名高い実業家としても知られている。クラッススはチャンスに敏感な男だった。ローマの火事によって引き起こされた惨状を見て、火事と戦うため、訓練された500人以上の奴隷で構成される世界初の消防隊を作った。彼はそれを民間事業として運営し、消防隊を燃えている建物に送り込んでは、ライバルの消防士を威嚇して追い払わせた。そして、取り乱した建物のオーナーとの間で、消火のための代金の交渉が成立するまでクラッススは動かなかった。合意に達しなかった場合、消防隊は消火作業を放棄して、建物が焼け落ちるがままにした。その後、クラッススは焼け跡でまだ煙がたち上る敷地のオーナーに対して微々たる金額を提示し、その土地を購入していった。こうして彼は瞬く間にローマの大部分を買い取ることに成功し、結果として多くの財を成したのだという。幸いなことに、現代の消防隊は誠実に業務を行ってくれる。

ローマの大火の後、皇帝ネロはローマに対していくつかの改善を命じた。通りは広くなり、アパートの建物は6階建てまでに制限され、パン屋や金属工の作業場は、空気層のある二重壁により住居から分離された。ネロは、バルコニーは避難を容易にするために耐火性にするべきであると宣言し、消火に給水設備を使用できるように投資した。このように、古代ローマ人は悲劇から学びを得てきた。そして私たちは、古代ローマ人が苦労して得た知恵からの恩恵を受けている。数千年たった現在でも、これらのシンプルな原則（空気層を設け、耐火材料により部屋、区画、建物を分離すること）は、火災による建物の破壊を防ぐために用いられている。

9・11から学ぶ

2001年9月11日、2機の飛行機がニューヨークの世界貿易センタービルに衝突するのを、世界中の人々が恐怖に包まれながら見つめていた。大学入学前の休暇でロサンゼルスに来ていた私は、翌日には飛行機でニューヨークに向かう予定だった。私は、ビルが衝突の1時間後に崩壊したのを見てショックで動けなくなり、ただ座ってニュースを見ていた。数日後、一変した世界の様相を感じながら、私は直接ロンドンに戻った。

エンジニアの視点から見ると、この恐ろしい日の出来事が、超高層ビルの設計と建設にさまざまな影響をもたらしたことがわかる。タワーの崩壊につながった構造の破損について読んだ私は、惨劇が飛行機の衝撃だけで引き起こされたのではなく、その後の火災も影響したことを知って驚いた。

ニューヨークには壮大な超高層ビルがたくさんあるが、世界貿易センターのツインタワー

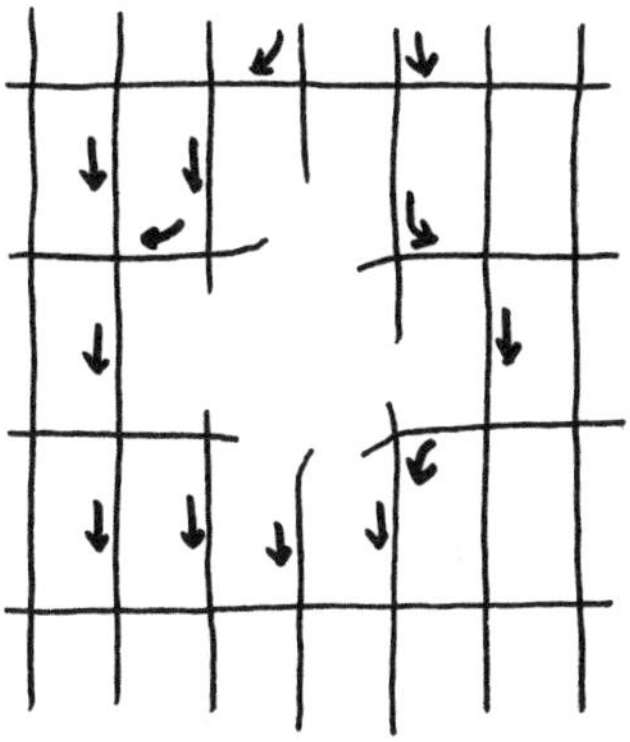

力が代替の荷重経路を介して伝達され、
建物内の荷重は新しい経路をたどる。

（1973年オープン）は、特に象徴的なものだった。それぞれのタワーは110階建てであり、上から見ると完璧な正方形をしたとてもシンプルなものだった。それぞれタワーの中央には、鉄骨の柱で作られた大きなコアがあった。しかし、タワーは、この背骨（コア）によって安定していたのではなく、「亀の甲羅」式の外殻構造によって安定を保っていた。

　正方形の周囲全体に1メートル強の間隔で配置された垂直の柱は、各階で梁に接合され、梁と柱が一体となって頑丈なフレームを形成していた。これは、前述のガーキンの構造に似ているが、巨大な三角形の代わりに巨大な長方形を用いており、梁と柱の接続部は非常に剛性の高いものだった。この外部フレームにより、風の力に対する建物の強度が維持された。

　飛行機がタワーに激突したことで外殻構造に巨大な穴が開き、多くの柱と梁が破壊された。実はこのビルは、エンジニアたちにより飛行機など何らかの衝撃の可能性にも耐えるように計画されていた。エンジニアたちは、ボーイング707型機（建設時に運用されていた最大の民間航空機）が建物に衝突したら何が起こるかを調査し、それに応じて設計を行った。梁と柱が非常に強力に接合されていたため、構造の一部がなくなったとしても、荷重は別のルートを見つけだすことができる。つまり、荷重は穴の「周り」を流れるようになっていたのだ（エンジニアたちがローナン・ポイントから学んだ不均衡な崩壊を防ぐための原則にならって）。

ツインタワーに衝突した飛行機は、エンジニアが30年近く前の計画で想定したボーイング707型機ではなく、より大きな767型機であり、より多くの航空用燃料を積んでいた。衝突時には燃料が発火し、燃料、航空機部品、机など建物内の可燃性物質による大火災により、鉄骨の柱がきわめて熱くなった。熱くなった鉄骨は望ましくない挙動を示す。鉄骨を構成する小さな結晶構造が刺激されて振動を起こし、通常は強く結合している結晶構造がゆるみ始めるのだ。結晶構造の結合がゆるむとは、金属が柔らかくなることだ。そのため、高温の鉄骨は低温の鉄骨よりも弱く、同等の荷重に耐えられない。9月11日の事件当時、穴の近辺の柱には、それらの柱自体に元々かかる力に加えて、その周辺の柱にかかるはずであった力も流れていたので、通常よりも大きな荷重がかかっていた。鉄骨の柱と床の梁には、鉄骨を火の熱から絶縁し過熱を防ぐための鉱物繊維が混ぜられた特殊な塗料が吹き付けられていた。しかし、飛行機の衝撃と飛び散った破片により保護塗料が削り取られ、鉄骨の面が大きく剝き出しとなった。そして、ビルの外周の柱の温度はさらに高くなった。

コアを構成する鉄骨の柱も異常に熱くなった。2層の石膏ボード（2枚の厚い紙に挟まれた石膏で作られたパネル）により、コアは建物のすべてのエリアから分離されていた。これは、人々を安全なコアのゾーンから階段へと避難させるため、仮にオフィス空間が燃えても火が石膏ボードを越えてコアに侵入しないように考えられたものである。しかし、ボードが損傷してしまったため、コアの柱が脆弱になり、安全なものとして考えられた経路が危険にさらされてしまった。

柱はどんどん弱くなり、摂氏約1，000度に達した時点で耐えられなくなった。柱はもはや力を受けることができず、曲がってしまった。

結局、柱は完全に倒壊し、上部の構造は重力の影響にさらされることとなり、まず、倒壊した柱の上の床が崩れ落ちた。すると、その下の階の床も落下の荷重に耐えられず崩壊した。カニング・タウンの災害を思い起こさせるが、それをはるかにしのぐ規模のドミノ効果により、次々とすべての床が崩壊し、ビルは倒壊した。ビルの耐火被覆（塗料とボード）は、火災の規模と強さに匹敵するものではなかったといえる。

あの日以降、超高層ビルの設計方法は変わった。現在では、避難経路をより強固に保護するようになっている。そのための最も簡単な方法は、鉄骨ではなくコンクリートでコアを建設することだ。つまり、火災の領域と安全の領域の境目には、弱い石膏ボードではなくコンクリートの堅固な壁が配置されることになった。

コンクリートは熱伝導率が低い材料だ。つまり、コンクリートは熱をうまく伝達しないため、熱くなるまでに時間がかかる。しかし、コンクリートを補強するために挿入する鉄筋は優れた熱伝導体であるというのは、エンジニアにとって頭の痛い問題だ。火事において鉄筋が熱くなると、熱エネルギーは鉄筋全体に急速に伝わるが、周囲のコンクリートはゆっくりと熱くなる。高温の鉄筋は低温のコンクリートよりも急速に膨張し、外側のコンクリートの層にひびを入れ、破裂させる。これは、ぶ厚いガラスのカップに熱湯を注ぐとひびが入るのと似ている。ガラスの内側の層は非常に熱くなって膨張するが、ガラスもコンクリートと同様に熱伝導率が低いため、外側の層は冷たいままになる。この冷たい外側の層に対して内側の層が膨張すると、最も外側の層に亀裂が生じる。

私たちは試験と実験によって、コンクリートが鉄筋に熱を伝導し、鉄筋が加熱されてコンクリートが破裂するのにはどれくらいの時間がかかるかを把握している。そのため、消火が終わるまで外側のコンクリートの層が損傷しないように、鉄筋をコンクリートの中の十分な深さまで埋め込む。こうすることで、人々がコンクリートのコアを通って建物から避難する、または消防隊が建物を崩壊させることなく炎を制圧するまでに、十分な時間を稼ぐことができるのだ。建物が高いほど、または大きいほど避難に時間がかかるため、鉄筋はそれに合わせてより深くコンクリートの中に埋め込まれる。わずか数センチの差が、結果として大きな違いをもたらす。

コンクリートのコアは、風荷重に対して建物を安定に保つこととと、建物の利用者のために保護された避難経路を提供することの2つの機能を果たしている。今日では、風に抵抗するために外殻構造（内部にコアは「不要」）を採用している場合でも、避難経路を保護するためにコンクリート壁を設置するケースはよく見られる。また、鉄骨の柱と梁を火災から保護する方法も劇的に改善された。耐火性のボードと膨張塗料（加熱されると膨張して金属を断熱する）は、かつてないほど強力になった。これらは鉄骨が熱くなる速度を遅らせ、鉄骨の強度を維持する。

災害からの学びはエンジニアリングの基本である。エンジニアの仕事とは、以前よりも優れ、強力で、安全な構造を構築するために努力し続ける絶え間ない改善のプロセスなのかもしれない。災害から得た教訓のおかげで、現在では柱が失われることを事前に想定し、建物が倒壊しないように確認している。ムンバイ証券取引所のビルは、自動車爆弾のすぐ近くの構造が深刻な影響を受けても、その構造が受けていた荷重はほかの部分に流れるように設計されていた。建物の損傷した部分は構造の残りの部分に結合されていたため、十分な安定性を保つことができ、ローナン・ポイントのように上層階が崩壊することはなかった。コンクリートの壁や柱に埋められた鉄筋は、爆発後に燃え上がった火にさらされても強度を維持できた。

エンジニアが歴史から学んだ教訓と、予期せぬことに備えた新しい設計方法が、あの日、父の命を救ったのだ。

CLAY

土を建材にする

私はケーキ作りが大好きだ。というのも、実はケーキ作りとエンジニアリングには多くの共通点がある。ケーキを作るためには、順序通りに一連のプロセスに従わなければならないのが私は気に入っている。忍耐強く、正確に作業しなければならないところが好きなのだ。そうしないと正しい形と質感のケーキにはならない。一連の作業を経てオーブンの中でケーキが膨らんでいく、希望に満ちた静寂の待機時間が好きだ。しかし、信じられないほどの満足感を得ることのできるこの時間が、時に途方もない失望に変わる。おいしいパイナップルのアップサイドダウンケーキを取り出そうとオーブンのドアを開けると、脂っこいバターの海にぐったり漂っている生焼けの果物のかたまりがあったら。それは生焼けの生地どころか、ぐちゃぐちゃの大失敗だ。私のせいじゃない、とオーブンとレシピを罵倒して、それをゴミ箱に投げ込む。「無駄になってしまった……」。ただし、ケーキ作りにおいて良い結果を導くには、エンジニアリングと同様に、正しい材料を正しい方法で組み合わせることが不可欠だと気づけた点では、無駄ではなかった。

建物や橋を設計するとき、材料は私の大きな関心事である。材料が異なれば、構造の架構をどのように配置するか、構造がどのくらい邪魔になるか、物理的にどれくらいの重さになるか、どれくらいのコストがかかるのかという点で、まったく違うものになる可能性がある。建物や橋はその目的を正しく果たさなければならない。そのため、エンジニアは、利用者の邪魔にならないように構造の骨格を設計する必要があるのだ。材料は、建物にかかる荷重による応力とひずみに耐え、動きや温度の変動に対してうまく反応する必要もある。最終的にエンジニアが選択した材料は、構造がその環境で可能な限り長く存続できるものでなければならない。幸いなことに、私のエンジニアリングにおける試みは、ケーキ作りにおける試みよりもうまくいっている。

材料科学は古代から続く人類の課題であり、「もの」の構成要素に関してはさまざまな理論化がなされてきた。ギリシャの哲学者タレス（紀元前600年頃）は、すべてのもととなる物質は水であると主張した。エフェソスのヘラクレイトス（紀元前535年頃）は、それは火であると言った。デモクリトス（紀元前460年頃）と彼の弟子のエピクロスは、それが「不可分なもの」であると提唱した。これは、現在私たちが原子と呼んでいるものの前身である。ヒンドゥー教では、地、火、水、空気の4つの要素が物質を表し、5番目の要素であるアーカーシャが物質の世界を超えたものを包含していた。古代ローマのエンジニアであるウィトルウィウスは、物質がこれらの4つの要素で構成されているという考えを受け入れたうえで『建築について』を著し、材料の動きと特性は、材料に含まれるこれらの要素の割合に依存すると記している。

あらゆる材料が持つ色、質感、強度などの特性は、特定の基本的成分が異なる割合で含まれるという理由で説明できるという考え方は革新的だった。古代ローマ人は、柔らかい材料はより多くの割合の空気を含んでいて、丈夫な材料はより多くの地を含んでいると推測した。水の割合が大きい材料は水に対する耐性を持ち、脆い材料は火に支配されていた。好奇心旺盛で独創的だった古代ローマ人は、これらの要素を操作して材料の特性を改善した。そこで作られたのが有名なローマン・コンクリートである。古代ローマ人は周期表を持っていなかったにもかかわらず（ドミトリ・メンデレーエフが最初の周期表を発表したのは、かなり後の1869年である）、材料の特性は4つの要素の比率に依存し、要素の割合を変えることで材料を変化させることができるというように理解していた。

しかし人類は長い間、自然によって提供される材料の基本的な特性を変えることなく、そのまま建物の材料として使っていた。私たちの祖先の住居には、身近にあるもの、つまり簡単に入手でき、簡単にさまざまな形を作り出せる材料が用いられていた。いくつかの単純な道具を使って木を伐採し、丸太をつなぎ合わせて壁を作り、動物の革を結び付けて吊るしてテントを作った。

人類は、木がなければ泥から家を作った。道具を開発するとともに、より革新的でより大胆になった人類は、木型で泥をさまざまなサイズの直方体に成形することで、より使いやすいものに改善した。泥を太陽の下で乾かすことで（古代ローマの哲学によれば、「火」の力によって「水」を逃がして「地」に取り替えることで）、はるかに頑丈な部材になることを発見し、人類はレンガを生み出したのである。

レンガは、中東の広大な砂漠で紀元前9000年頃にすでに使用されていた。ヨルダン川の深い谷（海抜マイナス数百メートルの場所）には、新石器時代人によりエリコの街が築かれていた。この古代都市の住民は、手で成形した平らな粘土のかたまりを太陽の下で焼き、蜂の巣の形をした家を建てている。紀元前2600年頃のインダス文明においては、窯で焼いたレンガを使って建物が建てられていた。それは技量と精度を必要とするプロセスであった。成形された泥を適切に乾燥させるには、長時間にわたり十分に加熱しなければならない。過剰に加熱したり、速く加熱したりすると、ひびが入ってしまう。適切な温度で適切な時間をかけて焼くことで、泥は強く、耐候性のあるものになるのだ。

インダス文明の遺物は、現在のパキスタンに位置するモヘンジョ・ダロ遺跡とハラッパ遺跡で発見されている。そこで使用されたすべてのレンガは、大きさに関係なく、4：2：1（長さ：幅：高さ）の完璧な比率を持つ。均一な乾燥、作業しやすいサイズ、接着剤やモルタルの種類にかかわらず、ほかのレンガと接着する面積が大きいといった観点から、今日でもエンジニアが多くの場面でこの比率を使用している。インダス文明とほぼ同時期に、中国でもレンガの大規模な生産が行われていた。しかし、レンガが西洋文明で最も使用される材料の仲間入りを果たすには、西洋最大の帝国が台頭するのを待たなければならなかった。

真っ赤なレンガ

古代ローマのエンジニアリングのエネルギーと創意工夫は、驚きとインスピレーションの源だ。そんな私にとって、ナポリから海岸に沿って南へ向かう電車に乗り、世界で最も有名な遺跡の一つを訪れたときの興奮はかなりのものだった。おそろいのサンダルを履いた私と夫は目的地に降り立つと、灼熱の夏の太陽を遮るために、おそろいのサファリハットをかぶった。大きな期待を胸に、私たちはポンペイの古代遺跡に向かって歩いていった。

石畳の通りにある店には、昔「アンフォラ」という円錐形のつぼを据えるために空けた穴がいくつもあるカウンターが置かれていた。床には、うごめく魚や海の生物を描いたドラマチックなモザイクが施されている。別の店には猛犬が描かれ、「Cave canem（猛犬注意）」という文言が刻まれていた。これらの店の並びにはメナンドロス（ギリシャの作家）の家をはじめとする住宅があり、それぞれ広々としたアトリウムや浴室、「ペリスタイル」と呼ばれる美しく均整の取れた列柱の通路に囲まれた庭園が整然とレイアウトされていた。これらすべてが、全盛期においては、ここが栄光に満ちたにぎやかな街であったことを強く印象づけた。

しかし、いたるところで私の目を惹きつけたのは、真っ赤なレンガだった。外側を覆っていた装飾が崩れ落ちた柱からこっそり顔をのぞかせるレンガ。一方、壁では、薄い3層のレンガが白い石の層とはっきりとしたコントラストを描きながら交互に積み上げられ、誇らし

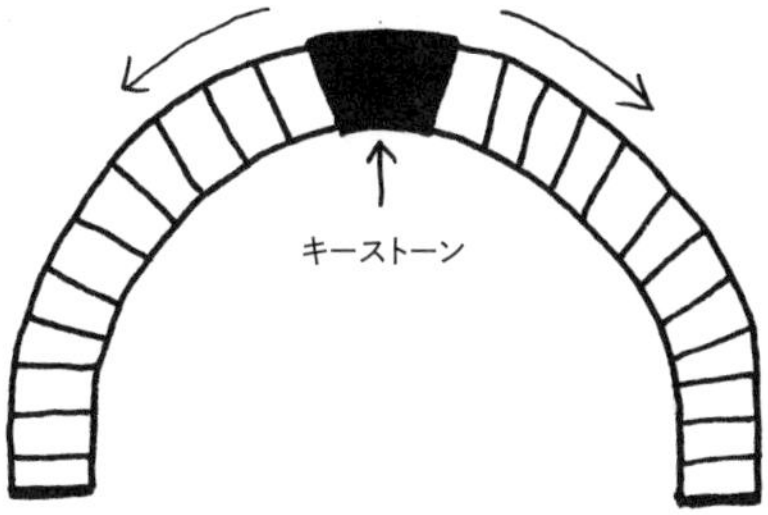

力はアーチの曲線に沿って伝わり、アーチには常に
圧縮力がかかっている。

げに佇んでいる。こういったレンガ造りの構造の中でも、私のお気に入りは間違いなくアーチだ。

建造物の重要な要素であるアーチは、円や楕円、放物線の一部からなる強度の高い形状である。卵を例にとってみよう。均一な力で卵を握っても、つぶすのはほぼ不可能である。手の均一な力は圧縮力として曲線状の殻全体に伝達されるのだが、殻はそのような力に対して強い。アーチに荷重をかけると力はその曲線の形状に沿って伝達され、アーチのすべての部位が圧縮されるようになっているのである。そのため、殻を割るには、通常はナイフの刃のような先の尖ったものを卵の一部分に当てて不均一な荷重をかける。古代では、建材として石やレンガが一般的に使用されていた。石やレンガは、圧縮荷重に対しては優れているが、引張荷重に対しては優れていない。古代ローマ人は、このような材料の特性とアーチの長所の両方を理解し、この2つを完璧な形で統合できることに気づいた。それまでは、長いスパンが必要な橋や建物などには、平らな梁が使用されていた。前に述べたように、梁に荷重がかかると、上部では圧縮力がかかり、下部では引張力がかかる。石とレンガは引張力に対してあまり強くないため、その力に耐えるように古代人が用いた平らな梁は大きく、扱いにくくなる傾向があった。このように梁のスパンの長さには限界があったが、古代ローマ人は石の圧縮力に対して、アーチ構造が持つ大きな耐力を利用して、より強く、より大きな構造を造ることができたのである。

私が見ていたレンガのアーチは、何千年もの時間を生き延びてきたものであり、「アーチは眠らない」という古代アラビア語の美しい格言を思い起こさせた。構成部材に圧縮力が絶え間なくかかり続けながらも、長い間静かに重さに耐え続けるアーチは、決して眠ることはないのだ。ベスビオ山の溶岩がポンペイに流れ込み、人や建物をのみ込んだときでさえ、アーチは街を見守り続けた。その後アーチは埋没したが、みずからの役割を果たし続けた。

ポンペイ遺跡からわかるのは、古代ローマ人が征服した土地のほぼすべての建造物でレンガを使用していたということだ。古代ローマの軍団は、イタリアをはじめとする多くの地域に可動式の窯を持ち込んだ。そして、レンガを使う慣習は、現在のイギリス諸島とシリアにまで広がっていった。ウィトルウィウスが著書『建築について』で、完璧なレンガを作るために必要な材料について持論を展開したのも決して不思議なことではない。レンガ作りはケーキ作りによく似ているのではないだろうか。そこで、この「古代レンガ」のレシピについて、私の見解とともに紹介しよう。このレシピはたくさんの古代のエンジニアが試行錯誤して作りだしたものであり、このレシピにきちんと従えば、私でもうまくレンガが作れるはずだ。

〈「古代レンガ」のレシピ〉

［材料］

・粘土

「材料には、砂や小石、細かい砂利は避けること。なぜなら、これらの材料で作ると重くなってしまう。また、使用された壁が雨にさらされると、バラバラになって砕けてしまう。材料が粗いため、わらによって結合された状態を保つことができないのだ。むしろ材料には、白くて粉っぽい粘土、赤い粘土、粗粒の砂質粘土を選ぶべきである。これらの材料は滑らかであるため耐久性がある。作業するのにも重くなく、簡単に敷設できる」

・果汁

・太陽または窯の熱

［作り方］

1．粘土の塊を膝までの深さの水に投入し、かき混ぜて足で40回こねる。

2．粘土を松、マンゴー、樹皮の水と3種の果汁で濡らし、1か月間こね続ける。

3．木型を使用して、少量の水と混合した粘土を大きく平らな長方形に成形する（ウィトルウィウスによると、ローマ人が一般的に使用したギリシャのリュディアレンガは、長さ約45cm、幅約30cmである）。成形したら型からレンガを取り出す。

4．粘土をやさしく、ゆっくり加熱する。

南フランスのガルドン川に架かるポン・デュ・ガール水道橋は、3段のレンガ造のアーチから構成されている。(①アーチは圧縮力を伝達し、②水面下の基礎へ)

「夏にレンガを作ると、太陽の熱によって外側だけが急速に硬化する一方で、内部は柔らかく脆い状態のままなので、欠陥のあるレンガができてしまう。乾燥した外側の層が湿った内側の層よりもより大きく収縮することで、レンガにひびが入るのだ。春や秋にレンガを作ると、気温が低いためレンガは均一に乾燥する」。

5．2〜4か月間放置した後、レンガを水に浸してから取り出して完全に乾燥させる。

レンガが完全に乾くまでには最大2年かかるため、忍耐が鍵となる。時間が十分に経っていないレンガは完全に乾いておらず、時間の経過とともに収縮する可能性がある。こういったレンガの表面に漆喰を塗った壁にはひびが見られる。ウィトルウィウスは、「これは紛れもない真実であるため、ウティカの町

南イタリアのポンペイにある古代ローマ時代のアーチのレンガ。(①平らな古代ローマのレンガは入念な乾燥を経て美しいものとなっている)

ではレンガが乾燥および製造から5年以上経過し、行政長官によって承認された場合にのみ、壁の建設にレンガを使用できる」と述べている。

一般的に古代ローマのレンガは、現在使用されているレンガよりも大きくて平らで、タイルのように見えるものだった。当時の道具と手法を使った場合、レンガは平らにすればするほど均一に乾く。理想的なレンガのレシピに欠かせないポイントを知っていた古代ローマ人はこの形状を好んだ。フォロ・ロマーノの神殿、コロッセオ、南フランスのガルドン川に架かるポン・デュ・ガール水道橋を構成する壮大な3段のアーチといったローマ人による最も印象的な建造物は主にレンガで造られている。

西暦476年に西ローマ帝国が崩壊したのに伴い、西洋では数百年にわたりレンガ造りの技法が失われ、中世初期（6〜10世紀の間）の城郭の建設で復活するまで使用されることはなかった。ルネサンス期やバロック期（14〜18世紀初頭）においては、建物でレンガを露出することは時代遅れになり、レンガは複雑な形の漆喰や絵画の後ろに隠されることになった。

ポンピドゥー・センターの外部にある空調ダクトやエスカレーターを見るのが好きな私としては、レンガは露出している方がいい。構造は直接的で素直であってほしいのだ。ケーキと同じで、構成する要素が見えるのは楽しい（ただこれは、私にデコレーションのスキルがまったくないこととは関係ない）。

英国の直近の歴史においては、ヴィクトリア朝（1837年〜1901年）から第二次世界大戦の期間がレンガの利用のピークであった。ロンドンでの私のお気に入りの建物、ジョージ・ギルバート・スコットによる壮大なゴシックファンタジーであるセント・パンクラス・ルネッサンス・ホテルは、露出したレンガ構造の見事な例である。その頃、英国では年間最大100億個のレンガが製造され、工場から住宅、下水道から橋まで、すべての建造物においてレンガは隠されることなく人目に触れるようになっていた。

適した土が生まれるまで

このような何千年も前に遡る歴史のスケールを理解することですら難しいが、レンガの原材料が作り出されるのにはそれよりはるかに長い時間がかかっている。地面と地下にあるものを探る2部構成のドキュメンタリー番組「Britain Beneath Your Feet（足元の英国）」を制作する際、ロンドン北東部の粘土鉱山を訪れた私の目の前にそびえ立ったのは、ロンドンを支えている地盤から鉱員たちが削り取った巨大な粘土の崖だった。鉱山の所有者は崖の上部にある褐色の箇所を指さし、「あの粘土は新しく、ほんの2千万年前のものです」と言った。私が驚くのを横目に見ながら、その「比較的新しい」粘土層は非常に多くの鉄分を含んでいるので赤みがかった色合いになっていると説明を続けた。崖の底部にある純度の高い粘土は、さらに古い年代であることをはっきりと示す青灰色をしていた。

彼の言う「比較的古い」とは、5千万年以上前のことである。はるか昔に火成の（火山性の）岩が風化し、水、風、氷によって運ばれていった。岩や石は、運ばれながら石英、雲母、石灰、酸化鉄などのほかの鉱物の粒子と混じっていく。そして、この岩石と鉱物の混合物は、もとの位置から遠く離れた川、谷、海の底の沈殿物の層に堆積した。このような環境において、繁殖して死に至った植物や動物の有機物の層が加わり、それがさらに岩で覆われるという過程が繰り返される。何千万年もの間、適切な温度と高い圧力にさらされ、これらの層は徐々に堆積岩になっていった。それが、崖の面から鉱員が忙しそうに掘り出していたものなのだ。信じられないほど長い歳月を経ているために、粘土には（かつて英国の気候で繁殖していた）ニッパヤシなどの熱帯植物の化石、そして地球上にもはや存在しないトリ、カメ、ワニの祖先がたくさん含まれていることを、鉱山の所有者は教えてくれた。

掘り出された粘土は、陶器作り、学校でのアートプロジェクト、そしてもちろんレンガの製造など、さまざまな用途に使用される。そのため、粘土は鉱山から工場に運ばれ、整った形の直方体の固体に生まれ変わる。粘土を加熱してレンガを作るための原理は古くから変わらないが、その手法は改善されている。まず、粘土に砂や水を加えて、適度な硬さがあり伸ばすことのできる粘性に整える。次に、鋳型や抜き型を通して押し出す機械に粘土を入れる。ほっそりとした長方形の柱となって現れた粘土を、レンガの長さに切断してから乾燥機に運び、できるだけ多くの水分をゆっくりと取り除く。そうしないと、ウィトルウィウスが警告したひびの入ったレンガができてしまうからだ。乾燥機は摂氏80度〜120度の比較的低い温度に設定されており、レンガの内部がまだ湿っている間に外側が急速に乾燥するのを防ぐのに十分な湿度が保たれている。そして、レンガは乾燥するにつれて収縮する。

ここでこのプロセスを止めると、古代の窯で乾燥させたレンガと同様のレンガができる。古代と現代の違いは、次のステップによるものだ。レンガを摂氏800度〜1，200度の温度で焼成することで、粘土の粒子が融合して根本的な変化が生じる。粘土は、単に乾燥した泥ではなく、ガラスに近いセラミックに変わる。この「焼成」レンガは、「乾燥」レンガよりもはるかに耐久性があるものだ。今日、建物の建設に使われるレンガは、焼成レンガである。焼成レンガは非常に強い。インド神話で地球を支えている（そして背伸びをすると地震を引き起こす）4頭の象にもう1頭追加した計5頭を縦に積み重ねて一つの焼成レンガの上につま先で立たせたとしても、レンガは無傷のままだろう。

レンガを構造体として機能させるには、全体を構成する個々のレンガを、モルタルという特別な接着剤で結合する必要がある。古代エジプト人は漆喰を作るために鉱物性の石膏を使用した（それはパリのモンマルトル地区でよく見られ、そこで採掘が行われたので、「Plaster of Paris（焼石膏）」としても知られている）。ただ、残念ながら、石膏は水が存在する場所では安定しないため、石膏で密閉された構造は、いずれ損傷と劣化が起きる。幸いなことに、古代エジプト人は石灰モルタルを含む別の混合物も使用していた。この混合物は、乾燥すると硬化し強度が増す（そして大気から二酸化炭素を吸収する）ので、石膏系の混合物よりも耐久性がある。正しく製造されたモルタルは構造に強度を与え、その状態を非常に長期間維持できる。ロンドン塔の一部は主に石灰モルタルが使われており、９００年以上経った今でも強度を保っている。

モルタルにさまざまな特性を与えるため、しばしば別の材料が混合される。中国では、万里の長城の建設に使用されたモルタルに、少量のもち米を付加していた。米は主にでんぷんで構成されているため、モルタルが石に接着しやすくなるだけでなく、ある程度の柔軟性が加わることで、季節に応じて温められたり冷たくなったりした壁がわずかに動いても、モルタルが割れにくくなる。古代ローマ人は、モルタルが霜に見舞われても強度を保つことができるよう、モルタルに動物の血を加えた。タージ・マハルのドームは、生石灰、すりつぶした貝殻、大理石の粉、ゴム、砂糖、果汁、卵白の混合物である「チュナ（chuna）」により保持されている。

レンガは安いので、現代でもほとんどの英国の住宅で使用されている。しかし、レンガにも欠点はある。個々のレンガを一つずつ設置するために専門の職人の労力を必要とし、それはまた比較的時間のかかるプロセスである。さらに、レンガのサイズが標準化されているため、レンガを使って造れる構造の形状に制限がある。また、レンガ造の構造は引張力に対して非常に弱い。レンガの間の接着剤であるモルタルとレンガ自体が、引き離されるとひびが入る可能性がある。そのためレンガは、ほぼ常時圧縮されている構造でのみ使用できる。レンガは高さのある建造物の重量を支えるのに十分な強度がないため（後で説明するように、鉄骨やコンクリートはレンガよりもはるかに大きな圧縮力を受けることができる）、たとえば高層ビルや大きな橋では実用的ではない。しかし、コストが最優先の場合、レンガが人気の材料であることに変わりはない。現在でも、世界中で毎年約１・４兆個のレンガが作られている。中国だけで約８０００億個、インドでは約１４００億個が製造されている。それに比べて、レゴ社が製造するブロックは、年間わずか４５０億個程度だ。

大地から生まれ、火によって洗礼を受けたこの古代の建材の用途は広く、ピラミッド、万里の長城、コロッセオ、マルボルクのドイツ騎士団の中世の城、フィレンツェのサンタ・マリア・デル・フィオーレ大聖堂の有名なドーム、そして私自身の家にまで使用されている。人類が開発したありとあらゆるテクノロジーを備えて速いペースで変貌する現代社会において、５千万年をかけて形成された材料から製造され、１万年以上使用されている建築ツールに人類は大きく依存し続けている。私は、それはすごいことだと思う。

METAL
鉄を使いこなす

インドのデリーには、錆びない鉄の柱がある。この柱は、クトゥブ遺跡群という素晴らしいイスラム建築が多く残る歴史地区にひっそりと立っている。この遺跡群には、アーチ型の壁の隅々まで輪や渦巻きの模様で装飾された洞窟のような墓であるイルトゥトゥミシュ廟や、優雅なリブ状の装飾が施された圧倒的存在感の尖塔クトゥブ・ミナール（レンガ造のミナレットとしては世界で最も高い72・5メートル）があり、どちらも息をのむほどの迫力だ。一方、木の幹と同じくらいの太さしかない高さがわずか7メートルのダークグレーの柱は、一見取るに足らない場違いなものにも見える。それは、エキゾチックな動物たちがいる動物園に紛れ込んだ野良猫のようだ。しかし、私はその柱に大きな感銘を受けた。

柱は、世界を維持する神として崇拝されていたヒンドゥー教の神ヴィシュヌへの捧げ物として、グプタ朝の王の一人により、周囲の建築より前の西暦400年頃に作られた。もともとはガルーダ（ヴィシュヌが乗る一部が人間で一部が猛禽の馬で、太陽を遮るのに十分な大きさがあると信じられている）の像が上に載っていた。柱に背を向けて立ち、腕を回したときに左右の指同士が触れれば幸運だと言い伝えられているが、今では観光客の手が触れないように柵で守られている。私はこのような運試しには興味はなかったが、柱の別の不思議な特徴に強く惹かれた。

インド、デリーのクトゥブ遺跡群にある決して錆びることのない鉄の柱。

自然の性質に反して、鉄が1，500年以上錆びていないのだ。
　青銅の原料である銅と錫が入手困難になったことで青銅器時代が終焉を迎えた後の紀元前1200年頃、鉄器時代はエジプト、アナトリア（現在のトルコ）、そしてインドでも始まっていたと考えられている。インド南部のタミルナードゥ州の中央にある小さな村、コドゥマナルの遺跡を研究している考古学者は、この村の南端で紀元前300年頃の堀を発見した。堀の中には、鉄スラグ（金属の製錬で出る副産物）が含まれている炉が残っていた。インドの鉄は、アリストテレスの著作や『プリニウス博物誌』で言及されたほど優れた品質で有名であり、遠くエジプトまで輸出され古代ローマ人にも使用されていたが、製造方法は秘密とされ、厳重に守られていた。

古代インド人は鉄の円盤を作った後に、それを鍛造（加熱してハンマーで叩く）し、外面を打ったりヤスリで削ったりして滑らかにして鉄の柱を作った。柱の鍛造に使用された鉄は極めて純粋なものだが、リンの含有量だけは通常より多い。これは、鉄職人が採用した抽出プロセスに起因する。このリンの存在が、柱が錆びるのを防いでいるのだ。鉄は、酸素や湿気にさらされると錆が発生する。この柱の金属も最初は腐食したはずだが、デリーの乾燥した気候の中で、錆と金属面の間にリンが引き寄せられ、非常に薄い膜を形成した。この膜により鉄が空気や湿気と反応しなくなり、それ以上は柱が錆びなかったのだ。

現在では、「熱間加工」（鋼鉄の標準的な製造プロセスの一部。高温で金属を変形する）の際にひび割れが生じやすくなることから、鋼鉄におけるリンの含有量は比較的抑えられている。剝き出しの鉄や鋼鉄でできた建造物を見ると、強度を下げる錆の形成を防ぐために塗装が施されていることに気づくだろう。ただし、空気制御された建物内では、耐火のために塗装が必要な場合を除いて、鉄骨の梁と柱は塗装されていない。湿度が低ければほとんど錆びることがないからだ。

古代人は鉄の素晴らしさを認識していたが、彼らが抽出した鉄は柔らかすぎて建物には使えず、建物や橋全体を造るのに十分な強度を付加する方法も知られていなかった。そのため、主に家庭用の器、宝飾品、武器の製造に鉄を使用していた。しかし、まれに鉄を使用した建造物もある。中国の僧侶の法顕は『法顕伝』で、デリーの柱が作られた頃のインドに存在した、鉄の鎖でできた吊橋について記している。また、アテネのアクロポリスへの玄関口として建てられた壮大な大理石造のプロピュライア（紀元前432年頃に建造）では、天井の梁を強化するために鉄の棒が使われている。このように、石やレンガの構造を強化するための小さな部材として金属を使うことが、古代のエンジニアの金属の使用方法だった。鉄（またはその親戚と言える鋼鉄）を大規模な構造で使用するには、科学者とエンジニアはその特性についてより詳しく知る必要があった。

金属の強みを知る

レンガやモルタルを引っ張ると簡単にひびが入るが、金属はそうではない。金属は根本的に異なる分子構造を持っている。金属はダイヤモンドと同じく結晶から作られているが、華やかなボリウッド（インド・ムンバイの映画業界）女優のドレスにきらめくようなまばゆい輝きのある結晶ではない。金属の結晶は肉眼では見ることができないほど非常に小さく、不透明である。

これらの結晶は互いに引き付け合い、この引き付ける力によって配列あるいは格子状に結合する。しかし、金属を加熱すると、結晶の振動が速くなり結合が弱くなる。そして、金属は展性が高くなり、温度が十分に高い場合は溶けて液体になることさえある。結合が柔軟なため、金属は「延性」を持っている。「延性」とは、金属が壊れることなく伸びたり動いたたりできることである。前述の熱間加工のプロセスは、この特性が保持されるように行われる。たとえば、100ミリもの厚さの鋼板は、(私のペイストリー生地とは違い)ちぎれることなく0・1ミリの非常に薄いシートにまで引き伸ばすことができる。結晶の配列とその間の結合を、軟化、変形、変位させせることができるのだ。

結合によるもう一つの金属の特性は、「弾性」である。金属は(特定の範囲内で)力によって引っ張られたり押しつぶされたりしても、力が取り除かれると元の形状に戻る。これは、引き伸ばされた輪ゴムが解放されると通常のサイズと形状に戻る(過剰に伸ばされた場合は変形する)のと似ている。金属も同じであり、いくつかの特性(結合、延性、弾性、展性)が組み合わさって、ひび割れにくくなっている。これにより金属は、引張力に対して強いという、建設において理想的な特性を得ているのだ。建設に革命をもたらしたのは、金属のこの特性であった。それまでは、主に圧縮力に対して構造を設計していたが、金属を取り入れることで初めて、大きな圧縮力と引張力の「両方」に耐えられる構造を建造できるようになった。

純粋な鉄は引張力に対しては優れているが、結晶間の結合が非常に流動的で安定しないため、大きな構造での巨大な荷重に耐えるには柔らかすぎる。そのため、昔のエンジニアは純粋な鉄で装飾的な柱を作ることはできたが、大規模で複雑な構造は作れなかった。純粋な鉄には十分な強度がなく、どうにかして強度を上げる必要があった。鉄を構成する結晶は格子状に配置されているため、科学者や技術者は、その格子の強度を上げるための方法を考案し始めた。

その方法の一つが、格子に原子を追加することである。これは、たくさんのクッキー入りチョコボールをテーブルの上に置いて転がしてみることで、簡単に（そしておいしく）説明できる。このように転がすとチョコボールは非常に簡単に動き回る。しかし、ここにレーズンチョコをいくつか混ぜると転がしにくくなる（ここまできたら、実験材料はもう食べてしまっても構わない）。ポイントは「不純物（レーズン）」が厄介な位置にとどまることで、チョコボールのスムーズな動きを妨げるということだ。同様に、鉄の中に炭素の原子を追加すると、結晶の格子を詰まらせることができる。

これにはバランスが重要だ。炭素原子が少なすぎると、鉄は柔らかいままである。逆に炭素原子が多すぎると、格子が硬化して流動性が失われ、非常に脆くひび割れしやすい材料になってしまう。さらに複雑なことに、通常は鉄には炭素やシリコンなどのほかの元素が天然の不純物として過剰に含まれており、その量が一定でないため、鉄の品質にばらつきが生じる。科学者たちは、柔らかすぎず、脆すぎない鉄を作るためには、どれだけの炭素を除去する必要があるのかを正確に判断するのに大いに苦労した。彼らの実験結果には、鋳鉄（耐摩耗性があり、料理用の鍋に適しているが、イタリアの焼き菓子であるビスコッティのように脆いため、建物ではあまり使用されない）、錬鉄（現在では商業的にはあまり使用されておらず、私がアメリカで子どもの頃に食べていた柔らかくてぜいたくなチョコチップクッキーのような質感を持っている）、鋼鉄が含まれる。錬鉄でも建築材料としては十分に適正であり、エッフェル塔は錬鉄で作られているが、鋼鉄はさらに強度と延性の理想的な組み合わせであることがわかった。

鋼鉄とは、炭素含有量が約0・2％の鉄である。炭素を0・2％まで除去するプロセスは、かつては莫大な費用のかかるものだったため、安価で大規模に鋼鉄を製造する方法が考案されるまでは、鋼鉄が構造の世界に影響を与えることはなかった。しかし、エンジニアのヘンリー・ベッセマーにより、ついに長年の問題が解決され、鋼鉄の製造プロセスに革命がもたらされた。世界中の鉄道の開発が促進され、私たちは空に向かって建物を建てられるようにもなったのだ。

鋼鉄をつくり出す

ヘンリー・ベッセマーの父、アンソニーは、印刷機用の書体を製造する工場を厳重な管理のもとに経営していた。アンソニーは技術を門外不出とすることで、競合相手から秘密を守ろうとしていたのだが、若き日のヘンリーはしばしばその秘密を解明しようと試みて工場に侵入した。この不従順な息子が商売を学びたいと強く思っていることに気づいたアンソニーは、息子の気持ちを受け入れ、工場で訓練し始めた。1828年、15歳のヘンリーは父親の下で働くために学校を辞めた。彼は仕事が楽しくてしょうがなかったのだ。金属加工が得意で、生まれながらの絵の才能にも恵まれていたヘンリーは、ついには彼独自の発明をし始めた。

クリミア戦争（1853年～1856年）では、ヘンリー・ベッセマーはフランスと英国がロ

産業的な規模で鋼鉄を生産するために開発されたベッセマー法は、建設業界に革命的な発展をもたらした。

シアに対して使用していた銃に注目した。この銃の主な欠点は、一回発射するごとに装塡し直さなければならないことだった。より多くの火薬を詰められる細長い薬莢があれば価値ある改善になると考えたヘンリーは、ノース・ロンドンのハイゲートにある自宅の庭でこれをテストした（近隣の人々にとっては大迷惑だった）。しかし、英国の陸軍省は興味を示さなかったため、ヘンリーはフランスの皇帝ナポレオン・ボナパルトとその将校たちにこのアイデアを披露した。将校たちは薬莢に感銘を受けたものの、彼らの脆い鋳鉄製の銃は、追加された火力により爆発してしまうだろうと指摘した。将校たちは薬莢が大きすぎると感じていたが、ベッセマーの考えは違った。問題は薬莢ではなく銃だと考えた彼は、より良い銃を作るための挑戦を始めた。

彼は新しい鋳造方法を開発することで、銃に使用されている鉄の品質の改善を目指した。彼は手製の溶鉱炉で適正に実験を行っていたが、彼を有名にした発明は失敗によって起きたといえる。

ある日、ベッセマーは、工房の炉の中で鉄片を加熱していた。彼は火力を強めたが、一番上の棚のいくつかの鉄片は溶けなかった。困った彼は、炉の上部に熱風を送り込み、棒で突いて鉄片が溶けたかどうかを確認した。驚いたことに、その鉄片は鋳鉄のように脆くなく、代わりに延性と柔軟性を備えていた。ベッセマーは、この鉄片が熱い空気に最も近い位置にあったことに着目し、空気中の酸素が鉄中の炭素やそのほかの不純物と反応し、それらのほとんどを取り除いてしまったに違いないと考えた。

それまでは、誰もが鉄を石炭やほかの燃料と一緒に開放炉で加熱して精製しようとしていた。ベッセマーは、燃料を使用せずに、暖かい空気が流れる密閉炉を使用することにした。これは、ガスコンロで開放された鍋を加熱するのではなく、蓋をした鍋に熱風を吹き込むようなものだ。通常、熱風よりもガスの燃焼のほうが多くの熱を作りだすと考えるが、そうではなかった。

ベッセマーは、化学反応が始まったときに炉の上部から火花が出てくるのを注意深く見守っていたに違いない。続いて、激しい炎が上がった。軽度の爆発が起こり、溶けた金属が飛び散って炉から噴出したのである。彼は機械を停止するために炉に近づくことさえできなかった。恐怖の10分間の後、爆発はおさまった。ベッセマーは、精製された鉄が炉に残っていることを発見した。

炉の猛火は、「発熱反応」（不純物が酸化中にエネルギーを主に熱として放出する化学反応）によるものであった。シリコン不純物が静かに燃焼し尽くした後、気流中の酸素が鉄中の炭素と反応し、大量の熱を放出したのだ。この熱により鉄の温度が石炭溶鉱炉の能力をはるかに超えて上昇したため、ベッセマーは外部の熱源を使用する必要がなかった。鉄が熱くなるほど、より多くの不純物が燃やされ、それによって鉄はさらに熱くなり、さらに多くの不純物が燃やされる。この正のループにより、純粋な溶鉄が作り出された。

純粋な鉄を作ることに成功したベッセマーは、鋼鉄を作るために適切な量の炭素を簡単かつ正確に付加できるようになった。彼の発明より前は、鋼の製造には法外なコストがかかっていたため、鋼はカトラリー、手工具、ばねの製造に使われ、それより大きなものには使用されなかった。ベッセマーはその巨大な障壁を一掃したのだ。

彼は、１８５６年にチェルトナムで開催された英国科学振興協会の会議で研究を発表した。当時入手可能であったあらゆる鋼鉄の価格と比べて、ベッセマーの鋼鉄は約１／６と非常に安価だったため、その製造工程は大きな衝撃をもたらした。ベッセマーは、独自の製造工程を再現する対価として、全国の工場から数万ポンドを受け取った。ところが、製造工程に対する化学的な理解が不足していた彼は、破滅寸前まで追い込まれることとなるのである。

製造業者たちはベッセマーの工程をうまく再現できなかったのだ。製造工程を使用するために支払ったライセンス料に対して激怒した彼らはベッセマーを訴え、ベッセマーはすべての代金を返還することとなった。その後2年間、彼はレンガで内張りした自身の炉で完璧に機能した製造方法が、ほかの炉では機能しなかった理由の解明を試み、ついに一つの結論に至った。ベッセマーが使用していた鉄には、不純物のリンが少量しか含まれていなかったのに対し、製造業者たちが使用していた鉄にはリンが多く含まれていたのだ。レンガ造の炉はリンを多く含む鉄には適さないと考えたベッセマーは、炉の内張りにさまざまな材料を試し、レンガを石灰石に置き換えればうまくいくと気づいた。

しかし、最初の製造工法の失敗によって生じた混乱と金銭的な問題から、ベッセマーに対する不信感が生まれていた。誰も再び彼を信じようとはしなかった。そこで、彼は自らが鋼鉄を大量生産するために、シェフィールドに工場を開くことにした。ベッセマーに対する疑念が薄れるまでには数年を要したが、やがて多くの工場がまさに産業規模での鋼鉄の製造を開始した。１８７０年までに15社が毎年20万トンの鋼鉄を生産するようになり、１８９８年にベッセマーが亡くなったときには、世界中で１，２００万トンの鋼鉄が生産されていた。

従来の鉄製のレールよりも10倍長持ちするレールを、高品質の鋼鉄から迅速かつ安価に製造できたことから、鉄道網には変革がもたらされた。その結果、列車はより大きく、より重く、より速くなり、流れが遅かった輸送路を一掃した。さらに、鋼鉄の価格が下がったため、橋や建物に使用できるようになり、最終的には空に向けての可能性も広がっていった。

斜めに引っ張られた橋

引張力に耐える鋼鉄の力に頼っているノーザンブリア大学の歩道橋は、ベッセマーの鋼鉄がなければ設計できなかっただろう。この橋は私が大学を卒業後に初めて携わった建造物だった。仕事に就いた日のことを、私は今でも鮮明に覚えている。満員の地下鉄でロンドンのチャンセリー・レーンに着いた私は、足早に歩くスーツ姿のビジネスマンの群れによって駅から押し出された。興奮と緊張、そして多少のぎこちなさを抱えながら、私は目的地である白い石貼りの5階建てのオフィスビルに向かって歩道を進んだ。

私の新しい上司のジョン・パーカーは、スリムで平均的な身長の、黒い直毛を短く切り揃えた男性だった。縁なしの眼鏡をかけており、かなりのクリケット愛好家ということだった（私もクリケットが大人気のインドで育ったが、彼ほどの情熱は持っていない）。一緒にいくつかの書類を確認したが、時折、彼が面白い皮肉を言うので、作業は楽しいものだった。その日が私の22歳の誕生日だったことは黙っていた。そして彼は、ニューカッスルに新しく建設される予定の鉄骨造の歩道橋の手描きスケッチを見せてくれた。自信に満ちた鉛筆のスケッチには、橋の東端の高い塔が3組のケーブルを支持する様子が描かれていた。ケーブルは橋のメインデッキを支えていた。塔にかかる橋の重量に対抗するために、橋は後ろから別のケーブルで固定されていた。私は、ジョンと一緒に目の前の図面を見ながら、心の中では小躍りをしていた。私にとっては、普通の女の子がほしがる誕生日プレゼントと同じようにステキなプレゼントだった。このエレガントで独特な構造物が自分の最初のプロジェクトになることに興奮した。この橋は見た目が美しいのだが、それ以外にも特徴があり、私の目には一層美しく映った。

この橋は「斜張橋」なのだ。代表的な斜張橋であるフランスのミヨー高架橋は、7本の支柱が緩やかなカーブを描くデッキを支え、その支柱からケーブルが帆の形に広がっている。橋は、タルン渓谷の270メートルもの上空に浮かんでいるように見える。通常、斜張橋には一つまたは複数の高い塔があり、そこにケーブルの一端が設置されている。デッキは重力で下に引っ張られ、ケーブルによって適切な高さに支えられている。ケーブルには常に引張力がかかっている。この引張力はケーブルを介して塔に直接伝達される。その力により塔は圧縮され、力は塔を支える基礎に流れ下る。そして、力は基礎から地盤の中に分散する。

ノーザンブリア歩道橋のケーブル（私の拳と同じくらいの太さ）を設計するのは、新人エンジニアの私には本当に大変だった。金属製の定規を鉄骨造のデッキに、3対の輪ゴムをケーブルに見立てて橋を模倣してみる。定規を安定して水平に支えると、すべての輪ゴムがピンと張ることから、それぞれの輪ゴムをバランスよく引っ張る必要があるのがわかるだろう。片側の3つの輪ゴムを強く引っ張りすぎると定規は横に傾くし、1対の中央のケーブルを引っ張りすぎると定規は上向きに曲がってしまう。同じ現象を実際のサイズの橋で想像してみていただきたい。

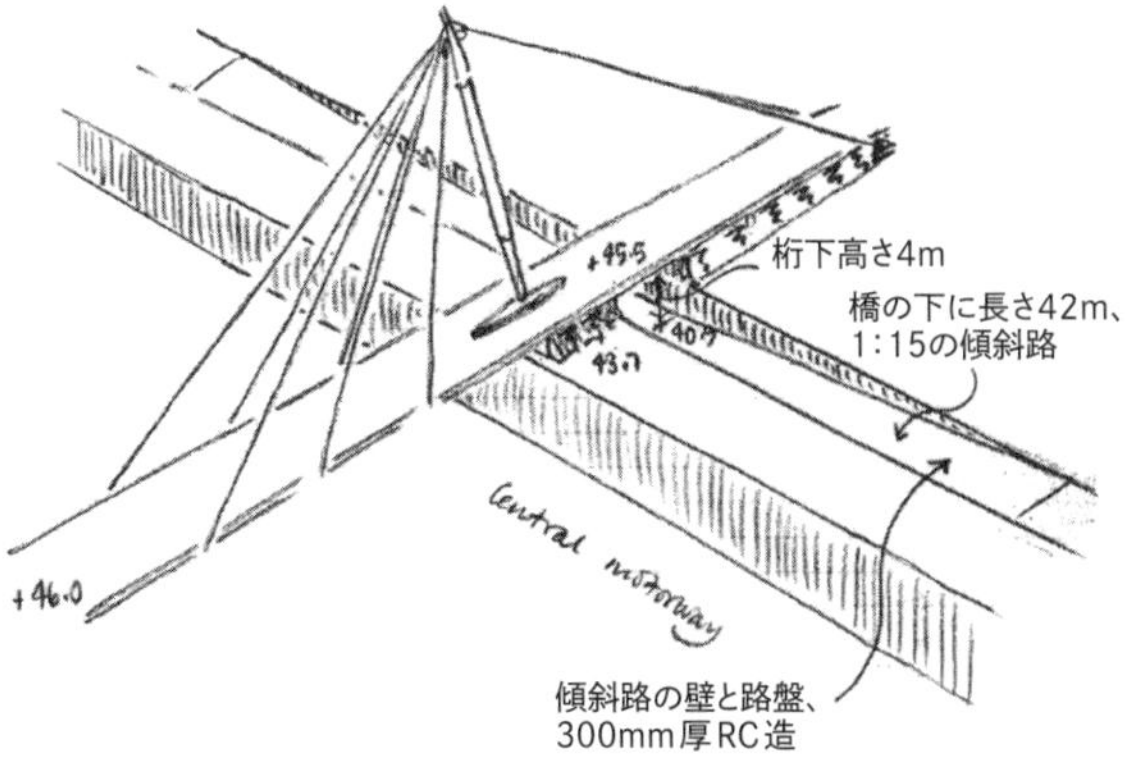

ジョン・パーカーによるノーザンブリア大学歩道橋のスケッチ。

フランスのミヨー高架橋は、エレガントな斜張橋の例である。（①巨大なコンクリートの柱　②鋼製のケーブルがコンクリートのデッキを支持する）

私は、ソフトウエアを使用して3次元のコンピューターモデルを作成し、デッキ下の梁とデッキとマストをつなぐケーブルを再現した。次に、構造にかかる重力をシミュレーションした。それに加えて、歩道橋の上に立つすべての人々の重量と、異なる時間に橋の異なる部分に人々が集まる可能性も考慮しなければならなかった。たとえば、マラソン大会のグレートノースランでは、歩道橋の下の高速道路をランナーが走る。ランナーが歩道橋に近づくにつれて歓声を上げる群衆が歩道橋の片側に集まり、通り過ぎると反対側に移動して遠ざかるランナーを見送るかもしれない。私は「パターン化された荷重」を考察してみた。つまり、さまざまな配置で歩道橋の上に立つ人々をモデリングしたのだ。どこにどれだけの人が立っていたとしても、ケーブルはデッキを支えるためにピンと張っていなければならない。ケーブルに引張力がかかっていなければ、ケーブルは不安定になり、デッキの支持が失われてしまう。これを防ぐために、私はケーブルにわざと引張力を加えた。

ケーブルは、両側に留め金が付いた円筒形のジャッキを使用して締めることができる。各ケーブルには、ジャッキを取り付けるためのつなぎ目が複数あった。留め金はそれぞれ、つなぎ目の両側でケーブルの端部に固定された。ジャッキは、ケーブルの両端を近づける（ケーブルを締める）、または離す（ケーブルを緩める）ように調整ができて、それによってケーブルにかかる力の量を変えることができる。歩道橋の塔から扇形に広がるケーブルを見ると、ケーブルのほかの部分よりも少し太く見えるところが接続部だ。ここに一時的にジャッキを接続して、ケーブルを引き込むのだ。輪ゴムの例で言うと、長い輪ゴムを短い輪ゴムと交換して元と同じ長さまで伸ばす。このように輪ゴムを伸ばすと、輪ゴムの中にさらに大きい引張力が生じる。

斜張橋を建設する上での鍵はバランスである。薄いカードをデッキに見立てて輪ゴムを引っ張ると、カードは持ち上げられてしまう。ところが、薄いカードの代わりに本を使うと、引っ張った輪ゴムはピンと張り、本が変形することもない。デッキの剛性と重量、そしてケーブルにかかる引張力を正しく測定し調整することができれば、ケーブルにかかる力を計算できる。私は橋の図面に、ケーブルがたわむのを防ぐために各ケーブルをどれだけ締める必要があるかを示した注釈を追記した。

エンジニアの仕事は皿回しによく似ていて、いくつかの問題を同時に計画・管理する必要がある。たとえば、温度の問題もその一つだ。すべての建造物がそうであるように、この歩道橋も温度の影響を受ける。年間を通して、さまざまな程度で（季節によって異なる）、橋は温められ冷やされる。鋼鉄の「熱膨張係数」は12×10^{-6}である。これは、長さ1ミリの材料の温度が1度変化するごとに、材料が0・000012ミリ膨張または収縮することを意味する。小さい値のように思えるかもしれないが、この歩道橋は長さが約40メートルあり、40度の温度差に対して設計しなければならなかった。英国の夏と冬を比較しても、40度もの気温差はないと主張する読者もいるかもしれない。もちろん、それは正しい。しかし、鉄骨は太陽から熱を吸収するので、夏の鉄骨は大気よりもはるかに熱くなるのだ。私たちは、予想できる最も極端な（しかし妥当な範囲の）天候において、大気ではなく鉄骨の温度変化の範囲を対象としているのである。
つまり、温度差により歩道橋は最大約20ミリも膨張することになる。歩道橋の両端を固定して伸縮できないようにした場合、歩道橋が暖められると鉄骨のデッキの中には大きな圧縮力が生じ、冷やされると大きな引張力が生じることになる。問題は、この膨張と収縮が歩道橋の寿命の中で何千回も繰り返されることだ。引く力と押す力が絶え間なく歩道橋にかかり続けると、鉄骨のデッキ自体だけでなく、両端の支持部材も徐々に損傷を受ける可能性がある。

これを防ぐために、私は歩道橋の片方の端が動くようにした（大きな橋や支柱の多い橋では、複数の場所に「伸縮継手」を設けることがある。車がこのような継手を乗り越える際には、軽い衝撃を感じる）。ノーザンブリア大学歩道橋の動きは比較的小さかったので、それを吸収するために「ゴム支承」が使われた。デッキを構成する鉄骨の梁は、幅約４００ミリ、長さ約３００ミリ、厚さ約60ミリのゴム支承で支えられた。鉄骨が膨張または収縮すると、支承が伸縮して橋が動くようにしたのだ。

また、振動と共振についても考慮する必要があった。オペラ歌手が特定の音で歌うとワイングラスが粉々になるのと同じく、地震によって建物がどのように共振するかについては、すでに説明した。歩道橋の設計では、共振が歩行者に不快感を与えるのではないかと私は心配していた。コンクリート造のような重い橋は、その重量のために振動はしにくく、通常ではこのような問題は発生しない。しかし、鉄骨造のデッキは軽く、その固有振動数は歩行に

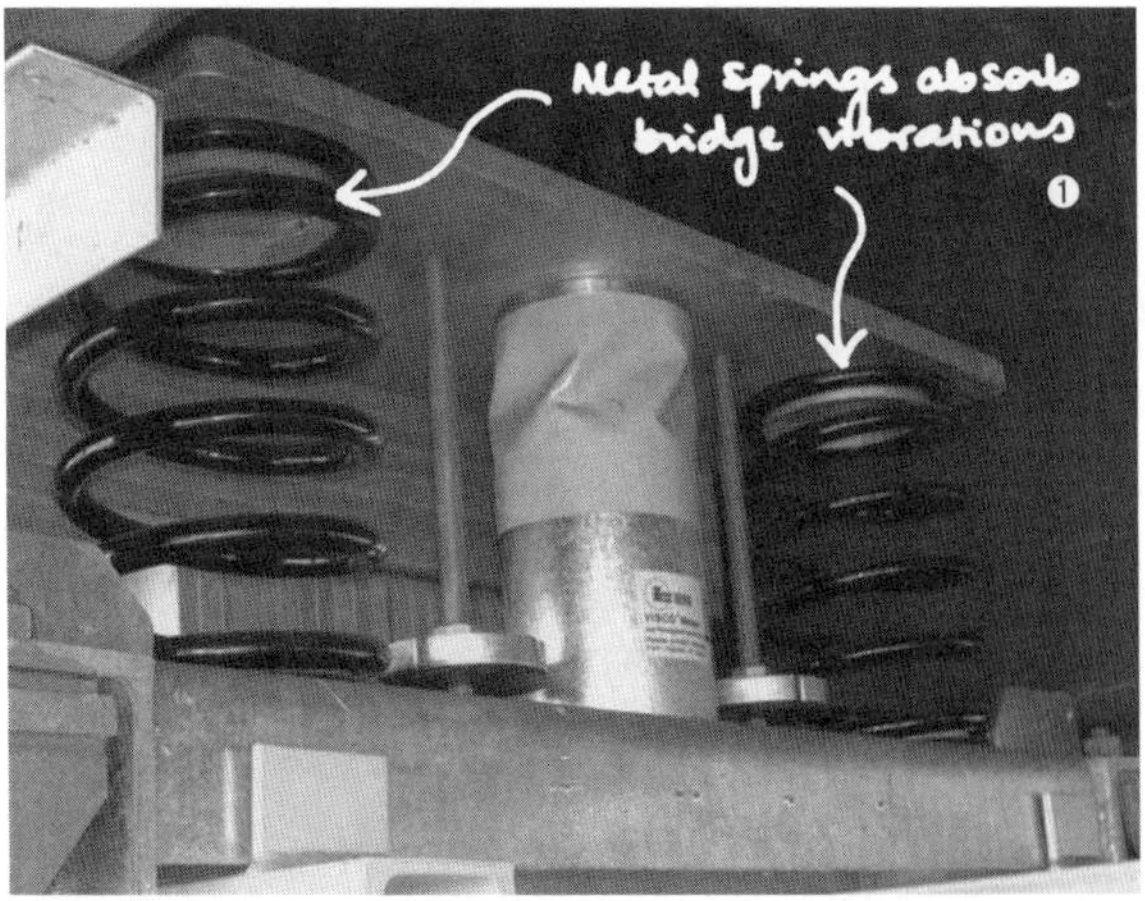

ノーザンブリア大学歩道橋で使用されているものと同様の動吸振器。（①橋の振動を吸収する金属製のバネ）

よる振動数に近いため、共振の危険性があった。そこで、強力なバネを備えた動吸振器をデッキの下側に設置した。この動吸振器は、台北タワー内部の巨大な振り子と同じように揺れを吸収し、デッキが過度に振動するのを防いでくれる。（グレートノースランで脚のストレッチをしている間などに）橋の下の道路からデッキの下部を注意深く見ない限り、動吸振器を目にすることはない。注意深く見ると、ライトブルーに塗られた梁の間に隠された３つの鋼製の箱のような物体に気づくであろう。

　歩道橋が最終の形状で安定することが確認できたら、次に、それをどんな方法で施工するかを厳密に検討する必要があった。完全に組み上がった状態でニューカッスルまで輸送するには歩道橋が大きすぎたので、私はダーリントンの鉄骨製造業者の工場に足を運び、溶接から流れ落ちる火花のシャワーの中で、いくつかの選択肢について話し合った。トラックの荷台に収まる範囲で橋を現場に運ばなければならないので、歩道橋をいくつかの箇所で分割し、分割したパーツがケーブルに接続されるまでの間、どのようにそれらを安全に設置して支持するかを確認した。それは、彫刻を設置するときに、パーツを組み合わせている間でも彫刻が安定していなければならないのと同じだった。

また、歩道橋は高速道路をまたぐ構造であったため、通行に対する影響を最小限に抑える方法についても検討する必要があった。検討の結果、4分割して現場に搬入し、それらを結合してから、クレーンで所定の位置に設置するのが最善のアプローチであると判断した。そのために、ほかに類を見ない巨大なクレーンを手配した。

確実に滞りなく橋を設置するため、何か月にもわたる計画が立てられた。3連休となる週末の初日にクレーンのパーツが到着し、道路を閉鎖して多くの鉄骨作業員がクレーンを組み立てた。その間に、4分割された橋の鉄骨造のパーツはダーリントンから近くの駐車場に運ばれ、そこでジグソーパズルのように結合されてデッキが作られた。

鉄骨のデッキを所定の位置まで持ち上げて、ケーブルを取り付ける計画だった。私は、3組のケーブルでデッキの自重とその上に集まる歩行者の重量の両方に耐えるようにデッキを設計した。つまり、ケーブルが所定の位置に設置されるまで、現場では仮の支柱が必要である。そのため、中央に支柱を1本置けばデッキが自立できるように計算した（この期間は、一般人の通行がないので、橋にかかる荷重は少ない）。仮設の鉄骨柱は高速道路の中央分離帯に建てられた。

そして高速道路が閉鎖され、クレーンが動き出した。駐車場から持ち上げられたデッキは、所定の位置まで下ろされ、両端は本設のコンクリート造の支持構造で、中央は仮設の鉄骨柱で支えられた。デッキがクレーンから外されると、高速道路の通行止めが解除された。この複雑な作業はわずか3日で完了した。

次の数週間で、橋の残りの部分が組み立てられた。主塔はクレーンで所定の位置まで持ち上げられ、コンクリートの基礎にボルトで固定された。そして、最も重要なケーブルは、橋の一端から1組ずつ取り付けられた。1組のケーブルが新たに接続されるたびに、ジャッキで引張力が調整された。ケーブルがすべて設置されて最終調整が終わると、道路は再び閉鎖され仮設の鉄骨柱が撤去された。ついに橋が完成したのだ。

竣工してすでに一般に開放されていた橋を見るためにニューカッスルを訪れた。ふだんは早起きが苦手な私だが、この日は午前5時の時点で目はらんらんとしていた。最初に、私は小さく一歩だけ橋に足を踏み入れた。それは大きな飛躍のように感じられた。その後、私はスキップしたり、走ったりしながら何度も橋を行ったり来たりした。頑丈な鉄骨の梁、ピンと張ったケーブル、ゴム製の支承、動吸振器。たった数か月前、これらを辛抱強く設計していたときのことが頭をよぎった。おそらく私以外は誰も気づかないことではあるが、こうしたディテールが私を幸せな気分にしてくれた。

橋の一端に置かれたベンチに座り、疲れた目の学生たちが次の講義へと橋をわたっていくのをにやにやしながら眺めていた。人生初の世界への物理的貢献となったこの歩道橋を体験する喜びに私が浸っていることに気づく者は、彼らの中に誰一人といなかった。

ROCK

石を生み出す

私はコンクリートを見ると、つい触れてしまう。かわいらしい子猫をなでたり、美術品を触ったりしたいと思う人は多いかもしれないが、私にとってはその対象がコンクリートなのだ。硬くて滑らかなグレーの表面もあれば、小石が混じっていたり、わざと粗く仕上げられた表面もあったりするが、どのような触り心地で、どれくらいの温度なのかを知りたくて仕方がないのだ。ローマを訪れた際には古代のコンクリートをたくさん目にしたが、そのほとんどが高い位置にあったために手が届かなかった。そのときに私がどのように感じたかは想像に難くないだろう。

ローマのロトンダ広場にあるパンテオンも、私のお気に入りの建造物である。ハドリアヌス帝によって122年頃（彼がイングランドとスコットランドを隔てる壁を造っていたのとほぼ同時期）に築かれたこの建物は、侵略者による盗難に遭っている。教皇ウルバヌス8世によって、大砲を作るために天井パネルが溶かされたりしたが、ローマの神々の神殿、キリスト教の教会、墓などに転用されながらも今まで力強く生き延びてきた。16本のコリント式の柱が並ぶポルチコ（柱廊式玄関）で支えられた三角形のペディメントが訪れる者を迎える。内部には、ロトンダ（円形の構造）の上に、円形の開口部（オクルス：ラテン語で「目」の意味）のあるドームが置

イタリア、ローマのパンテオンにある巨大なコンクリートのドームとオクルス。（①オクルス　②くぼみのあるコンクリート造のドーム　③装飾的な柱）

かれている。オクルスからは、この世のものとは思えない一筋の光が差し込んでくる。

　パンテオンは、広々とした美しいプロポーションの建物である。人にぶつかりながら壮麗な屋根を見上げて歩いていると、スケールの大きさに圧倒される。現在でも、パンテオンは、無補強のコンクリートでできた世界最大のドームである。古代ローマ人は技術に磨きをかけ、彼らが「オプス・カエメンティキウム（ローマン・コンクリート）」と呼んだ革新的な材料から、エンジニアリングの傑作をうみだした。

　コンクリートの特徴といえるのが、その不確定な形状である。つまり、コンクリートは何にでもなれる。それは岩（ロック）から始まり、その後、塊が混じったグレーの液体となって任意の形状の型に注がれる。そして、化学反応に委ねてしばらく放置すると、液体からふたたび岩へと回帰する。最終的には、円柱、長方形の梁、台形の基礎、曲線状の薄い屋根、巨大なドームになることができる。驚くべき柔軟性をもって、コンクリートはどのような形にも対応できる。コンクリートは強度が高く、非常に長持ちするので、地球上で水に次いで最も使用されている材料である。

ほとんどの種類の岩は砕いて粉にして水を加えても、何の変哲もない泥になるだけで、粉と水が結合することはない。しかし、特定の岩を極めて高い温度で加熱すると、奇妙なことが起こる。たとえば、石灰石と粘土の混合物を摂氏約1，450度の窯で焼くと、溶けずに小さな塊になる。この塊を微細な粉末にすると、素晴らしい材料を構成する基本の成分が得られる。

この粉末はセメントと呼ばれる鈍い灰色の粉で、特別なものには見えないかもしれない。しかし、それは著しく高い温度で焼かれたことで化学変化を起こしている。この粉末に水を加えると泥にはならず、「水和反応」と呼ばれる反応を起こす。水は石灰や粘土に含まれるカルシウムやケイ酸塩の分子と反応して、棒状または繊維状の結晶を作り出す。この繊維により、材料にゼリー状の柔らかくて安定した構造（配列）が生まれる。反応が進むにつれ、繊維は成長し結合する。混合物はますます濃くなり、最終的に固化する。

つまり、水＋セメント粉末＝セメントペーストである。セメントペーストは格段に硬くなって岩のようになるが、欠点もある。まず、セメントペーストの製造にはお金がかかる。加えて、製造の過程で大量のエネルギーが必要となる。さらに重要なこととして、水和反応にてしまうのだ。

より多くの熱が出る。しかし化学反応が終わるとセメントは冷えるので、収縮してひび割れ

幸いなことにエンジニアは、セメントペーストがほかの岩石にしっかりと結合することに気づき、セメントペーストに「骨材（小さくて不揃いな石と砂）」を加え始めた。骨材は、使用するセメント粉末の量（つまり放出される熱の量）だけでなく、エネルギー消費量やコストを減らすのにも役立つ。セメントペーストは骨材を入れる前と同じ化学反応を起こし、繊維を生成し、それがほかの繊維や骨材に強く結合する。そして塊全体が固化して、私たちが慣れ親しんでいるコンクリートになる。つまり、水＋セメント粉末＋骨材＝コンクリートである。

良いコンクリートを作るには、この混合物の比率が正しくなければならない。水が多すぎると、セメント粉末と反応しない水が残り、弱いコンクリートになる。反対に水が少なすぎると、反応しないセメント粉末が残り、やはり弱いコンクリートができてしまう。最良の結果を得るには、すべての水がすべてのセメント粉末と反応する必要があるのだ。また、混ぜ合わせる方法も正しく行う必要がある。適切に攪拌しないと、コンクリートの仕上がりが悪くなる可能性がある。それだけでなく、大きくて重い石の骨材が底に沈み、上部に細かい砂とセメントペーストが残ると、コンクリートは均一性を失って弱くなる。そのため、生コンクリート運搬用のトラックには巨大な回転ドラムがついており、混合物は絶えずかき混ぜられ、骨材が適切に全体に分散される。

古代のエンジニアはそのようなトラックを持っていなかったが、彼らのコンクリートの製

法は現代のものとかなり似ていた。彼らも石灰石を燃やし、それを粉末にしてから水を加えて、石、レンガ、割れたタイルを一体化させるためのペーストを作った。彼らの混合物は、現代のものよりもはるかに塊状で濃厚だったが、その後の古代ローマ人はさらに良いものを見つけた。ベスビオ山周辺の土地にあった、「ポゾラン」と呼ばれる灰だ。古代ローマ人は、焼いた石灰石をセメントとして使用する代わりとして、試しにこの既存の灰を使ってみた。石灰、瓦礫、水と混ぜると、予想通りコンクリートになって固まった。しかし、ポゾランが反応するときは空気が不要なので、この混合物は水中でも硬化した。つまり、この混合物は二酸化炭素がなくても硬化できるのだ。

当初、古代ローマ人は自分たちが作り出した材料の驚くべき可能性を理解していなかった。たとえば、家や記念碑の壁を補強するために、2層のレンガの間にコンクリートの層を挟み込むときなど、小規模な建造物において二次的な目的で使用しただけだったのだ。彼らはいつどうやって、このコンクリートが石膏のように数年でひびが入ったり崩れたりしないことを知ったのだろうか。年月が過ぎた後に、彼らはこの極めて耐久性のある物質が石膏とは違うことに気づき、コンクリートは広く使用される材料となった。また、このコンクリートは水中でも硬化するために、川にかかる橋の基礎の施工に利用できたので、広大な水域を横断するといったときの問題を解決できた。

古代ローマ人の建造物には頻繁にアーチが使用されているが、コンクリートはアーチに適した材料であった。まず、コンクリートは非常に強い材料である。粘土を焼いて作られた標

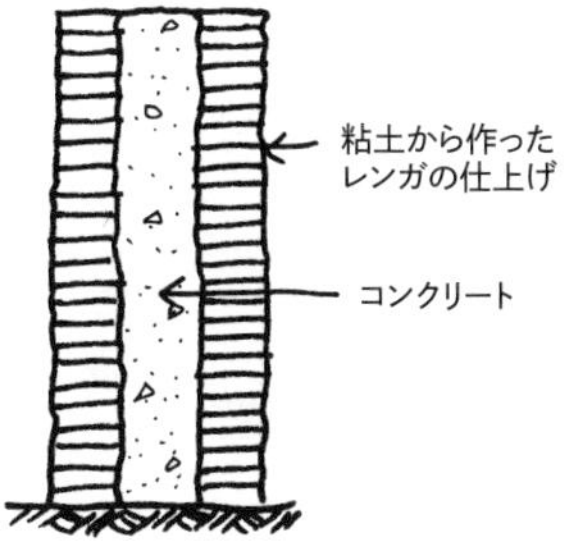

古代ローマのコンクリートのサンドイッチ。古代ローマ時代の建築では、コンクリートの壁を両側からレンガの層で挟んでいた。

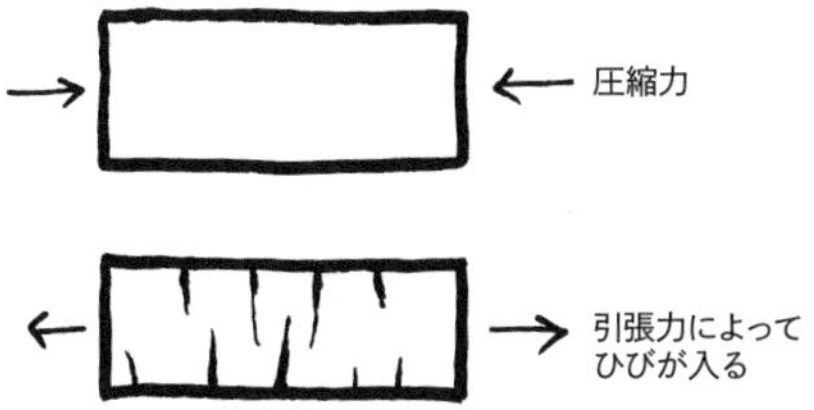

厄介な材料であるコンクリートは圧縮力に強い。ただし、比較的小さな引張力でもコンクリートにはひびが入る。

準的なレンガが5頭の象の重さに耐えられるとした場合、同じサイズで、比較的弱いコンクリートで作られたレンガでも15頭分の重さに耐えられる。さらに、より強い混合物で作られたコンクリートのレンガなら、80頭の象に耐えられるのだ。そして強度は、混合物に追加する材料の比率を厳密に調整することで操作できる。レンガやモルタル（通常、モルタルはレンガよりも弱く、押しつぶされやすい）とは異なり、コンクリートは一体的に（大きな連続した塊として）打設するので、レンガやモルタルのように弱い接合部がない。コンクリートの強度は材料全体にわたって均一に維持される。著しく大きな圧縮荷重が加えられれば、最終的にはコンクリートでも砕けて崩れるが、大きな荷重（つまり相当たくさんの象）にまで耐えられる。

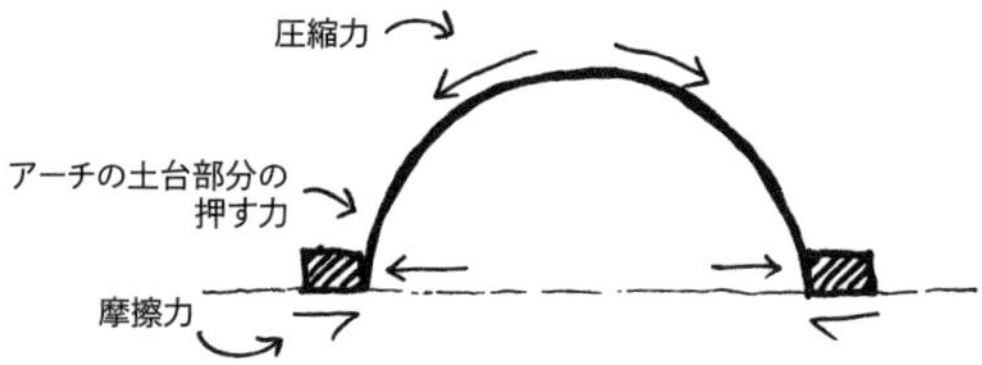

力はアーチに沿って流れ、土台部分で押し出す力になる。

しかし、コンクリートは厄介な材料でもある。コンクリートは何千年もの間、基礎や壁に押しつぶされても耐えてきたほど圧縮力に対しては非常に強いが、引き離される力には弱い。つまり、引張力に対するコンクリートの耐力はかなり小さいのだ。圧縮されたときに耐えられる荷重のたった10分の1未満の引張荷重をかけるだけで、ひびが入ってしまう。これが、私がパンテオンに感銘を受けたもう一つの理由である。古代ローマ人は、コンクリートの特性とドームの特性を完璧に理解していた。コンクリートはこのような巨大な構造物を建造するには理想的な材料ではなかったが、それでも古代ローマ人はコンクリートを使用し、しかもうまく使いこなした。

コンクリートからドームを作るのが難しい理由を理解するために、アーチを作ってみよう。長く薄い長方形のカードを曲げてテーブルに置いても、それだけではカードは曲線を維持できず、もとのまっすぐな状態に戻ってしまう。そこで、アーチを立たせるために、曲げたカードの両端の外側に消しゴムを置く。カードのアーチの土台部分を支えるものがないときには外側に押し出されて構造が崩壊してしまったが、こうすることでアーチは依然とし

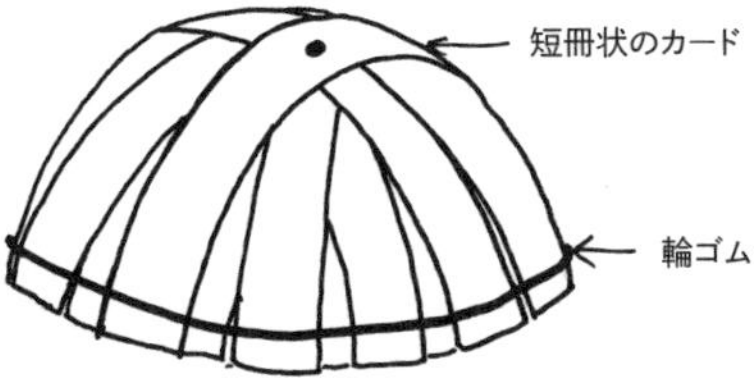

ドームが十分に「拘束されている」なら、ドームの円周に沿って流れる力がドームの土台部分を押し出すことはない。

て外側に押し出されているものの、消しゴムとテーブルの間に起きる横方向の摩擦力がアーチの土台部分の押し出す力に抵抗している。これは、すべての作用には、大きさが等しくて反対向きの反作用があるというニュートンの運動の第3法則である。アーチの端部は、支持材に対して押す「作用」を加える。支持材は、その力に対して「反作用」することでアーチを安定させる。

　ドームはアーチに似ているが、3次元の形である。そのため、もう一つの次元による複雑さが加わる。1枚のカードの代わりに、細長い短冊状のカードをたくさん用意し、それらを積み重ねて中央にピンを刺す。これを下向きに湾曲させればアーチを作ることができる。あるいは、カードを扇状に360度広げて（地球の経線に少し似た線になるように）、半球またはドームの形状を作ることもできる。ただし、この時点でのドームは、固定されていないアーチ同様に安定しておらず、それ自体では半球形を維持できない。ドームをテーブル上で固定するためには、各短冊の土台部分に消しゴムを置いて、消しゴムをリング状に配置する。または、地球の緯線のように輪ゴムを巻いてドームを拘束するという、よりスマートな方法を試すこともできる。消しゴムを取り除いても、輪

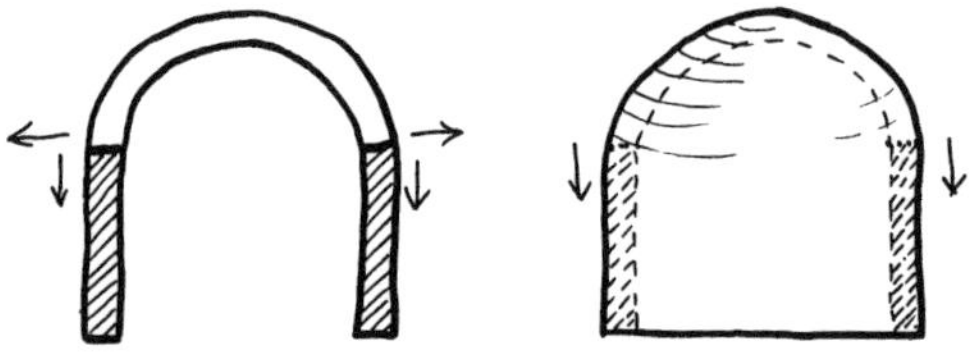

アーチを支持する壁(左):水平および垂直方向の力
ドームを支持する壁(右):垂直方向の力

アーチとドームの中で流れる力の違い。

ゴムが所定の位置にあれば、ドームは形状を維持できる。

これは、ドームの土台部分では(アーチとは異なり)水平方向の押し出す力がないことを意味する。しかし、輪ゴムには引張力がかかっており、輪ゴムの縮む性質が、短冊状のカードの押し出そうとする力に抵抗している。つまり、それぞれの短冊には「経線」に沿って個別に圧縮力がかかっているため、「緯線」の方向でそれらの短冊を拘束する引張力が必要となっているのだ。

外の広場から見ると、パンテオンのドームはかなり浅いが、実際に内側から見上げるとほぼ半球形である。その理由は、ドームの土台部分の厚みがドームの頭頂部の厚みをはるかに上回っているためである。ドーム頭頂部のコンクリートの厚さはわずか1・2メートルだが、ドームの土台部分では6メートル以上にまで達する。土台部分を厚くすることで、ドームはより大きな引張力に抵抗できる。つまり、より多くの材料があれば、より多くの抵抗力を得ることができるのだ。

しかし、古代ローマ人はさらに踏み込んで、7つの階段状の同心リングによりさらなる安定性を確保した(もし上空から

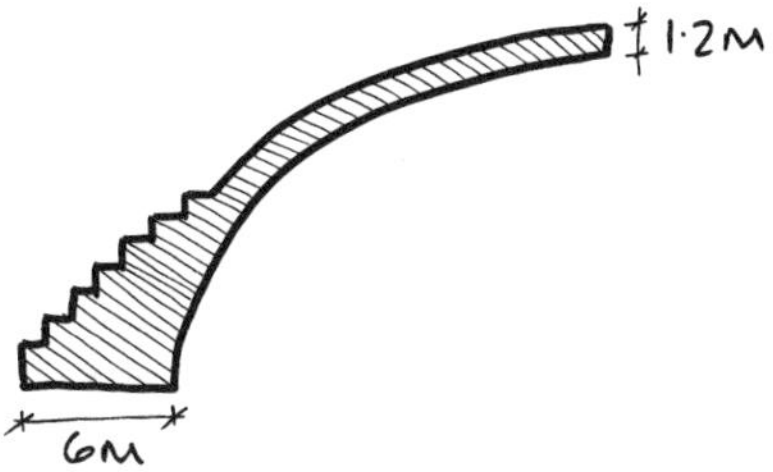

パンテオンのドームの土台部分の階段状のリングは、下に行くほど厚みが増す。これらのリングはドームを補強する役割を果たしている。

見たなら、オクルスの少し下にリングを確認することができるだろう)。これらのリングは、前述の輪ゴムと同じように、引張力に抵抗してドームの安定性を高めている。古代ローマ人はこの工夫に満ちた設計によって、引張力に対してあまり強くないコンクリートをうまく機能させるのに成功した。

コンクリートの厚みを増すことで、引張力に抵抗する問題は解決されるかもしれないが、それにより別の問題も生じる。ドームが厚いほどセメントの含有量が増えるため、より多くの熱が発生し、冷却の際にはより大きな収縮が生じてしまう。コンクリートは収縮すると自ら引っ張り合い、その引張力に耐えられなくなってひびが入る。古代ローマ人は、パンテオンのドームの土台部分に大きなひびが入るのではないかと心配していた。ドームの内側全体に配置された一連の正方形のくぼみは、パンテオン独特の視覚的美しさの一部だが、コンクリートをより迅速かつ均一に冷却し、ひび割れを最小限に抑えるためのものでもあると考えられている。それでも、パンテオンを研究しているエンジニアたちは、ドームの土台部分に亀裂(建設中に発生した古代の亀裂)を発見している。ただし、この亀裂によってこの古代の建物の堅牢さが損なわれることはなかった。

私は10代の頃に初めてパンテオンを訪れ、その美しさと静寂さからこの建物が大好きになった。次に経験を積んだエンジニアとして訪れたときには、前回と同じ愛情をもって表面のくぼみを見つめ、さらに土台部分の細かい亀裂を探した。そして長い間、この驚くべき構造の上部にあるオクルスから降り注ぐ光の筋を見つめていた。私は、ドームの大きさと一見シンプルな形状に驚かされたが、何千年も前にこのドームを建造することがどれほど複雑だったかは理解していた。現代の私たちが設計し建設する建造物は、このパンテオンのように2,000年後もまだ存在し、良好な状態を維持できるのだろうか。私にはとても想像できない。

コンクリートの相棒

5世紀に西ローマ帝国が崩壊した後、暗黒時代（私は「くずれる時代」と呼ぶ）が始まり、ローマ帝国のコンクリートのレシピは、およそ千年のあいだ失われたままであった。一旦、原始的な生き方に戻り、1300年代になってコンクリートはようやく復活した。それでも、エンジニアたちは、引張力によるコンクリートのひび割れという根本的な問題に苦労し続けた。最も予想外の場所で、最も予想外の英雄によってコンクリートの魔法が発見されたのは、数世紀後のことだった。

1860年代、フランスの造園家ジョセフ・モニエは、植木鉢のひびが絶えないことにうんざりしていた。彼は代わりにコンクリートで鉢を作ってみたが、同様にひびが入ってしまう。そこで彼は何の根拠もなく、コンクリートに金属製の網を埋め込んでコンクリートを補強することにした。もし、この実験に2つの要因が加わっていたら、失敗に終わったかもしれない。第一には、コンクリートが金属製の補強材に付着しない可能性があった（付着する確証はどこにもなかった）。付着しなければ、補強材によって鉢の中に欠陥が増えたに過ぎなかったであろう。第二に、季節の変わり目には金属とコンクリートが異なる速度で収縮・膨張するため、多くの亀裂が入る可能性もあった。しかしモニエは、堅固でほとんど亀裂が入らない革新的な植木鉢を思いがけず生み出したのだ。

ほとんどの金属と同様に、鉄と鋼には弾力性と延性があるため（これまで見てきたように）引張力に対して強く、引っ張ってもひびが入ることはない。金属はレンガやコンクリートほど、脆くないのだ。そしてモニエは、（引張力で破壊される）コンクリートと（引張荷重を吸収できる）鉄を一緒に用いるという、材料の完璧な組み合わせを世に送りだした。モロッコでは、この原則の古代バージョンを見ることができる。モロッコのベルベル人の街では、壁は、わらの混ざった泥で作られていた。この混合物は「アドビ」と呼ばれ、エジプト人、バビロニア人、アメリカン・インディアンなども使用していた。わらはコンクリートの中の金属と同様の機能を果たしている。わらが泥と石膏を結びつけ、引張力に抵抗することで過度のひび割れが起きないようにしているのだ。私のヴィクトリア様式のアパートの壁の漆喰には、同様の理由から、馬の毛が混ぜられている。

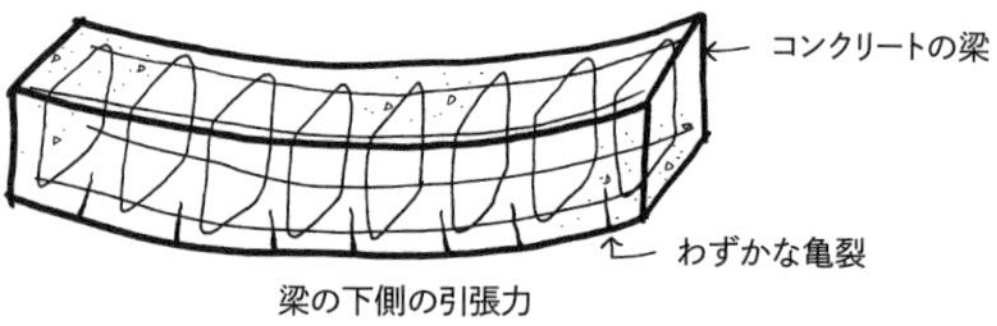

建材の完璧な組み合わせ：鋼製のカゴが引張力に抵抗し、ひび割れを抑制することで、コンクリートを補強する。

モニエは、１８６７年のパリ万国博覧会でこの新しい材料を展示した後、管と梁に用途を拡げた。この材料を見たドイツの土木技師グスタフ・アドルフ・ヴァイスは、これを使って建物全体を建設することを思い立ったという。ヴァイスは１８７９年にモニエの特許を使用する権利を買い、建築材料としてのコンクリートの使用に関する研究を行ってから、ヨーロッパ中に先駆的な鉄筋コンクリートの建物と橋を建設した。（後のベッセマー法の普及により鉄に取って代わった）鋼鉄とコンクリートの組み合わせは今日では当然のことであるため、当初はこの２つが一緒に使用されていなかったなんてとても信じられない。私が設計するすべてのコンクリート造の構造は、鋼製の「鉄筋」を使用している。鉄筋とは直径８～40ミリで表面に凹凸のある長い棒である。これをさまざまな形状に曲げて組み合わせ、グリッドやメッシュの形にしてコンクリートを拘束する。私は計算によってコンクリートのどこに引張力がかかり、どこに圧縮力がかかるかを判断し、それに応じて鉄筋を配置している。

　施工業者は私の図面を受け取ると、プロジェクトのすべての鉄筋の寸法と形状を設定して、その重量を計算する。このように作られた算定表は工場に送られ、数週間後には実物の鉄筋となって届けられる。そして、所定の位置に鉄筋が固定され、コンクリートが注がれるのだ。

コンクリート混合物の化学反応が進むにつれて、鉄筋とコンクリートは強く結合していく。セメントペーストは、コンクリート混合物に含まれる骨材に強く結合するのと同じように鉄筋にも付着する。そして、鉄筋とコンクリートがひとたび絡み合うと、分離するのは極めて困難だ。鉄筋とコンクリートの熱係数はほぼ同じである。つまり、同じ温度変化の下では、ほぼ同じ量だけ膨張・収縮する。コンクリートの梁が重力で曲がり、上側が押しつぶされ、下側が引き離されると、コンクリートの下側に亀裂が入る。この亀裂の幅は、1ミリの何分の1かであり、通常は人間の目には見えないが、それは確実に存在する。しかし、この状態になったとしても、梁の下側の鉄筋が反応して引張荷重に抵抗するので、梁の安定性は維持される。

鉄筋は現代の建設方法において、DNAの一部である。ロンドン周辺の多くの建設現場の周りに設置される囲いには小さな窓が付いている。ご想像の通り、私はその窓の前を通ると、内部で起きていることを知りたくて覗き込まずにはいられない。どんな現場でも、緊結される準備が整った大量の鉄筋や、すでに型枠の中に収まった鉄筋のカゴを必ず目にする。回転するドラムが載ったミキサー車が現れると、こってりとしたコンクリートが型枠に注ぎ込まれる。その後、作業員は電動の短い棒でコンクリートを振動させ、さまざまな大きさの骨材が型枠全体に十分に分散するように攪拌する。私たちエンジニアは、コンクリートが鉄筋の周りを流れやすいように、鉄筋の間隔を設計している。私の最初の上司であるジョンは、新人エンジニアだった私に、「カナリアが鉄筋のカゴから飛び出せるのなら、その鉄筋は離れすぎている。カナリアが窒息しそうなら、鉄筋は近すぎる」と教えてくれた。私はこの教えを忘れたことはない（この考えでいけば、鉄筋を正しく配置すればカナリアに害は及ばない）。

すべてのコンクリートが注がれ、十分に攪拌されたら、作業員たちは巨大なトンボでコンクリートの上部を平らにし、コンクリートが硬化するのを待つ。しかし、このすばらしい材料ができあがる過程はこれで終わりではない。次の数週間で化学反応の大部分が終わると、試験が行われ、目標の強度に到達したことが確認される。実際には、コンクリートの強度は数か月から数年にわたって非常にゆっくりと増加し続け、ずっと先になって安定した値で横ばいになる。

進化するコンクリート

今日、私たちは超高層ビル、集合住宅、トンネル、鉱山、道路、ダムなどの多くの建造物をつくるときにコンクリートを使っている。古代においては、文明ごとに固有のスキル、気候、環境に適したさまざまな材料と技術を用いていたが、今日ではコンクリートが普遍的な材料となった。

科学者やエンジニアは絶え間ないイノベーションにより、コンクリートをこれまで以上に強く、長持ちさせようとしている。最近のイノベーションの一つに、乳酸カルシウムの小さなカプセルを含む「自己治癒」コンクリートがある。液状のコンクリートに混ぜられるカプセルは、とてもおもしろい特性を持っている。カプセルの中には、酸素や食物がなくても50年間も生き延びることができるバクテリアの一種（通常は火山の近くの強アルカリ性の湖に生息）が入っている。バクテリアが詰まったカプセルが混ぜられたコンクリートが硬化した後、コンクリートに亀裂が生じると、そこから水が浸透し、水によって活性化されたカプセルからバクテリアが放出される。放出されたバクテリアは、アルカリ性の環境に順応しているため、強アルカリ性のコンクリートの中で死ぬことはない。バクテリアはカプセルを食べて、カルシウムに酸素と二酸化炭素を結合させる。つまり、バクテリアが純粋な石灰岩である方解石を作り出すのだ。この方解石がコンクリートのひび割れを埋めることで、構造体は自らを治癒する。

課題もある。人類が作り出す二酸化炭素の5％は、コンクリートの製造に由来している。少量のコンクリートを使用するのは環境にとってそれほど悪くはないが、私たちは大量のコンクリートを使用しているため、二酸化炭素の排出量は大きく積み上がっていく。二酸化炭素の一部は石灰石を焼成してセメントを生成するときに発生し、残りは水和反応によって発生する。コンクリート混合物に使用するセメントの量を減らすには、鉄鋼の製造過程で生成される「高炉スラグ微粉末」（GGBS）などの別の製造工程から出たコンクリートに適した廃棄物によって、セメントの一部を置き換える。これらの廃棄物を使用すれば、コンクリー

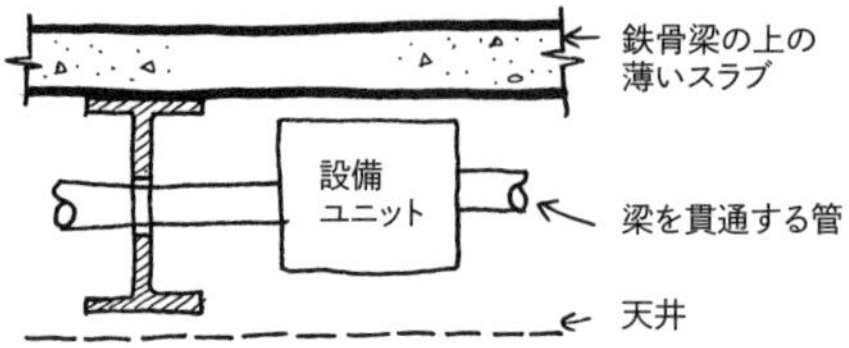

オフィスビルの鉄骨梁とコンクリートの床の配置。

トの強度にさほど影響を及ぼすことなく、大量の炭素を削減できる。しかし、このような成分は、コンクリートの混合物に別の影響を与えることもあるので、すべての建設工事に使用できるわけではない。たとえば、コンクリートが硬化する時間が長くなったり、粘性が高くなってコンクリートをポンプで高層階まで押し上げるのが難しくなったりする場合があり、そうなると超高層ビルの建設では確実に問題となる。

本書でも紹介している超高層ビル、ザ・シャードでは、オフィスエリアと住居エリアのさまざまな要件を適切に解決するために、非常に巧妙な方法でコンクリート造と鉄骨造が使い分けられている。標準的なオフィスビルで求められるのは、柱の少ない大きなオープンスペースである。そのため、引張力と圧縮力の両方に対して有効である鉄骨造が採用されるケースが多い。鉄骨の梁は、同じせいのコンクリートの梁よりも長いスパンが取れるからだ。さらに、集合住宅と比較すると、オフィスにはより多くの空調機、ダクト、給排水管、ケーブルが必要である。鉄骨梁のI字型の形状や隣接する梁との一定の間隔は、これらの設備を隠すのに十分なスペースとなる。鉄骨構造は、同等のコンクリート構造よりも軽いため、基礎を小さくすることもできる。

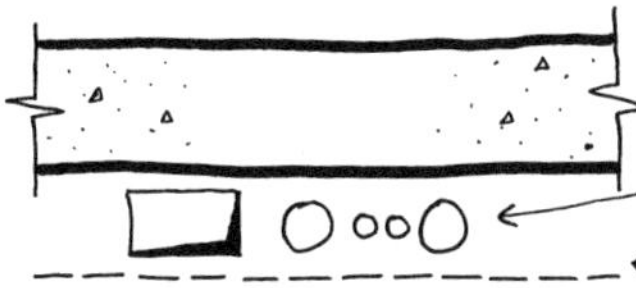

集合住宅でのコンクリートの床の配置。

一方で、集合住居やホテルのフロアは住戸や客室などに分割されているため、巨大なオープンスペースを設ける必要はない。平らなコンクリートのスラブ（鉄筋コンクリート製の厚い床板）を支えるコンクリートの柱は、壁の中に隠してしまえばいい。コンクリート造の床は鉄骨造の床よりも薄いので、建物の高さが同じだとしても、より多くの階数を確保できる。さらに、設置するケーブルとダクトの数は少ないので、スラブの下側にそれらを取り付ければよい。コンクリートは音をより多く吸収するので、フロア間の雑音の伝達を低く抑えられる。これは、できれば眠くならない方が好ましいオフィスでは、それほど重要視されない。

ザ・シャードは低層階にオフィスがあり、高層階にホテルと住居があるため、私たちは場所によって異なる材料を使用した。低層階はオフィス用の十分なスペースを確保するために鉄骨の柱と梁を用い、高層階はプライバシーを確保するためにコンクリートでつくられている。適切な箇所に適切な材料を使うのは当然のことのように思うかもしれないが、実際には非常に珍しいことであり、これまでにこのような設計を採用している建物は世界中でほんの一握りしかない。考えられる理由としては、工事の手配という観点では、建物全体に同じ材料を使用する方がおそらく簡単（そしておそらく安価）なのだろう。しかし長期的に見れば複数の工法を組み合わせる方がより良い設計であり、全体で使用する材料が少なくサステナブルであると私は反論したい。ほかの理由として、複合用途のビルが単一用途のビルほど多くないということも挙げられる。複合用途のビルの建設が増加すれば、複合材料の工法がより一般的になると私は考えている。

与えられた材料を効率的に使用するのが、優れたエンジニアリングのやり方である。コンクリートは古くからあるために時代遅れの材料だと捉えられがちだが、未来においても大きな役割を担っていくに違いない。科学者やエンジニアは、非常に強力な新しいコンクリートの開発に取り組んでおり、またコンクリートをより環境に優しいものにするための方法を見出そうとしている。もしかすると、いつの日か私たちはコンクリートに完全に取って代わる新しい材料を見つけるかもしれない。しかし、それまでにも都市は拡大し続ける世界人口の需要に対応するために、驚異的なスピードで建設され続けていくだろう。したがって、コンクリート造の建物は、この先も長きにわたり地上から消えることはない。私はこれからもたくさんのコンクリートをなでられるということだ。

SKY

空を目指す

私はニューカッスルの鉄骨造の歩道橋やロンドンのコンクリート造の集合住宅群、クリスタルパレスのレンガ造の駅の改修などのさまざまなプロジェクトに携わってきた。その中で超高層ビルが私の専門分野の一つとなったが、皮肉なことに私は高所恐怖症だ。

誤解しないでいただきたいのは、映画『めまい』の冒頭のジェームズ・スチュワートのように、高さに驚いて凍りついてしまうわけではない。高いところから下を見ると脚はガタガタするが、泣きじゃくってへたり込んでしまうこともない。ただ、仕事をしていて不快な気分になることは確かにある。いつもは（9階という低くて安心できる高さの）オフィスのデスクで仕事をしているので安全だ。しかし時には、エンジニアの古典的な装備（ヘルメット、視認性の高いジャケット、安全靴）を身に付けて、設計した建物をのぼることもある。

2012年5月、私はロンドンブリッジ駅で電車を降りて駅を出て右に曲がり、（仕事に向かう何千人もの人々が気づくことのない現場の仮囲いの一部である）明るい青色に塗られた合板製のドアに向かって歩きながら、心の中は興奮と不安が入り混じっていた。このドアこそ、今では光り輝くガラスと白い鉄骨が訪れる人たちを待ち受けるザ・シャードの、完成の姿とはかけ離れた建築中の入り口である。

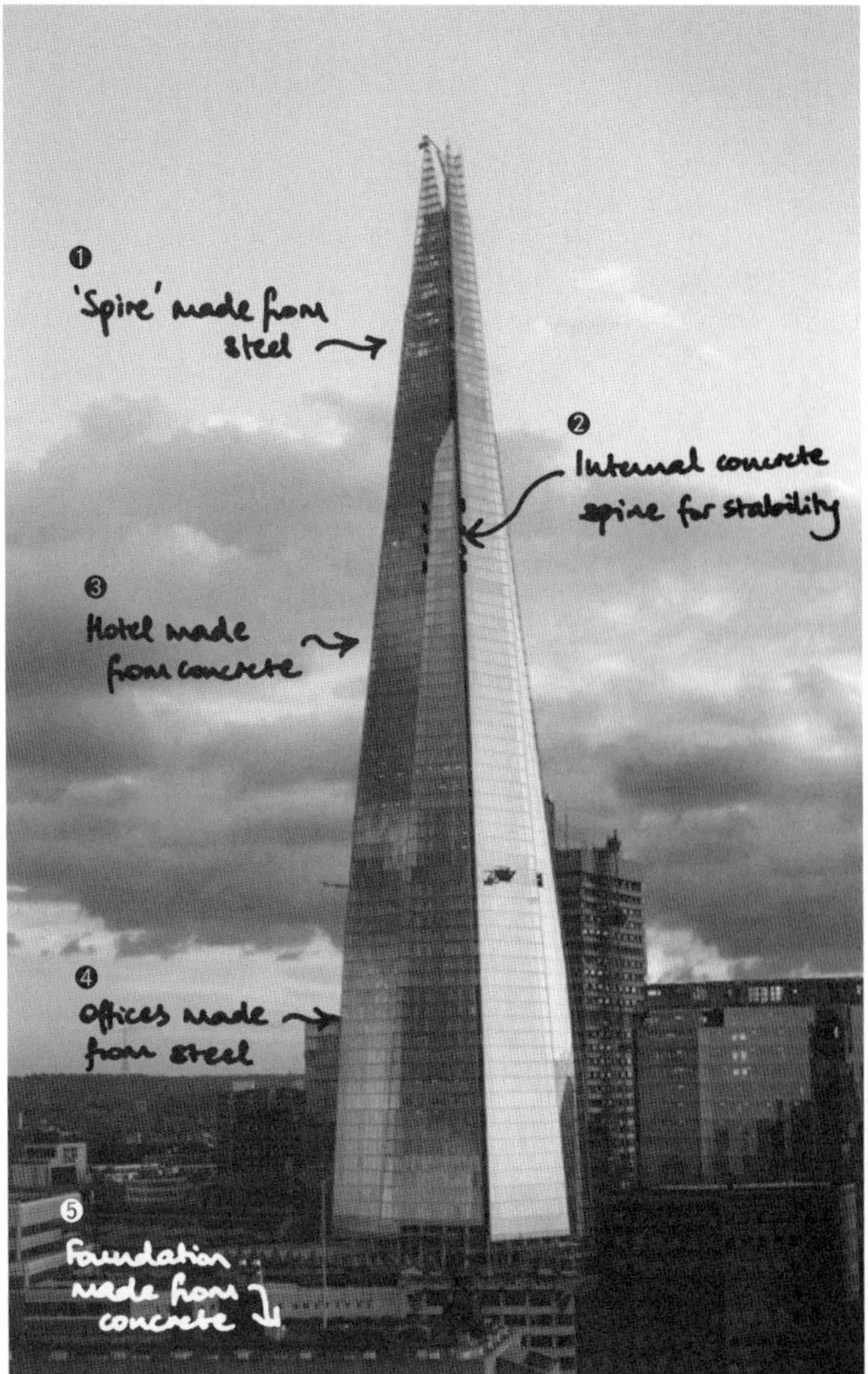

ザ・シャードは、今ではイギリス、ロンドンのランドマークである。(①鉄骨造の尖塔部分　②内部のコンクリート造の背骨により保たれる安定性　③コンクリート造のホテル　④鉄骨造のオフィス　⑤コンクリート造の基礎)

合板製の入り口を過ぎてプラスチックの柵の迷路を通り抜けながら、フェンスで囲まれた通路の配置が以前とは変わっているので、道に迷わないか少し心配になった。そして、ためらいながらタワーの角度に合わせてわずかに傾斜した檻のようなエレベーターに足を踏み入れた。エレベーターは、うめき声のような音をたててからガタガタ震えて急に上昇し始めたが、私は下を見ずに建物を見つめるようにしていた（ザ・シャードのエレベーターが、タワーの外側に取り付けられた最初の傾斜エレベーターであると知っていたのは良かったけれど、だからといって不快感が和らぐわけではない）。いったんエレベーターが停止したとき、私は建物の半分の高さのところにいた。そこはひとけのない静かな場所で、骨組みがむき出しになっていた。赤さび色の鉄骨の柱が、固い、しみのある灰色のコンクリートの床の上にそびえ立っていた。私はコンクリートをなでたい衝動を抑え、この場所が人、家具、活動で満たされたときには、どのようになるかを想像しようとした。でも、今はただ静かだった。

私は勇気を出してエレベーターに戻り、今度はエレベーターの最も高い地点である69階まで上がった。そこは、さきほどとまったく違う状況であり、構造は外気にさらされていた。まだガラスが設置されておらず、建物の外周は金属製の柵でガードされていた。低層階の静けさとはうってかわり、さまざまな作業が慌ただしく行われていた。作業員が叫びながら指示を出し、鉄骨が当たる音が響きわたり、梁を持ち上げるクレーンの警告音が鳴りひびき、振動するポンプからコンクリートが噴き出していた。そして、頭上には私が設計したタワーの頂点、つまりザ・シャードの優雅な尖塔が立っていた。さらに18階分の階段を上ると最上階にたどり着く。以前の現場視察では工事が終わっていなかったので、上るのは初めてだと、急に気がついた。今日は特別な日になる。

しかし一番上の段で、私の足は動かなくなった。タワーの先端が尖っているということは、この階（87階）がとても狭いことを意味する。フロアの中央に位置する階段に立っていても、フロアの端にいるような気がした。私は不安を感じながら、高まる恐怖感を抑えた。落ち着くために目を閉じて呼吸をすると、新鮮で冷たい空気が肺に入ってきた。めまいが少しおさまったので、私は一方の目を開けた（そう、片目だけ）。

私は空と人類が交わる点にいた。何か月にもわたってモデルを作成し、計算を行い、図面を作成した後に、ついに現実のものとなったプロジェクトを目にしたのだ。それは、紙に描いたスケッチやコンピューター上の図面よりも圧倒的に大きく、より具体的に感じられた。工事のこの段階はワクワクする。内装の天井や床がなく、ファサードによって遮られることもない。そして、一般の人々はまだ誰も建物に入っていない。私にとっては、まるで大きなロックコンサートのリハーサルのバックステージパスを持っているような感覚だった。もう少ししたら、内装の下に隠されてしまうけれど、最終的に私たちが目にするものの下地を垣間見られるという特権である。現場を訪れると、創造物に対する畏敬の念を抱かずにはいられない。やりがいを感じ、心を新たにするとともに、やはり私は特に超高層ビルの設計と建設のプロセスが大好きであると再認識する。

高さを目指した人類史

人類による最も高い建物を時系列に並べてみると（私が一晩中ずっと楽しめることだが）、１８８０年代あたりに突如として空に向かって大きく伸びることがわかる。何千年もの間、ギザの大ピラミッド（１４６メートル）が、世界で最も高い人工建造物としての記録を保持していた。中世になって初めてリンカーン大聖堂（１６０メートル）がこの記録を超え、尖塔が嵐で折れるまでの１３１１年〜１５４９年の間、世界最高の称号を保持していた。その後、ドイツのシュトラールズントにあるマリエン教会（１５１メートル）が最も高い建物になり、これもまた１６４７年に落雷により尖塔が失われるまで記録を保持した。マリエン教会に取って代わったのは、ストラスブール大聖堂だ（ストラスブール大聖堂は１４２メートルしかなかったが、その時点で大ピラミッドは１４０メートルまで浸食されていた）。真の高さの探求は、１８８４年にシカゴで最初の高層ビルが建てられた19世紀に始まる。この10階建ての建物はわずか42メートルの高さで今日の高層ビルとはほど遠いものだが、最初の鉄骨造の高層ビルといえる。１８８９年にエッフェル塔が３００メートルの大台に到達した最初の建造物になり、それ以降、人類の野心のままに建物はどんどん高くなっていった。約４，０００年かけてやっと尖塔がピラミッドの高さを抜いたが、その後の１５０年間で、私たちの建物の高さは約１５０メートルから１０００メートルを超えるものへと発展した。

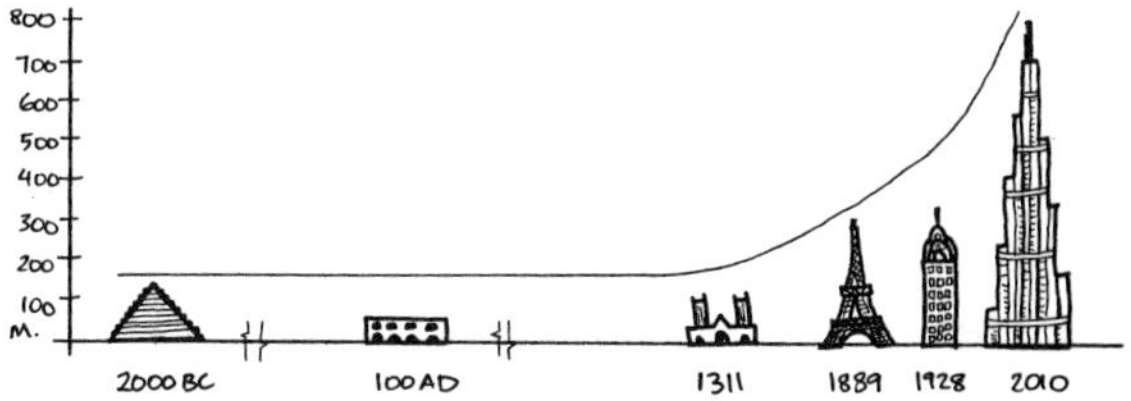

最も高い建物の高さを時間の経過とともに並べると、直近1世紀の技術革新によって、人類の高い建物を建てる能力がいかに加速したかということがわかる。

アイザック・ニュートンは「私が遥か彼方まで見通せたのだとしたら、それは巨人たちの肩に立っていたからだ」という言葉を残している。ガンガンと音をたてる鉄骨や警告音を発するクレーンなど、タワーの建造に注ぎ込まれたさまざまな材料や技術を知っている私は、西ヨーロッパで最も高いタワー（310メートル）の頂点に立ちながら、先人たちがいかにして空への可能性を切り拓き、どのようにしてここにたどり着いたかを鮮明に再認識した。もちろん、ニュートンもその一人だ。たとえば、彼の見出した「運動の第3法則」がなかったら、私はアーチに作用する力を計算できないだろう。しかし、（住宅は1階建てでなければならないなどという）枠に囚われることなく物事を考えたり、クレーンやエレベーターを作り出したりした人たちもいる。もしもクレーンやエレベーターがなければ、私たちはいまだに建物の1階に留まっているかもしれない。ザ・シャードは、革新的な建物の基礎をはじめ、建設に革命をもたらし超高層ビルを可能にしてきた歴史的なアイデアと発展の遺産の上に構築されている。高層ビルを立ち上げるには、第一にさまざまなものを地面から持ち上げる必要がある。クレーンが現れるまでは、この課題を克服できず、建設への野心は大幅に制限されていた。しかしそれは、アルキメデス（紀元前287年～212年）が複合滑車を発明するまでのことだった。

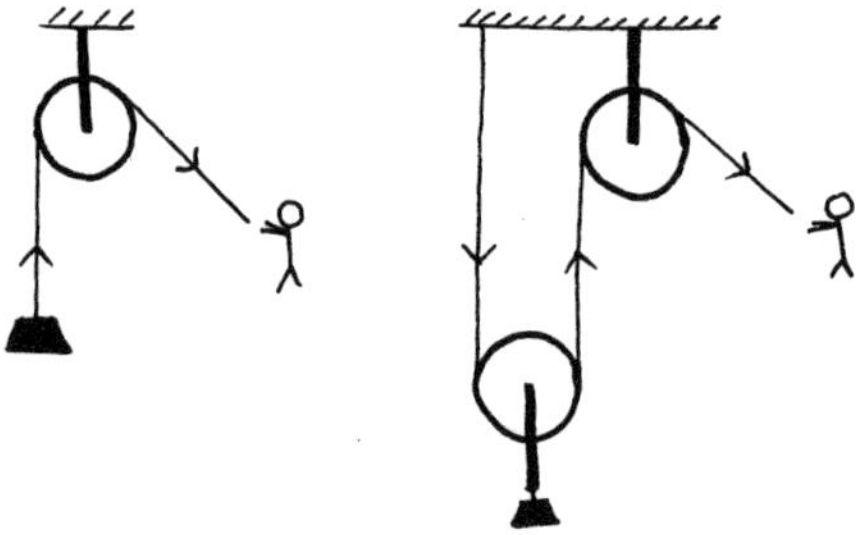
単純な滑車（左上）と複合滑車（右上）。

滑車の登場

滑車自体はアルキメデスよりも前に存在していた。紀元前1500年頃のメソポタミア文明（現在のイラク）では、水を持ち上げるために単一滑車の機構を使用している。滑車とは、ロープが巻き付けられた車輪を吊り下げたものである。ロープの一方の端に持ち上げたい重い物体（バケツなど）を結び付け、もう一方の端を引っ張る。地面に立ったまま重力を利用して下方向に引っ張れば物体を持ち上げられるので、滑車は非常に実用的な道具だった。滑車が発明されるまでは、物体の移動先よりも高い場所から物体を引き上げるしかなかった。滑車の登場が力の方向を変えることになり、より大きな荷物を動かせるようになった。

しかし、アルキメデスは自らが持っていた無限の想像力により、それを数学、物理学、さらには武器の製造やエンジニアリングにも応用していった。

彼は、一つの車輪ではなく、複数の車輪にロープを巻き付けることによって滑車を改良した。滑車が一つの場合、ある重量の荷物を持ち上げるために必要な力は荷物の重量に等しくなる。したがって、10kgの質量には10kg×9.8m/s²（重力による引張力）の力が必要となり、これは98Nに相当する（NはNewtonの略で、科学者のニュートンにちなんで名付けられている。ニュートンがエンジニアリングにとってどれほど重要な人物であるかがわかるだろう。ニュートンの万有引力の法則がなければ、私はこの計算を行うことができないのだ）。消費されるエネルギーの量は、加えられた力に距離を乗じたものである。単一の滑車で10kgの重量を1メートル持ち上げる場合は、ロープを1メートル引っ張る必要があるので、使用したエネルギーは98N×1m＝98Nm（ニュートンメートル）である。

滑車を2個使用する場合、（一定の重量が一定の距離を移動するため）消費するエネルギーは変わらないが、必要な力は半分になる。なぜなら、重量が一か所ではなく、2つの部分によって支えられているからだ。重りを1メートル持ち上げるには、各部分のロープを1メートルずつ引っ張る必要がある。つまり、ロープは全体で2メートル引っ張ることになるのだ。エネルギー量は同じだが、距離が2倍になるため、加える力は半分になる。この原理は、滑車が3個や10個に増えても同じである。

アルキメデスは、主君であるヒエロン2世に「複合滑車の機構を使えばどのような重量のものでも動かすことができる」という過激な主張をした。当然のことながら疑いを抱いたヒ

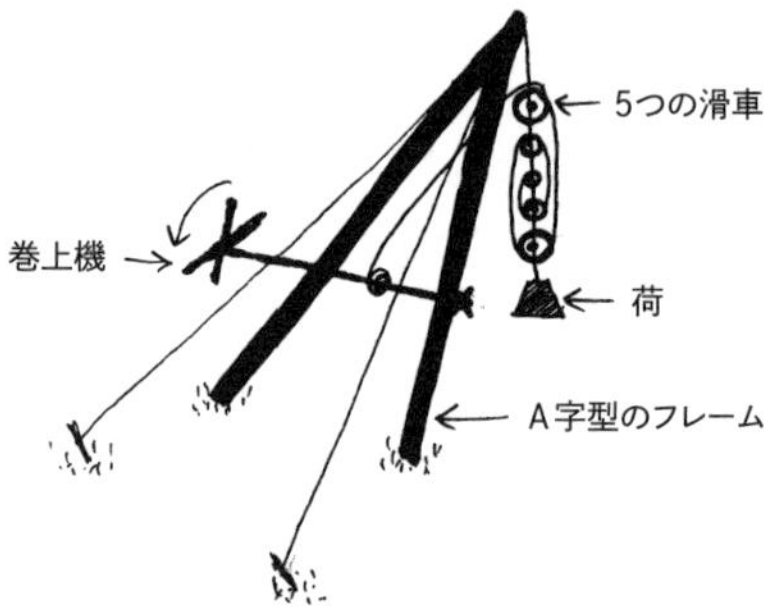

5つの滑車の機構を用いた古代ローマのクレーン。

エロン2世は、アルキメデスにそれを証明させるため、持っている設備の中で最大の貨物船の一つに人と貨物をたくさん詰め込んだ。通常であれば、この貨物船をロープで海まで運ぶには数十人の男たちが全力で引っ張らなければならなかったが、ヒエロン2世はアルキメデスに一人でそれを行うように命じた。アルキメデスはヒエロン2世と集まった群衆に見守られながら滑車を配置し、ロープを滑車に巻き付けて一方の端を船に固定し、もう一方の端を引っ張った。『プルタルコス英雄伝』（2世紀初頭に記された伝記）には、「アルキメデスは、あたかも船が海上を進んでいるかのように一定の速度で滑らかに貨物船を真っ直ぐに引っ張った」と書かれている。

複数の滑車による可能性を理解した古代ローマ人は、それをクレーンに組み込むことでさらに発展させた。逆V字型に配置された2本の棒がクレーンの骨格となり、棒の上端は鉄製の金具で結合され、下端は地面に固定された。これらの2本の棒の間にもう1本の棒を水平に（A字型に）配置して、巻上機として機能させる。つまり、ロープを取り付けた巻上機を回転させることで、井戸の中のバケツを引き上げる要領でロープの上げ下げが可能になるのだ。クレーンの上部に取り付けられた滑車装置を通ったロープは、荷物のすぐ上に配置された滑車、さらにその次の滑車へ……と5つの滑車を順に通された。巻上機の両端には、重い重量でも容易に上げ下げできるように、巻上機を回すための4本の取手のようなものが付けられた。古代ローマ人は、さらに大きなものを持ち上げる場合を考え、滑車と回転パーツを追加し、4本の取手の巻上機を「踏車」と呼ばれる大きな車輪に置き換えた。

古代ローマの労働者は、滑車付きのクレーンを使用することで、古代エジプト人より60倍も重い荷物を持ち上げることができた。また、現代の私たちが使用しているクレーンも、大きさの違いはあるものの、原理は同じである。細長い鋼製の角パイプを使って非常に高いタワーが組み立てられ、それに細長い「ジブ」と言われるアームが取り付けられる。ジブに要となる複合滑車機構が固定され、巻上機の取手を回していた古代ローマの労働者の筋肉は、やがてガソリン由来の動力に置き換えられる。ジブにはアルキメデスが発明した滑車の最新版を取り付け、数トンの鉄骨やガラスを全方向に安全に運ぶ。

垂直に積層して住む

古代ローマ人は、クレーンとアーチの可能性を理解していたため、より大きな建造物を構築できた。そして、彼らはその能力に見合う野心を持っており、その考え方も壮大であった。

ローマ帝国の発展と共に人口が増加するにつれて、彼らの街は大都市へと拡大していった。すべての人々が都市に住めるように、彼らは「インスラ」を建てた。インスラとは、現代における集合住宅のようなものであり、それまでにない10階建ての高さのものまであった（もちろん、建造物としてはピラミッドの方がはるかに高いが、中に住むことは確実にできない）。

インスラは街のブロック全体を占め、四方を道路で囲まれていた（インスラは「島」を意味する）。当時の個人住宅では、光と空気を取り入れるために中央に吹き抜けがあるのが一般的だったが、インスラでは代わりに外の街に向かって窓があった。つまり、インスラでは内と外が反転していたのだ。1階には多くの柱が設置され、その間に比較的浅いアーチが架けられた。そのアーチのカーブの上にコンクリートを敷設することでアーチの上部を平らにして床を作った。アーチがなければ、床の梁を支えるためにはるかに多くの柱が必要となり、小さくて使い勝手の悪い部屋となっていただろう。

古代ローマ人は、より高く建てるために、さらに多くの柱とアーチを積み重ねた。そして、大きくて重い建造物が地面に沈み込まないようにするため、初めて基礎の設計について検討し始めた。彼らは、建物の敷地にある土の種類を調べてから、構造を支えるために石とコンクリートで基礎を構築した。

最も高価で人気があったのは1階の住居だった。階が高くなるほど住居は小さくなり、安価になる。これは現代とは逆である。今では、それなりの財産が必要となる最高級の贅沢は、（物理的にも最高の位置にある）ペントハウスである。しかしインスラの場合は困ったことにエレベーターがなく、住民は上層階への階段をひたすら上らなければならなかった。水をそれほど高く汲み上げることができなかったので、人力できれいな水を持って上がり、廃棄物を下まで引きずって下ろさなければならなかった（多くの住民は単に窓から投げ捨てていたが）。また、階段の途中で動物に遭遇する可能性もあった。インスラでは牛が3階あたりまでさまよって上ってきたと言われている。

インスラはうるさい場所でもあった。ガラス窓が発明されて雨戸に取って代わっても、古代ローマの街の絶え間ない喧騒を阻止することはできなかった。夜明け前からパン屋が外でオーブンをガチャガチャと鳴らし、少し後になると教師たちが授業のために広場で声を張りあげていた。日中は、金箔師の絶え間ない槌の音、両替商が硬貨をジャラジャラさせる音、物乞いの叫び、取引を成立させようとしている商売人の声が響きわたった。夜になると、酔って踊っている船乗りや、台車のきしむ音が喧騒に加わった。しかし、騒音や不衛生な環境もさることながら、インスラには建物が崩壊したり焼失したりする恐れもあった。実際に、それは多くの粗悪なインスラで起こったという。そこでアウグストゥス帝は初の計画制限を定め、建物の高さを約20メートルに制限した（後にネロによって18メートル弱に調整された）が、これらの規制は多くの場合は無視されていた。インスラの不自由さにもかかわらず、西暦300年までは、ローマの人口の大部分がインスラに住んでいた。インスラのような建物は45，000棟以上あり、対照的に一戸建て住宅は2，000戸未満だった。

人類史上初めて、何百人もの人々が多くの階に分かれて住む実用的な高層建築が建てられたのだ。窮屈な状態で住んでいた最初の住民にとっては戸惑いばかりの経験であり、新しい生活様式を初めて目にする部外者には奇妙な光景だったに違いないが、それは革命的なアイデアであり、未来を映し出していた。人間が重なり合って住むというこのアイデアこそが、最終的に超高層ビルという考えへと発展していったのだ。

桁違いのドームをどうつくるか

アルキメデスはメソポタミア人の滑車を取り入れて、それに改良を加えた。同様に、古代ローマ人はアルキメデスの発明を取り入れて、その新しい利用方法を見出し、頑丈なクレーンを作り出した。しかし、エンジニアリングにおける進歩というのは、伝統と革新といったつながりの中で前進していくだけではない。時にはそれまでの伝統と決別し、不可能とされていたことに挑戦する場合もある。たとえば、私が尊敬するレオナルド・ダ・ヴィンチ（1452年～1519年）は、飛行機、機械の騎士、さらには（短いはしごのようなパーツを用いて迅速に組立・解体できる）有名な橋の概念を思い描いた。フィリッポ・ブルネレスキ（1377年～1446年）も、そのような思想家の一人だ。彼はルネサンス建築で最も有名なドームの一つを自力で（また、後で述べるように一心不乱に）作り出した。ブルネレスキは、このドームを支持架構なしで建造し、建設に革命をもたらした。通りを歩くと「狂人がいる！」とさえ言われた男の偉業である。

イタリアの都市、フィレンツェのサンタ・マリア・デル・フィオーレ大聖堂を覆うブルネレスキのドゥオーモ。（①2層のレンガ構造が驚異的なドームを構成している）

フィレンツェのサンタ・マリア・デル・フィオーレ大聖堂の工事は、ブルネレスキが現れるまでに、すでに１００年以上にわたって続いていた。１２９６年の勅令により、「古代ギリシャや古代ローマの建物を超える高さと美しさを備えた壮大な」建物の建設が提案され、同年には（フィレンツェのほかの2つの素晴らしいランドマーク、サンタ・クローチェ聖堂とヴェッキオ宮殿の設計も行った）アルノルフォ・ディ・カンビオが設計を行い、建設工事が始まった。勅令の壮大な内容にもかかわらず、市民の熱意とエネルギーは、その後の数十年で資金と共に減衰した。その結果、１４１８年になってようやく大聖堂は完成したが、ドームの建設がまだ残されていた。大聖堂の建設中、直径42メートルもの巨大な穴の上にドームをどのように設置するのかは、まったく考えられ

アーチの建設プロセス。木製の支保工により石を所定の位置に配置し、最も重要なキーストーンで仕上げる。

ていなかった。

ブルネレスキは、未完成の大聖堂とその建設現場の近くで幼少期を過ごした。工事が長い間行われていたため、現場付近の通りの一つは今でも「基礎に沿った通り」と呼ばれている。彼は見習いとして青銅と金の鋳造、鉄の鍛造、金属成形を学び、後にローマに移り、彼の先祖である古代ローマ人の技術を学んだ。常にエンジニアリングに憧れを抱いていたブルネレスキは、若い頃に2つの決意をした。それは、建築を古代ローマ時代の偉大さまで復興させることと、大聖堂にドームを設置することだった。大聖堂を管轄する関係当局がドームの建設に適した候補者を探すためのコンテストを行うことになり、この2つの決意を実現させるチャンスが訪れた。しかし、想像力の乏しい者が彼の過激なアイデアに対して抱く嫌悪感をはねのけなければ、ブルネレスキが勝つ可能性は低かった。また、彼は交渉による駆け引きが得意ではなかった（ブルネレスキのデザインを検討していた委員会が会議から彼を強制的に追い出して、広場に放り出したこともあった。それから彼は狂人として知られることになった）。

新しい工法を提唱したブルネレスキの主張が非難された理由は

単純だ。何千年もの間ずっと、アーチとドームの建設には同じ工法が用いられていた。アーチの下側の形状に合わせて、支保工と呼ばれる木製の型を大工が作ってから、石工か煉瓦工が支保工の周りに慎重に石やレンガを積んで、モルタルなどで接着した。彼らはまず、土台からレンガや石を敷き始め、アーチの中心に向かって徐々に作業を進めた。最後のステップで、キーストーンを頂点に据えてアーチを完成させる。この工法では、キーストーンが配置されるまで、土台からせり上がった曲線の部分は連結されておらず、それを支えていたのが木製の支保工である。支保工がなければ、アーチは崩壊してしまう。キーストーンが設置されることで圧縮荷重の経路が完成し、アーチは安定する。ここまでくれば、支保工を撤去してもアーチが崩れることはない。ドームの建設でもプロセスは同じであり、この場合は半球形の木製の支保工が使われた。

誰もがこれがドームを作る唯一の方法だと信じて疑わなかったが、ブルネレスキは違った。彼は、5,000個のレンガからできた幅2メートル高さ4メートルにも達する模型を委員会で披露した。そして、この模型を1か月以上かけて「支保工を使うことなく」製作したと主張したのだ。しかし、彼の主張は懐疑的に受け止められた。ブルネレスキが委員会に工法を教えることを拒んだせいでもあった。

ドームの最終設計案を選ぶ責任を負った審査員団は、工法を明らかにするよう繰り返し求めたが、ブルネレスキは拒否した。そして、入札に参加した多数の専門家が出席した審査会が開かれると、彼は卵を持ってくるよう求めた。競合相手の中で卵を縦に立てることができきる者がいれば、その人が受注すべきだと彼は言った。それぞれの入札者が挑戦したが、成功する者はいなかった。ブルネレスキは卵をテーブルに強く打ちつけると、その場に立てた（殻は部分的に割れていた）。殻を割っていいことがわかっていれば誰でもできたとほかの者たちは抗議したが、「その通りです。そして、私がドームの工法を教えても、あなた方は同じことを言うでしょう」とブルネレスキは答えたのだ。結局、受注したのはブルネレスキだった。それはおそらく、ほかに実用的な解決策がほとんどなかったからともいえる（入札者の中には、ドームを支持するために工事の間は大聖堂を土で満たすと提案した者さえいた。意図的に土に硬貨を混ぜておけば、ドームが完成した後には、硬貨を手に入れたいと思う少年たちによって土が勝手に片付けられるという構想だった）。

私は物理学を専攻していた学生時代にフィレンツェを訪れたことがある。街にはヴェッキオ橋、ジョットの鐘楼、サン・ジョヴァンニ洗礼堂、サンタ・フェリチタ教会があり、そこは中世とルネッサンス初期のエンジニアリングの野外博物館のようだった。地元では親しみを込めて「イル・ドゥオーモ」と呼ばれる大聖堂は、紛れもないフィレンツェの目玉の一つだ。私はしばらく外に立って、均整のとれたシンメトリーな3つの入り口、その脇に立つ4本（プラスその上の2本）の高い柱、最も大きなバラ窓（ゴシック建築に見られるステンドグラスで作られた円形の窓）の下の聖母マリアと十二使徒のとても複雑な彫刻などのすべての要素を見わたした。円、尖頭アーチ（2つの円弧でつくられる先端のとがったアーチ）、三角形、長方形、色のついた石の帯が、心地よい幾何学的混沌の中で調和していた。そして入り口を通り抜けるとすぐに、私の目は頭上の高いドームに引き寄せられた。

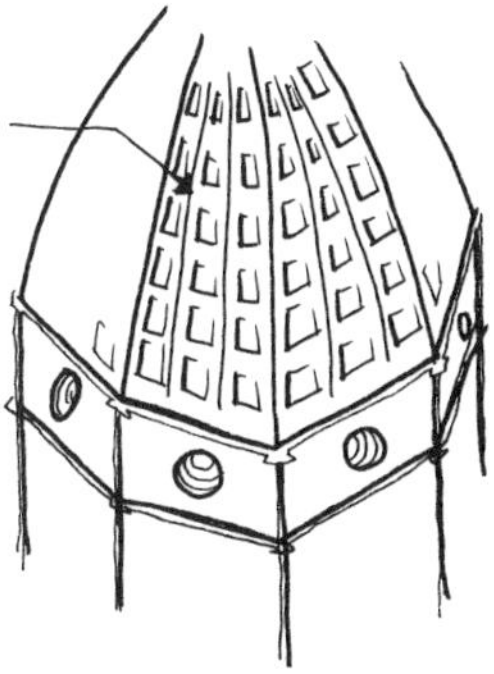

2層のレンガの間にあるドゥオーモの骨格(ブルネレスキの発明)。

ドームの土台は八角形で、各面の円形のステンドグラスの窓から光の筋が差し込んでいた。ドーム上部のオクルスからは、さらに多くの光が入ってきた。ステンドグラスの窓の上には、最後の審判を描いた壮大なフレスコ画があり、天使の聖歌隊、聖人、擬人化された美徳が、描かれた雲の層の中にあっても際立っていた。そこにあるものはすべて素晴らしかったが、ドームがどのように機能しているのか知りたい、美しい装飾に隠れたドームの姿を見たいと、私の中の科学者気質がうずいた。

大聖堂の西側の広場に立つジョットの鐘楼からのドームの眺めは最高である。414段の石の階段を登るのに体力を消耗しながらも、ようやく鐘楼の一番上に到達し、真っ赤なテラコッタタイルの傾斜面とドームの形状を際立たせる8本の白いリブを眺めた。そこからの眺めは、ブルネレスキの才能を存分に讃えるものであった。ブルネレスキの型破りな考え方と、それを実現しようとする勇気が、現代のエンジニアリングに通じる革新性のもとになっていたのではないだろうか。旧来の考え方と決別し、「不可能」さえも思い描くことがエンジニアリングを前進させるのだ。

ブルネレスキは、彼らしい詳細なスケッチでリブを描いている。石でできたリブは、開口部の8つの角から立ち上がるアーチとして機能し、八角形のドームのエッジを支えていた。メインの8つの石造のリブの間には、風の力に抵抗するために、さらに16本のリブが追加されていた。これらのリブはブルネレスキがレンガの2層の隙間に隠してしまったため、外側から見ることはできない。この隙間を作ることで、追加のリブを隠せただけでなく、内部まで材料を詰めた場合と比べて、ドームの重量は半分になった。この軽量化により、支保工なしでドームを構築できたのだ。

ブルネレスキは基本に立ち戻って考えたのだ。伝統的なレンガ構造は、レンガ、モルタル、レンガと重ねて層状の構成で造られている。シンプルな庭の壁を想像してみてほしい。この壁は曲がる必要がある（無理だと思うのは承知だが、ちょっと我慢していただきたい）。すぐに問題が起こるだろう。カーブした壁が高くて重くなると、過剰な荷重がかかって、ひび割れが生じる危険がある。通常であればモルタルはレンガよりも弱いため、連続したモルタルの層がレンガよりも先に破損する可能性が非常に高くなる。

ブルネレスキはこの対処法として、職人に慣例のない作業を要求した。3つのレンガを水平に置き、次に水平に置かれたレンガの両側にブックエンドのように垂直にレンガを置くように指示した。さらに次の層では、3つの水平のレンガを垂直レンガ1個分ずらして置き、

ヘリンボーンのパターンで設置されたレンガ。垂直に置かれたレンガにより強度が上がる。

両端に垂直のレンガを置く、ということを繰り返した。400万個のレンガを組むのは骨の折れるプロセスだ。職人たちは1層のモルタルが乾くのを辛抱強く待ってから、次の層の作業を行った。こうして作り上げられたのは、魚の骨のように見えるために「ヘリンボーン（ニシンの骨）」と呼ばれる模様である。エンジニアとしての私は、このアプローチのシンプルさが素晴らしいと思う。連続したモルタルの層が弱点だったので、ブルネレスキは垂直のレンガでその層を分割し、カーブした壁の強度を大きく向上させた。

同様に、ザ・シャードの建設も革新的なアプローチによって進められた。背骨（コア）の設計では、私と共に働いていたエンジニアのチームが構築のための独自の方法を考案した。私たちは、工事にかかる時間を短縮するために、2方向から工事を進めることにした。つまり、地下を作るために地面を掘り下げると同時に、上向きにも建設するのである。地下を作る必要がある場合、通常はコンクリートや鉄骨の壁で側面を支えながら巨大な穴を掘る。そして穴の底に、その後に建てられる建物を支えるための杭（コンクリートの長い棒）を設置する。そして、各地下階にスラブを設置しながら地面の高さまで戻り、この時点からやっと地上レベルでの建設が可能になるのだ。

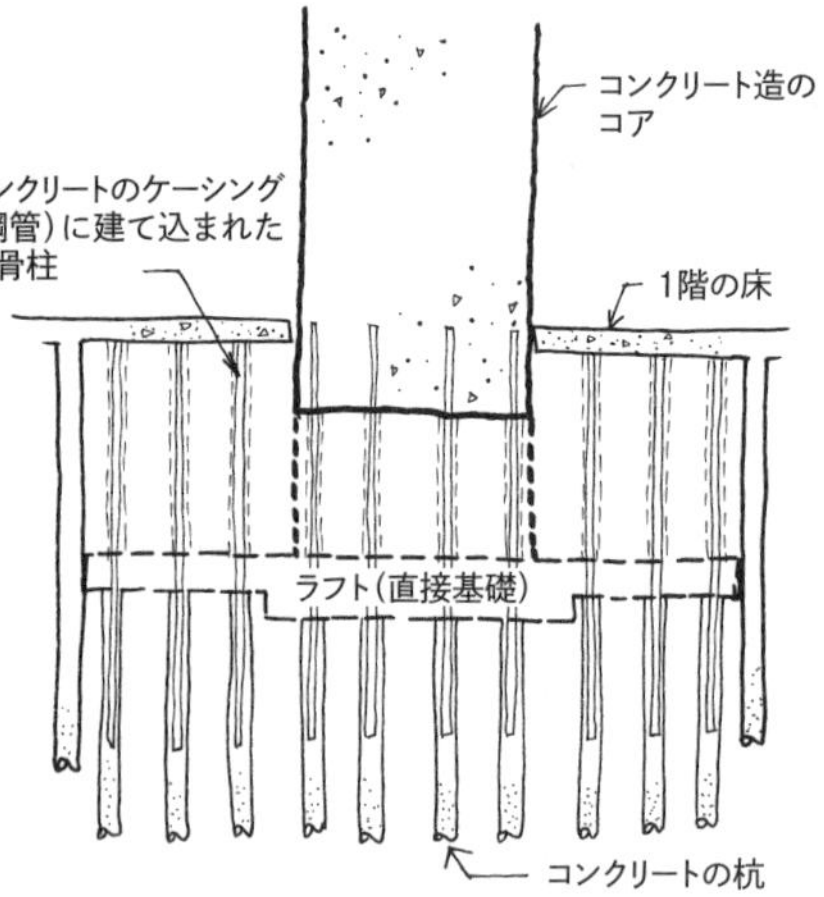

ロンドンのザ・シャードの建設工事で採用された逆打ち工法。

しかし、私たちは前例のないことを行った。初めに、巨大な鉄骨柱を建て込んだ杭を地中に打設し、先に地上レベルに巨大な穴の開いたスラブをつくるように依頼したのだ。こうしてまず、巨大な穴が開いた1階のスラブが作られた。この穴から地面へのアクセスが確保され、掘削作業員たちが土を取り除いて、内部の鉄骨の柱が入ったコンクリートの杭を露出させた。掘削を続けながら、新たに露出した鉄骨の柱に特殊なリグを取り付け、このリグにより中央のコンクリート造のコアが構築された。コアを立ち上げながら地下と基礎を完成させたので、ある時点では、巨大な20階分のコンクリートのコアが、基礎ではなく、鉄骨の柱だけで支えられていた。つまり、杭に支持された構造となっていたのだ。

「逆打ち工法」と呼ばれるこの工法は、従来は小規模な建物の柱や床を支えるために使用されていた。しかも、コアでの使用は、この規模の建物はもちろんのこと、どのような規模の建物でも試されたことは一度もなかった。この工法の初めての適用だった。常識を超えて考える能力は、時間と建設費の節約になった。私たちは創造力で現実世界の課題を解決したのだ。今日では、たくさんの人たちが別のプロジェクトでも私たちのアイデアを採用している。世界で最も有名な大聖堂のドームでも、西ヨーロッパで最も高いビルでも、既存の考え方を超えて築き上げるアプローチは、必ずイノベーションへとつながるのである。

エレベーターはどう発明されたか

２０１２年５月のザ・シャードの現場視察で、檻のようなエレベーターに乗ってまず34階まで上り、次に69階まで上がった私は、外を見下ろすのではなく、建物を食い入るように見つめた。ザ・シャードをはじめ、いかなる超高層ビルも、エレベーターがなければ存在しなかっただろう。古代ローマのインスラが10階建てで止まった理由の一つは、それ以上の高さを階段で上り下りするのが現実的ではなかったためである。現代の私たちはボタンを押して可動式の箱を呼び、高層タワーを上下に移動するのに慣れてしまったので、エレベーターについて改めて考えることはあまりない。しかし１８５０年代より前は、このようなエレベーターはまだ存在していなかった。人類はエレベーターが発明されてすぐに超高層ビルの建設を始めたが、この装置はもともとは建物を念頭に置いたものではなく、工場内でより安全に資材を運ぶために設計された。

エリシャ・オーチスはアルキメデスと同様、休むことを知らないクリエイティブな想像力の持ち主だった。彼は大工、整備士、ベッドフレームメーカー、工場のオーナーなどのさまざまな仕事に携わり、ベッドフレームの生産を4倍速くする装置、新型の鉄道用安全ブレーキ、自動パン焼きオーブンまでも発明した。1852年にニューヨーク州ヨンカーズにある工場を片付けるために雇われると、フロア間で荷物を手で移動させる作業に不満を感じ、効率的に作業を進めるためにはどうすれば良いかを考えるようになった。フロア間で人や物を移動させる手段は、何世紀にもわたって存在していた。たとえば、ローマの剣闘士は動くプラットフォームでコロッセオのピットから闘技場へと上がった。しかし、問題はそれが安全ではなかったことだった。プラットフォームを上下に動かすロープが突然切れれば、プラットフォームは地面に落ちて、乗員は死んでしまう。オーチスは、このようなことが起こらないものを作ろうと思案していた。

彼は「リーフスプリング」を利用することを思いついた。リーフスプリングとは、乗り物や荷馬車のサスペンションを改善するために一般的に使用されていた、薄いスチール製の板を精密に層状に重ねたC字型のバネである。リーフスプリングは、力をかけるとほぼ平らになるが、力を緩めると湾曲する。オーチスは、力によって生じる形状の変化を利用できるのではと思いついた。まず彼は、（上下移動の際にプラットフォームを所定の位置に導く）滑らかなガイドレールを歯や爪車のついたレールに交換した。そして、中央にヒンジが付いて「足」の先

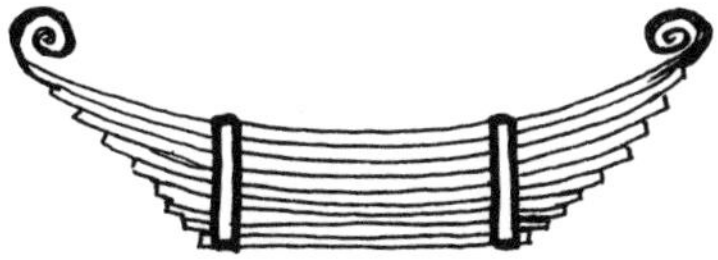

リーフスプリングによって、エレベーターの操作
に関する課題が解決された。

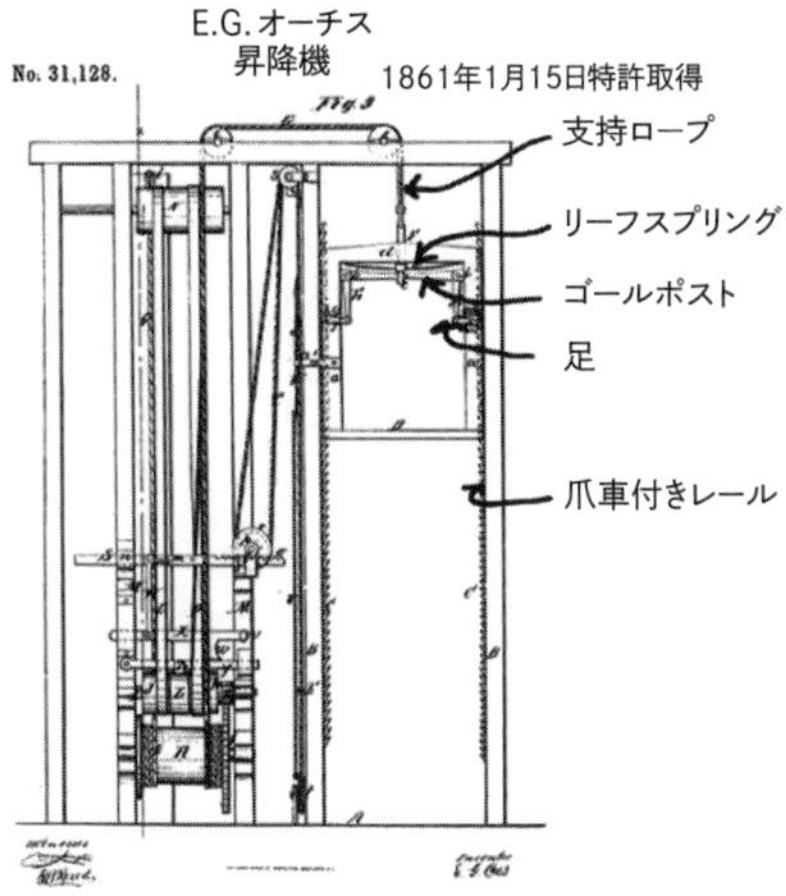

この図は、オーチスエレベーター（または「昇降機」）の
特許文書に含まれていた。

端が突き出ているゴールポストの形をした機構を作り出した。彼は、最初にスプリングを、次にこのゴールポストをエレベーターのカゴの上のロープに取りつけた。ロープに損傷がなければバネは平らなままで、ゴールポストは直角のままである。ロープが切断されると、バネはC字型に湾曲し、押し下げられたゴールポストが変形する。ゴールポストが変形すると、2つの足が爪車付きのレールに食い込み、エレベーターは停止するのだ。

オーチスは、この発明が有益だということをたくさんの人に知らしめ、注目を集める機会を狙っていた。その舞台となったのが、1853年に開催されたニューヨーク万国博覧会である。「万国産業博覧会」と銘打ったこの博覧会は、アメリカの技術力を披露し、世界中の産業革新を紹介することを目的としていた。オーチスは広大な展示ホールにガイドレール、爪車、バネ、プラットフォーム、巻上機を備えたエレベーターを建設し、中に荷物を積み込んだ。群衆が集まったところで、彼はプラットフォームに上がって、一番高いところまで上げさせた。群衆が見守る中、彼は巻き上げロープを切るように指示し、彼の助手は斧を振り下ろした。

プラットフォームが突然下に動いたとき、群衆は思わず息をのんだだろう。しかしすぐに、落下は止まった。プラットフォームは数インチ下がっただけだった。そして、「完全に安全です。皆さん。完全に安全です」というオーチスの大きな声が上から響きわたっていた。

4年後、オーチスはニューヨークのブロードウェイとブルーム・ストリートの角にある5階建てのE．V．ホーワウト百貨店に最初の蒸気動力の安全エレベーターを設置した。設立者であるオーチスの名前を冠する会社は、エッフェル塔やエンパイア・ステート・ビルから、マレーシアのペトロナスツインタワーまでの世界中の建物にエレベーターやエスカレーターを供給し続けている。これらの建物は、オーチスの発明がなければ実現できなかったのではないか。彼が安全エレベーターを開発するまでは、建物の高さは人が登れる範囲の階段の数に制限されていた。エレベーターがその障壁を打ち破ったことで、エンジニアは超高層ビルに本気で挑めるようになった。

以来、私たちがより高い建物を建設し続けたことで、今では逆の問題も生じている。エレベーターを上げ下げするスチール製のケーブルが重くなりすぎたために、機械が効率的に機能せず、500メートルを超える距離を移動するエレベーターが作れないのだ。これは、超高層のビルでよく見られる、最下階から最上階までを一つのエレベーターでつなげない理由の一つである。あるエレベーターで途中階まで上ってから、別のエレベーターに乗り換えて残りの階数を上がることがある。しかし、すでにエンジニアは別の材料を使うことで、この問題を解決する方法を模索し始めている。スチールを、より強くてより軽い炭素繊維に置き換えることも一つの方法のように思われるが、炭素繊維にどれだけの耐火性があるかについては疑問が残る。いずれにしても、ビルの高層化が続く限り、このようなイノベーションが大いに必要となるだろう。

超高層ビルのもう一つの課題は、揺れである。力に関する章（FORCE 建物が支える力）では、建物の動きを制御して気分が悪くなるのを防ぐ方法について述べた。しかし、制御が必要な理由は、それだけではない。エレベーターはまっすぐなガイドレールの上を走行するが、ビルが動くとエレベーターシャフトとそれに固定されたガイドレールも湾曲してしまう。レール上にあるエレベーターのカゴの歯車と固定金具には多少の余裕があるため、ちょっとした湾曲なら問題にはならない。しかし、あまりにも大きく湾曲しすぎると、カゴが擦れて停止し、動かなくなってしまう。建物が高くなるほど、建物の動きは大きくなり、エレベーターシャフトがより大きく湾曲する。この問題に対処するには、エレベーター自体のアップグレードや、より多くの余裕を持たせる、あるいは最悪の嵐の中ではエレベーターの稼働を停止するといった措置など、さまざまな解決策が考えられる。いつか、現代版オーチスが独創的な解決策を考え出してくれるだろう。現代の日常生活では、エレベーターはなくてはならないものなので、必ずそのような人が現れるはずだ。今や72時間ごとに、全世界の人口に相当する数の人がエレベーターで移動しているのだから。

この世で一番高いビル

世界で最も高いビル（829・8メートル）であるドバイのブルジュ・ハリファを訪れていた私は、エリシャ・オーチスのことを思い出した。それは彼の会社が設置したエレベーターが、163階建てのビルの124階の展望台まで私を乗せて上がっていく最中のことだった。時速36キロメートルで上昇していたので、液晶ディスプレイに表示された階数は驚異的な速さ

❶
Bunched 'tubes'
keep the tower
stable

2018年時点で、世界で最も高いビルであるドバイのブルジュ・ハリファ。エレベーター技術の発展がこのビルの実現に寄与している。（①束ねた「筒」がタワーの安定性を維持している）

で変わっていったが、西ヨーロッパで最も高いタワーの外を檻のようなエレベーターで上ったときよりはエレガントな移動だった（E．V．ホーワウトビルに設置されたエリシャ・オーチスの最初のエレベーターの上昇速度は、わずか時速0・7キロメートルほどだった）。1分後、私は見たこともない景色の中にいた。一方には、建物の向こうに一面の砂漠が地平線まで広がっていた。反対側は青い海と、左側のはるか遠くには葉の形をした有名な人工島、パーム・ジュメイラが見えた。私は床から天井までのガラスの壁で守られていることを確認してから、勇気を出してビルの端に近づいて見下ろした。眼下には、SF映画のセットのミニチュア模型のような、未来的な外観の小さな建物がひしめき合っていた。小さく見えるこれらの建物がヨーロッパのほとんどの高層ビルだけでなく、アメリカの多くの高層ビルよりも高いという事実は衝撃的だった。ブルジュ・ハリファはその周りのものすべてを矮小化し、スケール感を麻痺させてしまう。

ブルジュ・ハリファのような「超巨大」高層ビルを実現させた男は、1929年4月にバングラデシュのダッカで生まれ、幼い頃はいたずら好きで活発な少年だった。ファズラー・カーンは、一般的な学校教育に飽き飽きしていた。彼の好奇心旺盛な質問に対して、教師は型にはまった答えしか返さなかったからだ。その結果、彼は勉強に真面目に取り組まなくなってしまった（父親が数学の教師であったにもかかわらず）。幸いなことに前向きで忍耐強かった父親は、息子がより幅広い教育を必要としていることを理解し、規律の感覚を育みながら彼の知的好奇心をさらに高めようと強く思った。父親はファズラーに対し、学校の宿題と同じような課題を与えたが、宿題で求められているものをはるかに超える解決策を考えるように仕向けていた。父親は、同じ課題を複数の視点から解決することも求めた。ファズラーが大学で物理学とエンジニアリングのどちらを専攻するか悩んでいると、父親は後者に導いた。規律が要求されるエンジニアリングでは、講義を受けるために早起きしなければならないというのがその理由だった（私の経験から言うと、物理学の学位にも多くの早朝の講義が必要である）。ファズラーは1951年にダッカ大学から土木工学の学位を取得し、主席で卒業した。そして1952年にフルブライト奨学金でアメリカに渡った。次の3年間で、彼はフランス語とドイツ語を学びながら、修士号を2つ、博士号を1つ取得した。

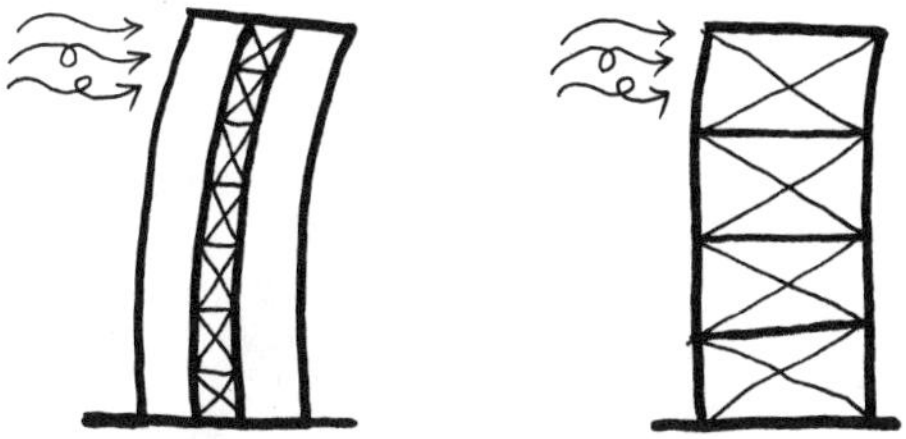

外殻構造は、建物を安定させる従来の中央コアシステムの代替案である。

ファズラー・カーンは、建物を安定させるシステムを外側に配置するアイデアを考え出した。それは、ポンピドゥー・センターやガーキンからハースト・タワーやトルネード・タワーに至るまで、世界中の象徴的な建造物で使用されてきた素晴らしいイノベーションである。カーンは、大きな三角形のブレースを使用して堅牢な三角形を作り、剛性の高い外殻構造を生み出した。従来の超高層ビルを完全に裏返しにしたといえる。この構造は、構造の外側の「スキン」によって強度が確保され、中は空っぽの筒のようになるため、しばしば「チューブ構造」と呼ばれるが、スキンの形状は円筒形である必要はない。

このコンセプトを採用したカーンの最初の設計は、シカゴのデウィット・チェストナット・アパートメント・ビルである。しかし彼の斬新なアプローチが広く知られるようになったのは、ジョン・ハンコック・センターの完成による。エンパイア・ステート・ビルに次ぐ世界で2番目に高い100階建て（344メートル）の超高層ビルとして1968年に建てられた。ジョン・ハンコック・センターは直

❶
Large 'X's
keep tower
stable

シカゴのジョン・ハンコック・センターは、外殻構造によりビルを安定させている。(①巨大な「X」がビルの安定性を維持する)

方体のビルの上部が底部より細くなることで、ファサードが緩やかに先細りになっている。ファサードには、タワーのブレースとして機能する5つの巨大な「X」が上下に並んでいる。この人目を引くデザインは、50年経った今でも現代的でエレガントだ。カーンは、この先駆的なデザインにより「管状構造の父」というキャッチーな称号を得た。

外殻構造は、カーンのアイデアの一つにすぎなかった。彼はさらに、多数の外殻構造を束ねることも提案した。これは、ストローの束を手に持つようなものである。ストローはそれぞれがチューブ構造であるため、一定の高さまでは安定している。さらに、たくさんのストローを束ねれば、はるかに曲がりにくく、より安定した構造になる。ブルジュ・ハリファは、この構造を応用したものだ。ブルジュ・ハリファの断面には、葉や花びらに似た独特の3分割形状が見られる（この形は、ブルジュ・ハリファのブランドイメージにもなっている。エレベーターの壁面では、この形がさまざまな配列で何重にも現れる光のショーが楽しめる）。ここでの「花びら」は先程の「ストロー」であり、ストローはそれぞれが外殻構造のチューブとして束ねられて互いを支え合う。個々のパーツが互いに支え合うことで、非常に高いタワーであっても安定性が保たれるのだ。

より高い建物を建てるには、内側ではなく外側で構造を安定させることが鍵となる。私が思い出せる最も不安定な経験は、一度だけ行ったことのあるスキー旅行だろう。最初はインストラクターがストックを使わせてくれないので、転ばないように脚だけで耐えなければならなかった。私は数えきれないほど転び、数えきれないほど脚を打った。しかし、（少しの間だけ）立てるようになると、ストックの使用が許可された。それは大きな違いをもたらした。腕を広げ、ストックを使って体を安定させれば、直立した状態を長く保てるようになった。ストックは私の脚よりもはるかに細く、剛性が高いわけでもないが、足が届く範囲よりも遠くにストックを置くことで、私の体はさらに安定した。

外殻構造の高層ビルも同じように機能する。安定性を小さな内部領域（私の脚または建物のコア）から外部領域（ストックまたは外殻構造）へと広げることで、はるかに安定した建物を作り出すのだ。このように構造を反転させるという考えは、エンジニアリングに多くの可能性をもたらした。たとえば、20世紀の変わり目にエンジニアたちが設計したような50から60階建てのタワーをいま建てるとしたら、はるかに少ない材料で、より安価に建設できるようになった。昔のタワーと同じ量の材料があれば、はるかに高い建物が建てられるのだ。そのため1970年代以降には、香港の中国銀行タワーやニューヨークの今はなき世界貿易センタービルからクアラルンプールのペトロナスツインタワーに至るまで、多くのチューブ構造のタワーが出現し、現代都市ならではのシルエットが作りだされ、世界のスカイラインは完全に変わった。

どこまで高い建物をつくるべきか

新たな建築技術と構造システムが開発され、コンピューターによる計算能力が年々高度化している現代に、構造エンジニアになれたのは素晴らしいことだ。先人からの学びにより私たちの知識は深まり、建物は高くなった。レオナルド・ダ・ヴィンチのような天才的思想家でも苦労した建物でさえ、今日の私たちは設計できる。そして100年後のエンジニアたちは、今私たちが苦労していることも簡単に設計できるに違いない。私たちの仕事は、アルキメデス、ブルネレスキ、オーチス、カーンなどの多くの人々から受け継いだ何千年ものエンジニアリングの歴史の上に成り立っている。

現代のテクノロジーがあれば、建物の高さに限界などないかもしれない。過去4，000年間で莫大な物理的、科学的、技術的な限界を突破してきた私たちは、材料の強度、広い敷地、地盤の強さ（そしておそらく資金）が十分であれば、どんなに高い建物でも建設できるだろう。そこで問題となるのは、どこまで高い建物を建てたいかということだ。建物の底面が広くなれば、広大な中央部には、おそらく日光がほとんど入らなくなる。強靱さを担保する大きな柱と梁によって、住むためや働くための空間が制約される可能性もある。加えて、利用者の安全と利便性はどうだろう。エレベーターをどのくらい待たなければならず、災害時には巨大な建物から何万人もの人々をどのように避難させるのだろうか。

　これらを解決するための技術はすでにある。グラフェンのような非常に強靱な新材料が、研究室段階で合成できている。クレーンは大型化し、逆打ち工法のような新しい技法は、常に独創的な形で応用されている。科学とエンジニアリングの進化により、中国、武漢の武漢グリーンランドセンター（636メートル）、マレーシア、クアラルンプールのムルデカタワー（682メートル）、サウジアラビアにあるダーツの矢のようなジッダタワー（世界で初めて1キロメートルの高さに達する建物）などの巨大超高層ビルを、今までにない速さで建設することが可能になっている。

　建物の高層化は、どこで止まるのだろうか。

　私がこれまでに住んだ最も高い階は10階で、そこからの街の景色と新しい視点を気に入っていた。しかし、それよりもはるかに高い場所に住んだら、どう感じられるのだろうか。香港や上海のような都市では、何千人もの人々にとって40階に住むのは普通のことだ。住民たちはそれに慣れているという。おそらく将来は、どこでもそれが当たり前になるのだろう。

多くの人々が都市に移住しており、高層ビルは限られたスペースに全員を収めるのに適している。前世紀に建物が急速に高くなってきたころには、地上からそれほど高く離れたところに「住みたいか」と考える暇はなかった。しかし今日の私たちは、さらなる高さを競うのではなく、自分たちの欲望について考えるために立ち止まっている。問われているのは、どんな建物を「建てられるか」ではなく、どんな建物を「建てたいか」ということだ。1960年代〜1980年代にかけての高層ビル建設ラッシュの後に、建築家やエンジニアたちは、どういったタイプの建物が本当に人や環境のために最適なのかを問い始めた。これには文化的要因の影響も考慮しなければならない。国によって都市開発のステージは異なり、上に伸びることが前進への最善のアプローチであるかについては、さまざまな見解がある。私は、建物の高さの平均は将来のある時点で横ばいになると考えている。もちろん象徴的なタワーは建設され、記録の更新が続くのは確かだ。しかし最終的には、人間らしく生きるために、巨大超高層を避けるようになると予想している。人々はみな、日光が差し込み、空気が流れ込む家に住んで、自らのルーツである地球とのつながりを感じながら生活がしたいのではないだろうか。人類の作り出した建物を見上げて驚嘆するかもしれない。しかし同時に、地に足のついた環境を実感する必要もあるのだ。

EARTH

地面を飼いならす

メキシコシティは湖の上に建てられている。

はじめは小さな島だったものが、徐々に拡大していった。現在の街は元の範囲をはるかに超えて広がっているものの、アステカ人とスペイン人による歴史的な建物のほとんどが存在する街の中心部は、湖の上に位置している。28メートル下の地盤は強固であるが、その上にあるものはすべて後で追加された水分を多く含む非常に緩くて弱い土だ。それは「器に入ったゼリーの上に建物を載せたようなもの」だと言われる。

そのため、メキシコシティの歴史的中心部は沈みつつある。そのスピードは速く、過去150年間で10メートル以上も沈化している。10メートルというと、3階建ての建物の高さを超える。

自分の専門分野と高層ビル設計に関する講演の依頼でメキシコに招待された私は、そのチャンスに飛びついた。メキシコシティには、国立人類学博物館、チャプルテペック公園、テオティワカンの古代ピラミッド、そして、かつてはメキシコシティで最も高い超高層ビルであり、今でも大都市の無計画な拡張を鑑賞するのに最適な場所の一つであるラテンアメリカタワーなど、見たかったものがたくさんあるからだ。それに加えて、街の下にある独特の地

湖の上に建つメキシコシティ。

盤と、それが建物に与えた奇妙な影響にとても興味があった。

エンジニアリングでは、表面下にあるものも、表面上に見えているものと同じくらい重要である。適切に設計された上部構造（建物の地面より上の部分）があっても、同様に適切に設計された安定した下部構造（建物の地面より下の部分）で支持されていないと（つまり、地盤の状態が正しく理解されて、地盤内で適切に建設されていないと）、構造は安定しない。結果としてピサの斜塔のようになってしまう恐れがある（こんな理由で観光客に集まってほしいとは思わないが）。メキシコシティの地盤条件は世界のどこよりも建物を建てにくいものであり、地震も起きやすい。それでも街を鉛直に保つ方法を専門家から直に聞く機会を、この旅で持つことができればと考えたのだ。

メキシコシティの位置はお告げによって決定された。アステカ人は、彼らの神ウィツィロポチトリ（戦争と太陽の神）から、新しい首都を高原から「ノパルサボテンの上でくちばしに蛇をくわえているワシを見つけた場所（現在の国旗のエンブレムのイメージ）」に移す必要があると告げられた。そこでアステカ人はその場所を探す旅に出た。２５０年余りの探索の末に、彼らは神が予言したワシを見つけた。ワシのいた場所が、テスココ湖の真ん中にある小さな島だということは、彼らにと

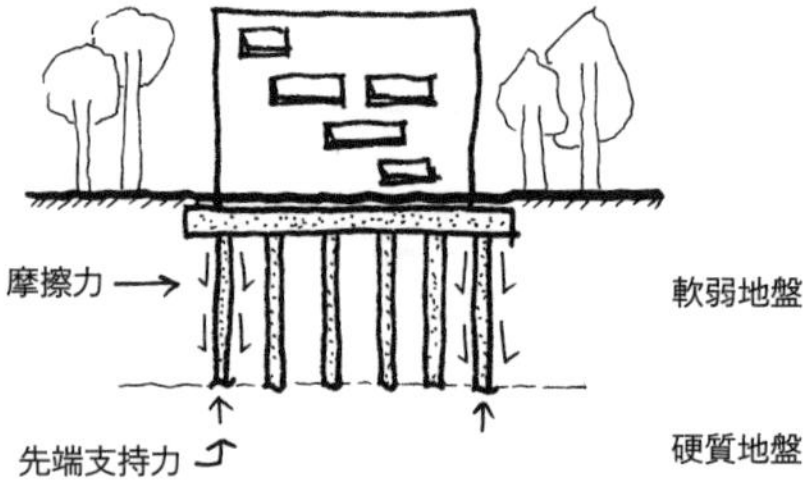

軟弱地盤内で建物を支持する杭。

って問題ではなかったようだ（その中で、部族のエンジニアだけがブツブツと文句を言いながら、水分を多く含んだこの新しい敷地を調査している姿が、私には想像できる）。

「ノパルサボテンの場所」を意味するテノチティトランは1325年に建設された。全盛期には、肥沃な庭園、運河、巨大な寺院があり、支配者たちは広大な土地を治めていた。アステカ人は、この島の街と本土をつなぐために、丸太を湖に垂直に差し込み、その上に土と粘土で道を作って、3つの大きな土手の道を建設した。これらの土手の道は、歴史的中心部を通る主要道路として、今も都市に残っている。

丸太は杭の一種である。杭にはさまざまな形状やサイズがあるが、上部の構造を支持するために地中の奥深くに配置された柱という役割は共通である。地盤が軟弱で建物の重量を支えるのに十分な強度がない場合でも、地盤が沈まないように杭が荷重を伝達する。一般的に、古代人は木の幹を使用していた。より大きな構造を支えなければならない現代の杭は、通常は円柱形に成形されたコンクリート製だが、円筒形、H型、あるいは台形の形に鋳造された鋼製のものもある。建物の基礎は杭の上に構築され、鉄筋により杭と緊結される。杭が地盤に力を伝える方法は、2つある。杭の表面と土の間に生じる摩擦の利用（摩擦杭）、そして、杭の底部での力の放出（支持杭）である。支える建物の重量と種類に応じて、受ける力と周囲の土の種類を考慮しながら長さを調整した複数の杭を使用する。

摩擦杭は、杭の表面と土に生じる摩擦力を利用して、建物の荷重（重量）を支える。杭が多いほど、土と接触する表面積が大きくなり、より大きな摩擦力が生じる。この摩擦力で荷重に抵抗している。ニュートンの運動の第3法則に従って言うと、この摩擦力は上部構造の下向きの作用に対する上向きの反作用である。

地盤が緩すぎて杭との摩擦が期待できない場合には、支持杭が使用される。支持杭は長めに作られており、より深く、より強い層に突き刺すことができる。杭の中の荷重は杭の底部に流れ下り、地中に放散される。

実際には、摩擦杭または支持杭の単独の用途である必要はなく、両方を兼ね備えた場合もある。粘土のような土であれば杭に固着するため、十分な摩擦力が生じる。しかし、非常に大きな荷重に対して、利用できる空間が限定されているケースでは、摩擦力だけでは十分な抵抗力が得にくい。その場合には、より強い層に十分に到達する長さの杭を作る。たとえばロンドンでは、深さ約50メートルの位置には強く圧縮された砂の層があり、大きな建物の場合には、その層まで杭を打ち込む。

使用する杭の本数と大きさを設計するのは、エンジニアにとって重要な仕事の一部である。

その出発点となるのが、土質調査報告書だ。土質調査報告書を見れば、地盤がどのような層で構成されていて、どれくらいの厚みで、どれくらい強いかがわかる。コンクリートの「土台」だけでは建物の沈下を防げないとわかった場合は、杭の使用が検討される。土質調査報告書に加えて地盤工学担当のエンジニアから情報を得て、杭が強い層に到達するのに必要な深さや、異なる層での摩擦特性を計算する。次に、杭の直径を検討する。小さい直径の杭は安価で設置が簡単だが、要件を満たすだけの強度が得られないこともある。直径が大きくなれば表面積が増えるので、摩擦力が大きくなるだけでなく、杭底部の面積も大きくなり強度が増す。適切な妥協点を見つけ出すには、計算が必要だ。直径を想定し、必要な長さに基づいて一本の杭にかかる荷重を計算し、建物の総重量をその数値で割ることで必要な杭の本数を算出できる。その数の杭を無事に建物の下に収められるのであれば設計は先に進むが、そうでない場合は杭の直径を大きくして計算をやり直す。私が設計したロンドンのオールド・ストリートに近い40階建てのビルの場合、直径0・6〜0・9メートルの杭が約40本必要となり、建物の荷重が最大の地点では長さが50メートルを超えるものもあった。現代の多くの超高層ビルは、（杭が必要な荷重を支えるのに十分な地盤がある場合には）摩擦力だけに頼る杭によって支えられている。しかし、ロンドンの地盤は、それほど強くない粘土質がかなりの深さまで広がっているため、このタワーの杭は摩擦力と先端支持の両方で機能している。

地中に杭を設置するのは大変な作業なので、近代的な機械化が進むまでは、現代の私たちが設置しているような巨大な杭は打ち込めなかった。現在、杭は巨大な栓抜きのようなものを地面の奥深くまでねじ込んでから、逆回転して土砂と共に取り出し、残った穴にコンクリートを注入して作る場合が多い。コンクリート注入前には、杭を補強するための鋼製のカゴが入れられる。機械化される前は何世紀にもわたって、アステカ人がテスココ湖で行ったのと同様に、杭を地面に押し込むだけだった。彼らが施工したものは次の2世紀にまたがって強固に建ち続けたので、エンジニアリングの観点に立てば工事は成功したと言える。

しかし、しばらくすると外国人が到来した。

1521年にスペイン人はテノチティトランを占領し、完全に破壊してしまった。そしてアステカのピラミッドの神殿の基礎の上に都市を再建した。スペイン人は湖の周りの木々を伐採し、地すべりと浸食を引き起こした。これが原因で湖の底が浅くなり、17〜18世紀になると水位が上昇し、都市が頻繁に洪水に見舞われたために混乱が生じて荒廃が進んだ（1629年の洪水の後には、都市は5年間も水中に沈んでいた）。最終的には、都市を拡大する目的で湖は埋め立てられたが、もともと存在する地下水の水位が高いため、定期的に洪水が起きた。

地中には、自然に流れる水によって飽和している土の層があり、その層の上面は「地下水面」と呼ばれる。地下水面が高い場所で穴を掘ると、穴はすぐに水で満たされる。テスココ湖は当初このような状態だったのだ。テスココ湖が土で埋め立てられたように、穴を土で埋めて、雨のように水を撒くと、最終的には土の上に水たまりができる（嵐の後、土が飽和して庭に水たまりができるように）。これと同じことがメキシコシティで起きたのである。湖が土で埋め立てられ、水は行き場を失っていた。そして、雨が降ったことで、雨水が地中の地下水面を押し上げ、メキシコシティの道路に水があふれたのだ。20世紀に入ってからは、余分な水を排出させるために、巨大なトンネル網を使って洪水が管理できるようになった。しかし現代でも、予測不可能で不安定な地盤に築かれた都市の遺産は、まだいくつか見られる。

地盤に「浮かぶ」基礎

メキシコシティにある灰色の巨大なメトロポリタン大聖堂の外の広場で、私は群衆の中から地盤工学エンジニアのエフライン・オヴァンド・シェリー博士を探していた。写真によると、彼はサングラスをかけてカーキ色のズボンを履いていたので、映画に出てくる考古学者のインディ・ジョーンズを連想させた。堅固で整然とした大聖堂の柱や、対照的に繊細な彫刻が置かれている中で、エンジニアである私の目を引いたのは、建物のひび割れだった。モルタルと石レンガの中に黒い隙間が開いているのが見てとれた。また、正面入り口の左右にある巨大な2つの鐘楼は、完全に垂直ではないようだった。サングラスをかけたオヴァンド・シェリー博士が約束の時間ぴったりに現れたので、私は考察を中断した。博士は挨拶を交わした後に、著書を手渡してくれて、とても貴重なガイド付きツアーのために私を大聖堂へ導いた。

入り口（マップのA地点）を通り抜けた途端に、何かがとても奇妙に感じられた。観光客たちはこの場所の壮大さに心を奪われ、崇拝者たちは磨き上げられた木製のベンチに頭を垂れ

メキシコシティのメトロポリタン大聖堂。

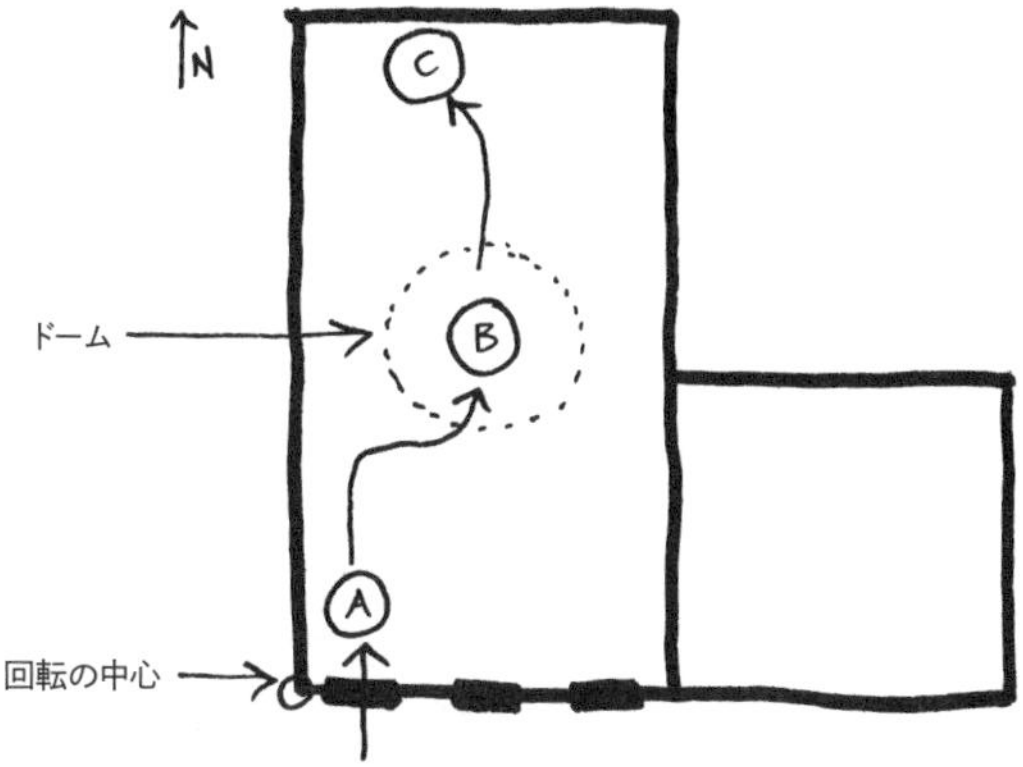

メトロポリタン大聖堂のマップ。

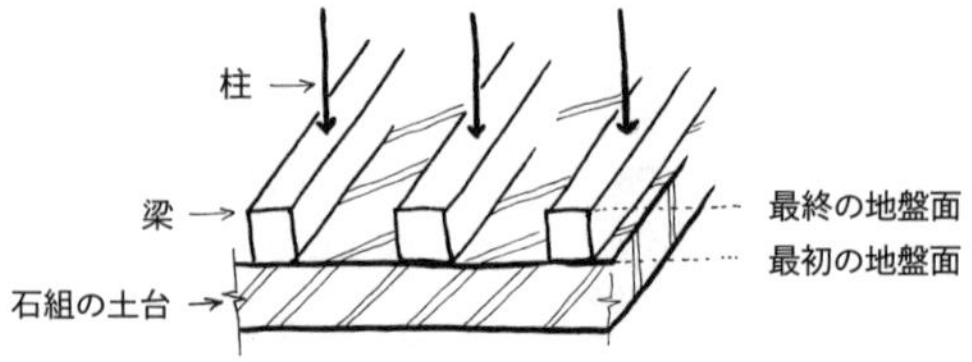

大聖堂のラフト式の基礎を形成する層。

て座っていた。しかし、私は床に意識が向いた。大聖堂の奥に向かって移動すると、上り坂を歩いているように感じたのだ。事実、そこは上り坂になっていた。これは大聖堂の歴史を通して起こった「不同沈下」といわれる地盤の不均一な沈下のために、大聖堂の床が傾斜していったことによる。

　アステカのピラミッドの基礎の上に建てられた大聖堂は、１５７３年に建設が始まった。建築家のクラウディオ・デ・アルシニエガは地盤の問題を知っており、それに対処するための巧妙な基礎を設計した。彼はまず、２２，０００本を超える木製の杭（それぞれ長さは3〜4メートル）を地面に打ち込むことで、土を「固定」して圧縮した。多数のケバブの串が格子状に押し込まれた砂の箱を想像していただきたい。箱を揺らすと、串がない場合よりも砂の動きははるかに少なくなることがわかる。この場合の杭は、大聖堂の重さを支えるために設計されたのではなく、土を補強するために設計されたため、通常の杭とは少し異なる機能を果たしていた。

　これに続いて、杭の上に巨大な石組の土台が建てられた。その大きさは１４０メートル×70メートル（サッカーフィールドとほぼ同じ幅で、長さは１・５倍）もあり、厚さは約９００ミリだった。大聖堂の柱と壁を支えるために、この土台の上には巨大な梁が格子状に（ワッフルのように）配置された。梁の上部は最終的に大聖堂の床となって、柱の重量を石組の土台に分散した。そして土台はその重量を地盤に分散した。この種の基礎は、（大きな梁の有無に関係なく）「ラフト」として知られている。

ラフト（もともとは「イカダ」の意味）とは、その名前が示すように、地盤の上に「浮かぶ」基礎である。柔らかい地盤の上に建物を建てるとき重要なのは、土に大きな集中荷重をかけないことだ。柔らかい地盤に集中荷重をかけるのは、ピンヒールで泥の上に立つようなものだ。ガーデンウエディングに出席したことのある人の多くは知っていると思うが、細いヒールは地面に強い圧力（力を面積で割って計算）をかけるため、地面に沈み込んでしまう。同じ力でも平らな靴であれば、はるかに広い面積に分散されるため、そう簡単には沈まない。雪の上を歩くためのスノーシューはこの原理に基づいて作られている。大聖堂の石組の土台は、泥の上の平らな靴のように、建物の重量を広い範囲に分散していたのだ。しかし、ここでは地盤が極めて軟弱で、建物の重量を広範囲に分散させる方法で集中荷重を回避するだけでは不十分だという可能性が残っていた。

この大聖堂で注目すべきは、建物の重量を支えるために摩擦杭や支持杭が使用されていないことである。これは、下にピラミッドの基礎があるためかもしれないし、あるいは当時のエンジニアが、固い層に杭を固定すると逆の問題が発生し、大聖堂が上昇する可能性があることを知っていたからかもしれない。実際に、メキシコシティのアンヘル独立記念塔（19

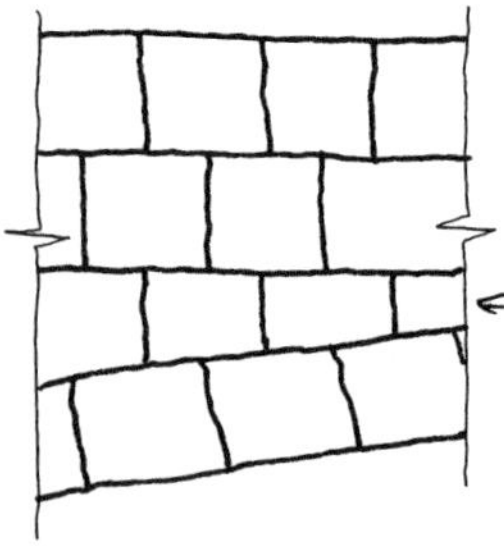

段を揃える試み。

10年竣工）は杭で支持されていたために、竣工から100年後には塔が周辺より高くなってしまい、底部に14段の階段が追加された。メキシコシティのエンジニアたちは、街の建物がゆっくり、着実に、均一に沈むようにするのが最善の策であるという意見で一致している。

大聖堂が建てられたとき、石組の土台の上部は敷地の地盤面と同じ高さにあった。その上には、高さ3・5メートルの梁が設置され、その梁の上に大聖堂本体の床があった。したがって、当初の床は地上3・5メートルの高さに作られていたということになる。エンジニアは建物が沈下することを知っていて、大聖堂が竣工するころには床がちょうど地盤面まで下がるように計画していたのだろう。建物が均一に沈下して、建物には損傷が生じないと期待されていた。しかし、デ・アルシニエガの努力にもかかわらず、建設に伴って重い石が積み重ねられるにつれ、建物は不均一に沈み始めた。建物の南西の角（173ページのマップの手前の左の角）が、北東の角よりも多く沈下した。この不吉な不同沈下に対処するために、南側の900ミリの石組の土台の厚みを増すことになった。

土台の不同沈下の構造的な理由を知るには、地盤の歴史を紐解けばよい。着工時に初めて土と対面して挨拶を交わしているようでは、土の性質を深く知ることはできないのだ。エンジニアは、その土の歴史と特性を考慮しなければならない。アステカ人は大聖堂が建設された敷地にピラミッドを建設し、宗教的な理由と、また沈下によっても引き起こされた損傷に対処するために、時間の経過とともにピラミッドに層を追加していった。しかしこれは、地盤の物理的状態に影響を及ぼした。地盤の一部は、すでに大きな圧力によって固められて圧縮されていた。しかし、まだ押さえつけられていなかった別のところは、軽量で低密度のままだった。すでに固められた土の上に新しい基礎が建てられた部分はあまり沈下しなかったが、低密度の土の上に建てられた部分は大きく沈下した。

スペイン人が基礎の工事を終えた後も、構造は不均一に沈下した。この不同沈下に対応するために、彼らは角度を調整しながら建設を進めていった。オヴァンド・シェリー博士は、くさび形にカットされた部材をはめ込んだ石段（通常は平らで均一に置かれる）を指し示した。積まれた石段が傾いてしまったため、水平に戻すのに使ったのだろう。さまざまな継続的な沈下に対処するために、建物の南端の柱を北の柱よりも約1メートル高くするなどの調整が行われていた。大聖堂はその後240年かけて完成したが、建設中だけでなく完成後も不規則に沈下し続けた。

聖堂を水平に戻す！

オヴァンド・シェリー博士と私は、通路に沿って歩き（173ページのマップのB地点）、中央のドームの真下で立ち止まった。鈍く輝きながら吊るされている、真ちゅうと鋼でできた巨大なミサイル型の振り子（下げ振り錘）は、大聖堂がどの程度傾いたかを表している。これを、紐、小さなおもり、透明のプラスチックの箱を使って再現してみよう。紐におもりを付け、それを箱の上面の中央から吊るして平らなテーブルの上に置く。そうすると、手作りの振り子は箱の底面の中心にぶら下がる。しかし、箱を少し傾けると、振り子は中心からずれていく。箱を45度傾ければ、振り子は底面の端に向かってぶら下がっているだろう。メトロポリタン大聖堂の振り子も同じように機能している。基礎が傾いても振り子は垂直を保ってぶら下がっている。さまざまな間隔で振り子の中心がどこにあるかを記録し続けることで、大聖堂の傾きが監視されている。

1910年に、最も離れた2か所の高さを比較する測定が行われた。エンジニアたちは、1573年以降の沈下により、一方の角が他方の角よりも2・4メートルも高くなっているという驚異的な事実を確認した。建物がここまで極端に傾いているというのは想像しがたい。当然のことながら、この傾きは大聖堂の安定性に悪影響を及ぼしている。1990年代までには、鐘楼が不安定に傾き始めており、崩壊するおそれがあった。

そこで1993年に大規模な修復工事が着工した。オヴァンド・シェリー博士は、その工事に携わった大勢のエンジニアリングチームのメンバーの一員だった。建物の沈下を完全に止めることはほぼ不可能だが、沈下が均一になれば損害は最小限に食い止められると彼らは考えた。しかし、大聖堂を均一に沈下させる方法を考える前に、まずはできる限り水平になるように建物全体を回転移動させる必要があった。

ツアーが進み、私たちはドームから大聖堂の奥までたどり着いた（173ページのマップのC地点）。ここでは、黄金にきらめくバロック様式の荘厳な王の祭壇が天井に向かって伸びている。複雑に入り組んだ手彫りの像で覆われていて、人々の感動と崇敬の念を呼び起こし崇拝につながるように設計された豪華絢爛な壁である。それは確かに畏怖の念を抱かせるものだった。

しかし、私は祭壇のすぐ左の柱に取り付けられた小さな金属製の鋲に完全に釘付けになっていた。エンジニアチームは、この地点を起点として床のレベルを測定・比較し、大聖堂をどのくらい回転移動する必要があるかを正確に設定した。そして時間の経過とともに最も沈下した場所である南西の角を、回転移動の原点（これ以上沈むことが許されない地点）として設定した。つまり大聖堂の北端にあった金属製の鋲は、当初の位置より何メートルも下げられなければならなかった。想像しただけでもめまいがする作業だが、オヴァンド・シェリー博士から実行に使われた工法の説明を受けたとき、私はさらにめまいを覚えた。ブルース・ウィリスと仲間が、地球への衝突を避けるために小惑星に穴を掘って爆薬を詰め込むSF映画の

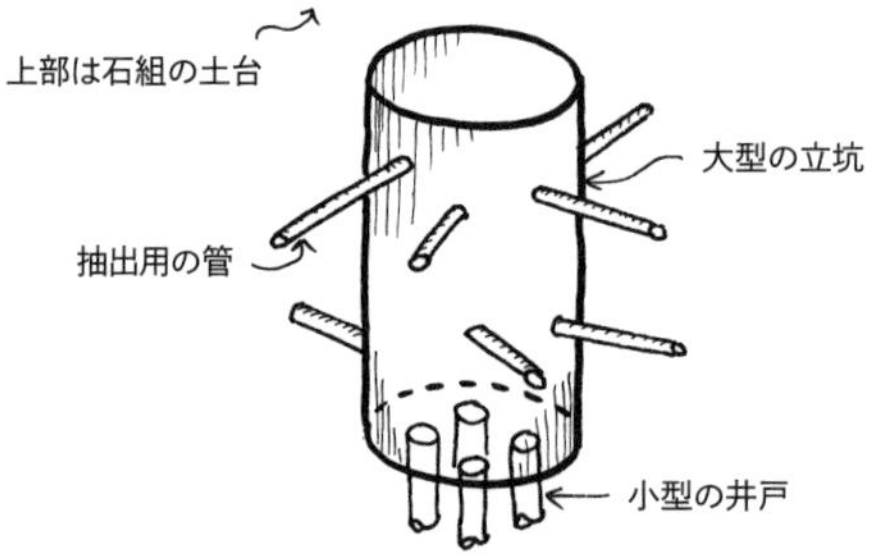

大型の立坑から放射状に広がる抽出用の穴。

大ヒット作『アルマゲドン』を観たことがあるだろうか？　大聖堂のエンジニアたちが考案した、大聖堂の下を掘削して地盤を安定させるという計画は、それと同じくらいに達成の可能性が低く、困難であるように思われた。基礎の下から土を取り除いて建物を安定させるという考えは、完全に非常識なものに思えるかもしれない。しかし、このとんでもない地盤条件に対しては、とんでもないエンジニアリングが必要だったのだ。

　前述のように、地盤はただの土ではない。地盤が将来どのように動くかを予測する前に、これまでの歴史を理解する必要がある。オヴァンド・シェリー博士とチームは、敷地全体でさまざまな土質試験を行い、地盤がどれほどの強度（軟度）であり、どのように固められたか（押しつぶされたのか）を調査した。この情報をコンピューターモデルに入力して、特定の深さの土の強度と種類に応じたレイヤーで構成される、波打ち重なり合うさまざまな色の3Dマップを作成した。モデルは、アステカ人の神殿やスペイン人の大聖堂の建設から水位の変化まで、地盤に影響を与えたすべての歴史的な出来事を再現していた。そうして地盤の概要が明らかとなった。

次にチームは、大聖堂のもともとの石組のラフトを貫通する直径3・4メートル、深さ14～25メートルの円筒形の作業用立坑32本を地中に掘った。この立坑は手間をかけて手作業で掘られた（この限られたスペースに掘削機で入っていくことは困難かつ危険だった）。掘り下げていく各段階で、穴の周囲にコンクリートがリング状に打設され、土留めの筒ができあがった。立坑が完成したら、穴が内側に崩壊するのを防ぐために、2重目のコンクリートの層が最初の筒の内側に打設された。エンジニアたちは各立坑の底部に4つの小型の井戸を設置し、そこから、立坑を水没させかねない余分な地下水を汲み出した。

ただ、これらの立坑自体は大聖堂を救ってくれるものではなかった。立坑には、拳くらいの直径で長さ6～22メートルの管をわずかに下向きに傾斜させて約1，500か所設け、それらの管から土を排出した。計画では、土を排出した後は、これらの管が時間の経過とともに自然に塞がれ、大聖堂の基礎が沈下することになっていた。

大聖堂の北側を最も深く沈下させる必要があったため、その部分で最も多くの土が、南西の角ではそれより少ない量の土が排出された。つまり、北東の一つの立坑からは300立方メートル以上の土が除去されたのに対し、南西の角の一つの立坑からは11立方メートルしか除去されなかった。合計すると、大聖堂の地下深くに掘られた歴史的な無数の立坑と管を使って、約150万回の排出作業により、4，220立方メートルの土が建物の下から除去された。これは、オリンピック用の水泳プール約1・5杯分を優に超える。

ご想像の通り、土の除去作業は4年半という長期間にわたり、段階的に入念かつ慎重に行われた。その間、建物のあらゆる動きがエンジニアたちの設定した範囲内にとどまるように、大聖堂のレベルは厳密に管理された。大聖堂内のアーチと柱は、予期しない突然の動きや、それによる損傷を防ぐために、鉄骨の梁と支柱で支えられていた。それとともに、土壌サンプルが剛性と含水量を測定するために継続的に地盤から取り出され、コンピューターモデルと比較して、想定と現実が一致していることが確認された。

北東と南西の床面の高低差は2メートル以上だったが、北端を1メートル余り沈下させた1998年に作業が中断された。基礎は少し傾いたままの状態になったが、エンジニアたちは建物への影響を考慮した。鐘楼の傾きが安全と思われるレベルにまで戻ったため、当面の間は作業が停止されることになった。

大きな円筒形の立坑はそのままの状態で維持され、現時点では地下水が溜まっているが、将来に再作業が必要になった場合（つまり、大聖堂が再び傾斜し始めた場合）には、水を汲み出して、さらに多くの土を取り除けるようになっている。大聖堂はこれまでと同様に沈下にさらされることになったが、今回はその様子が監視されている。

ガラスの箱に入った4つの振り子が大聖堂の周りに計画的に配置され、イタリアの研究室にワイヤレスでデータを送信し、エンジニアが建物の動きを監視している。柱の荷重を圧力パッドにより計測し、大きな変化がないかどうかも監視されている。一部の柱の荷重だけが変化していれば、建物が再び傾斜し始め、ほかの柱よりも大きく押しつぶされていることを示唆している。オヴァンド・シェリー博士にとって大聖堂は実験室であり、20年近くにわたってデータが収集され続けている。大聖堂は崇拝の場であると同時に、科学の場にもなったのだ。

1990年代以降、大聖堂は年間約60〜80ミリの速度で沈んでいる。これは以前に比べてゆっくりではあるが、着実に沈下している。最も重要なことは、これがほぼ均一な沈下であることだ。沈下は今後も続くとみられるが、時間の経過とともにスピードが遅くなる可能性もある。エンジニアリング界のインディ・ジョーンズは、遺構を守り、ミッションを成功させた。メキシコシティのメトロポリタン大聖堂では「アルマゲドン」は起きなかった。

このエンジニアリングチームによる画期的な作業は、世界中で研究の対象となった。1999年には、チームはイタリアのエンジニアと協力し、ピサの斜塔で同じ手法を再現した。メキシコシティでエンジニアたちは、劣悪で状態の変わりやすい土壌や大聖堂のとてつもない大きさといった極端な状況と戦った。彼らが直面した課題から得られた貴重な知見は、将来、人類の遺産の保存に挑むエンジニアや、人口増加と気候変動に伴い厳しい条件下で建物を建設しなければならないエンジニアにも有用である。

技術的なツアーの後に、オヴァンド・シェリー博士と私はランチのためのレストランを求めて大聖堂を後にし、ソカロ広場を横切った。ソカロ広場は、精巧に設計され装飾が施された建物に囲まれており、これらの建物もまた不同沈下していた。長方形から平行四辺形に歪んだドア枠の写真を撮るために私が足を止めている間、博士は辛抱強く待ってくれた。

ソカロ広場を見下ろすテラスで、ウェイターがフローズンマルガリータを運んできた。「土には信仰心がないから大聖堂が相手でもやりたい放題だ」とオヴァンド・シェリー博士は私のグラスを鳴らしながら言った。「地盤工学エンジニアも同じだけどね」。彼は大声で笑った。しかし、彼とエンジニアリングチームの奮闘のおかげで南北アメリカ大陸最大の大聖堂は崩壊の危機から救われたのだから、私は博士に深く感謝している。しかも彼は、ランチでおいしいチキンモレをご馳走してくれた。

HOLLOW
空洞を利用する

通常、住居は材料の集合体である。私たちは物を集めて組み立てることで、何もない状態から何かがある状態を作り出す。しかし、まばらにしか草が生えない見渡す限りの草原において、逆の方法（物質がない空洞の状態）により住居が作られた場所がある。そこでは、何かがある状態から何もない状態が作り出された。

当然のことながら、私はそれを見たいと思っていた。そして、それが叶った日、私は暗闇の中で腰と首を折り曲げ、必死に自分のいる場所を確認しようとしていた。地下深くにいることはわかっていた。何百もの曲がりくねった急勾配の石階段を歩いて、古代のリビングルーム、キッチン、そして死の罠を通り過ぎてそこにたどり着いたのだから。

自分がいる通路が、狭くて、上部がやや広い棺のような形をしていることは確認できた。通路は身をかがめて通るのがやっとで、肩の高さでは肩幅程度、床の部分では両足の幅と同程度の幅しかない。入り口に戻るために方向転換ができるのだろうか。携帯電話の明るい光によって目の前の湿ったベージュの石だけは見えるが、その先の暗闇はぼんやりとしか確認できない。私は頭をぶつけないように、通路に沿って注意深く進んだ。かなりの時間を経て（おそらくほんの数分でしかなかったが私にはとても長く感じられた）、私は灯りのついた小さな洞窟に

妖精の煙突（細長い灰の柱とその上に不安定に載っている硬い溶岩層に付けられた現地の呼び名）。（①硬い溶岩層　②柔らかい凝灰岩）

たどり着き、ほっとしたのも束の間、床に掘られた長い長方形のくぼみを見つけた。そこは昔、運悪く外に戻ることができなかった者たちの亡骸が置かれていた場所だった。

私は、現在のトルコのアナトリアの中心部にある、ウサギの巣穴に似た神秘的な古代の地下都市の中で、最も深く最も大きいデリンクユにいた。これらの地下都市がつくられたのは、周囲の3つの火山、エルジェス山、ハッサン山、メレンディス・ダグラリ山が約3，000万年前に激しく噴火したことに起因する。噴火により、地域全体が10メートルの灰の層で覆われた。灰の上を溶岩が流れたために灰が固められ、「凝灰岩」に変わった。その後、大雨、急激な気温の変化、春の雪解けなどに伴うこの地域特有の気象条件により、柔らかい凝灰岩は徐々に侵食された。硬い溶岩層が劣化するにはより多くの時間がかかるので、溶岩層の下にある凝灰岩だけが、柱のように残った。そして現在では、溶岩の大きな塊が細長い灰の柱の上に不安定に載ったキノコのような外観の岩が、シュールな風景を作り出している。これらは、地元では「妖精の煙突」と呼ばれている。この奇妙な風景は、地下で起きているさらに奇妙な光景の序章のようなものである。

地理的には、アナトリアは東洋と西洋の交差点であり、その激動の歴史を通して文明間の争いの場であった。紀元前1600年頃にヒッタイトの人々がこの地域を占領し、続いてローマ帝国、ビザンチン帝国、オスマン帝国が支配した。絶えることのない戦争により、住民は常に脅威にさらされていた。ヒッタイト人は、足元の圧縮された厚い灰の層は比較的柔らかく、ハンマーとノミで削れることに気づいた。彼らは、地上で戦闘が続いている間に、潜伏するための地下の洞窟とトンネルを建設し始めた。ヒッタイトに続く各文明により地下ネットワークは拡大され、一度に最大4,000人が数か月間も住める、都市と呼べるものを作り上げた。この地域には約3,000年間に何百もの地下都市が作られた。ほとんどは小規模だったが、約36か所では、少なくとも2~3階建ての都市が作られていた。

私がデリンクユで見たように、これらの地下空間の洞窟は蟻の巣のように構成されていた。地下の部屋は、通常の建物のように縦に積み重ねられてはいない。部屋を縦に積み重ねると、灰が脆くなって崩壊が起こるからだ。代わりに、部屋はランダムな配置で掘られ、広い範囲に分散して作られた。部屋と通路のアーチ型の天井は、石に圧縮力をかけて安定性を確保するのに最適な形状であり、地盤によって部屋と通路が押しつぶされるのを防いだ。地表から地下80メートルまで伸びる多数の換気坑により、新鮮な空気が内部に取り込まれた。地下都市は、回転する巨大な石の扉、落とし穴、住民が扉の後ろに隠れて侵入者を待ち伏せするための小さな穴などによって敵の侵入を防ぐように設計されていた。さらには、念入りに仕掛けられた罠を敵がすべて突破した場合に備えて、隣接する都市に逃れるための最大で8キロメートルにもおよぶ細長いトンネルも構築した。

私は、命の危機が迫って何か月の間もデリンクユの中で過ごすことにならなくてよかったと思ったが、よく考えてみると、日常では地下で途方もない時間を過ごしている。私は地下鉄で通勤しているので、就職してから通算5か月以上はロンドンの粘土層の奥深くで過ごしていることになる。何百万人もの人々と同じように、地下鉄の車両でオイルサーディン缶の鰯のようにぎゅうぎゅう詰めになっていると、この街ではスペースが貴重だということを嫌というほど思い知らされる。平面的な市街地に住宅、オフィス、歩行者専用道路、鉄道、路面電車、車、自転車のすべてを詰め込むことはできないし、そうすべきでもない（水道管、下水道、電気については言うまでもない）。私たちは3次元で生活しているのだから、横一列に並べるだけではなく、3次元的、つまり上下方向も活用して建物を構築する必要がある。私たちの都市の地下は隠れた設備であふれているが、トンネルがなければ、これらのライフラインの構築は不可能だったであろう。十分なスペースがあったデリンクユでは、トンネルは安全を確保するものであった。ロンドンやほかの多くの大都市では、トンネルによってスペース不足が解消されている。

川の下に道をつくる

1800年代初頭にロンドン市内でテムズ川を渡るには、ロンドン橋を使うしかなかった。両岸で急速に拡大していた大都市にとって、それは非常に厄介な状況だった。混雑する街を通り抜けるのに時間がかかり、危険なほど渋滞した橋を渡り切るまでに手間取り、料金所で通行料を支払うことに対しては大きな不満が起こっていた。テムズ川北岸のワッピングのドックと対岸のロザーハイズの工場を直接結ぶことによりこの問題を解決すべく、1805年にとある会社が設立された。

2つの地点は川を挟んで365メートルの距離にあり、当時の技術では橋を建設するには現実的な距離ではない。そのため、一方の岸から反対側の岸に人や物を輸送するのに、6・5キロメートルもの回り道でロンドン橋を経由するという骨の折れる移動を強いられていた。もしドックと工場の間に新しい橋を架けられたとしても、帆船の川上への移動が妨げられ、都市の活発な経済活動に大きな問題が生じる可能性があった。そうすると、残された唯一の選択肢は、川底に道を作ることである。これまでにも、運河建設業者やリチャード・トレビシックをはじめとする鉱業の専門家、そのほかの発明家たちがトンネルの掘削を試みていたが、うまくいかなかった。この新会社によるトンネル掘削も、あるエンジニアがフナクイムシからインスピレーションを得た解決策を考え出さなければ、達成されなかっただろう。

マーク・ブルネルは1769年にフランスのノルマンディーで生まれた。当時の通例として長男が農場を相続し、次男であるブルネルは司祭になることを期待されていた。しかし彼は聖書よりも絵や数学に興味を示したため、司祭になる代わりに海軍に入隊すると、フランス革命の最中の1793年にフランスを逃れてアメリカに渡った。そして彼は、ニューヨーク市のチーフエンジニアにまで上り詰めた。その後1799年に、滑車製造のために発明した新しいシステムを英国海軍省に売り込むためにロンドンに移ると、兵士のブーツを大量生産するための装置や、チャタムとウーリッジの海軍工廠で製材用の機械を開発するなど、軍隊のためのさまざまな事業を手がけた。そして、彼が開発したトンネル工事用の機械が、テムズ川トンネル会社の目にとまったのだ（同社の役員に対し積極的にロビー活動を行った結果として）。

ブルネルはポケットに常に虫眼鏡を入れていた。チャタムの工廠で働いていた彼は、軍艦の船体から撤去された廃材に潜むテレド・ナバリス（軍艦フナクイムシ）の動きを間近で細かく観察した。フナクイムシの頭の上には、かみそりのように鋭いツノのような貝殻が2枚あり、フナクイムシが移動する際には、そのツノをくねらせたり、回転させたりして行く手にある木材を細かく砕いて粉状にした。小さなフナクイムシは粉状になった木材を食べた後、体をくねらせて数ミリメートル前方に進み、自ら作ったスペースの中に入り込む。粉状の木材は、フナクイムシの消化器系を通過し、体内で酵素や化学物質と混合された。そして、フナクイムシはこの混合物を排出し、つくり出したトンネルの内側の表面を薄いペーストで覆った。トンネル内の空気にさらされた排泄物は硬化し、トンネルを補強した。フナクイムシは、木材を食べながらゆっくりと、しかし確実に前進を繰り返し、その背後に強力に補強されたトンネルを作り出していくのだ。

テムズ川の底にトンネルを掘るこれまでの挑戦を知っていたブルネルは、その才能をフル活用して新しい計画を思いついた。観察したプロセスを応用することで、ほかの人たちが失敗した問題も解決できるかもしれない。つまり、彼はトンネル用の「フナクイムシ」（前方でトンネルを掘り、後方でトンネルを補強することができる機械）を作ることにしたのだ。それは、鉄製で巨大なものだった。

ブルネルは、この機械にフナクイムシの頭のツノのような2枚のブレードを取り付けようと考えた。人間2人分もの高さがあるブレードは、横長の鉄製の棒の両端に取り付けられた（それは扇風機に似ていたが、この扇風機にはガードは付いていなかった）。作業員がブレードを押し回して地盤を削り、油圧ジャッキがシリンダーを前方に押し出す。ブレードによって削り取られた土は、フナクイムシが木の粉を排出するように、手作業で後方に運搬される。シリンダーが前進すると、リング状に土が露出するので、これを支えるために、煉瓦工が速乾性モルタルを使用してレンガをリングに沿って敷き込み、ブレードの後方に円筒形のシャフトを作り出した。フナクイムシの排泄物がトンネルの内側を覆うのと同じである。このプロセス（扇風機を回して土を取り除き、レンガを敷設する）を繰り返すことで、強力な円筒形のトンネルが徐々に形成されるという計画だ。

トンネルを掘るフナクイムシについて考えるとともに、潜り込むのに適した土質も考える

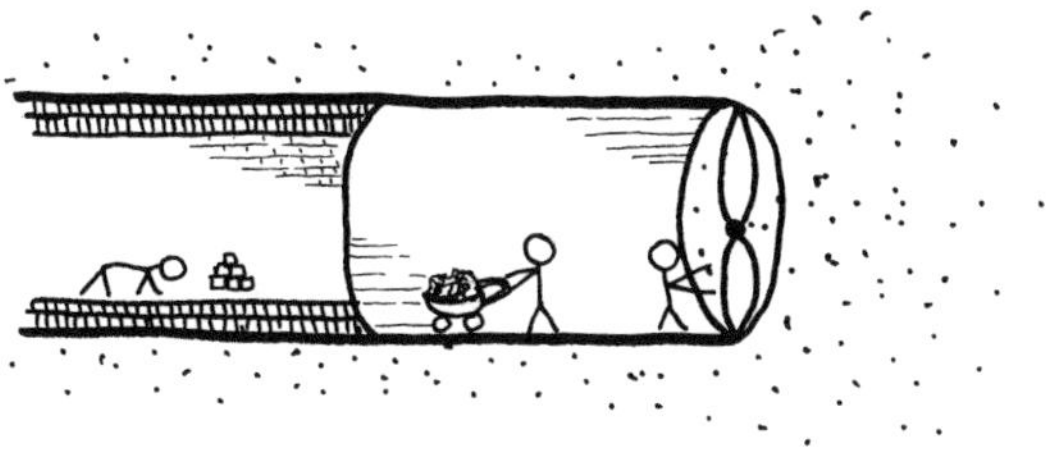

ブルネルのフナクイムシ。

必要があった。土質には、掘りやすいものとそうでないものがあるのは明らかだ。たとえば、円筒形の缶に乾いた砂を入れて横向きにして、その砂の横半分をすくって半円を作ろうとしても、残った砂は崩壊して空いたスペースに流れ込み、半円を作ることはできない。水分を多く含んだ砂で同じことを試みても、どろどろの砂が流れ込んで、空いたスペースは埋められてしまう。ロンドンは約５０００万年前にできた粘土の上にある。この粘土が土の層の下で十分に圧縮され、さほど水分を含んでいない場合にはかなり安定した地盤となる。エンジニアの観点からすると、このような地盤はいともたやすく掘削でき、崩壊する可能性も低いために作業に適している。つまり、十分に圧縮されて水分をさほど含んでいない良質の粘土を円筒の缶に入れ、その半分を取り除くと、完全な半円柱の粘土が残るということだ。ただし、ロンドンの粘土は不均質であり、砂質の部分も、脆い部分も、水分を多く含む部分もある。ブルネルの発明を機能させるには、良質の粘土層を見つける必要があった。

そこでブルネルは２人の土木技師を雇い、地盤の構成を詳細に調査した。土木技師はボートで川に出て、直径50ミリメートルの鉄パイプを川床の奥深くまで突き刺してから、引っ張り上げる。鉄パイプの中に入った物質を調べることで、地盤内の土の種類と各層の厚さを特定したのだ。土木技師たちが数か月にわたる調査の末に提出した調査結果により、地盤は計画を問題なく進めるのに十分であると判断できた。しかし問題はまだ残っていた。フナクイムシを稼働させるには、地盤の奥深くまで穴を掘る必要があるのだ。

1825年3月2日、ロザーハイズにあるセント・メアリー教会の鐘が鳴り響く頃、見たこともない光景を目撃するために大勢の人々が広場に集まった。広場の真ん中には、直径15メートル、重さ25トンの巨大な鉄の輪が置かれていた。ブラスバンドが演奏を始めると、身なりのよい紳士淑女が現れた。ロンドンの中ではどちらかというと雑然とした地域に位置するこの場所で、彼らは場違いに映った。群衆から歓声があがる中で、マーク・ブルネルは家族全員を伴って歩み出て、手渡された銀のこてを使って最初のレンガを鉄の輪の上に置いた。ブルネルが息子のイザムバードを促すと、息子が2つ目のレンガを置いた。

次に、テムズ川トンネルの着工を記念した挨拶が続き、芸術と科学をたたえる乾杯が行われた。しかし、喜びに沸いた群衆は、この後の数か月間に当時の科学技術がどれほどの試練にさらされることになるかなど、知るよしもなかった。

群衆が見た鉄の輪は、鋭い縁の付いたクッキー型のようなものだった。鉄の輪の上には、セメントと瓦礫を間に挟んだ2層のレンガの輪が置かれ、高さ13メートル程の円筒形のタワーがつくられた。この上に、もう一つの鉄の輪が配置された。これは、2層のレンガの壁の

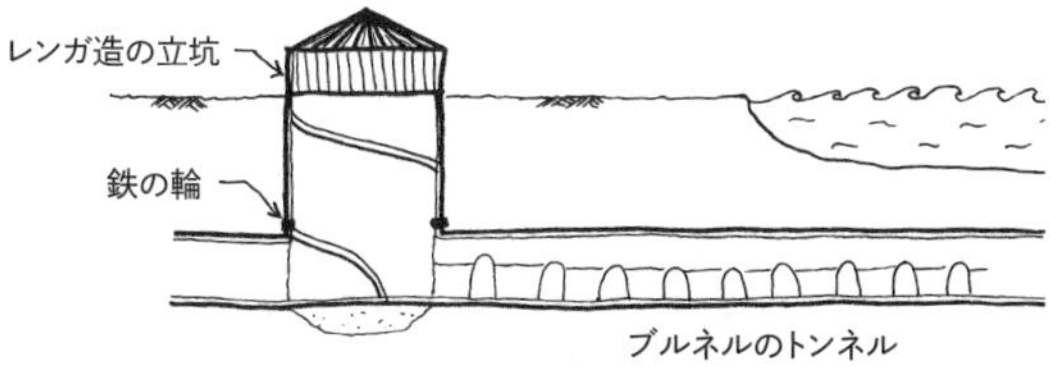

ロンドンのテムズ川の川底でのトンネル工事。

間に挟まれた鉄の棒により、底部の鉄の輪に接続されていた。そして、この1，000トンの構造物の上部に、水を汲み上げ、掘削土を除去する蒸気機関が設置された。

クッキーを型抜きするには、腕に力を入れて型を生地に押し込む。しかし、レンガ造のクッキー型は非常に重いので、軟弱な土の上では自然に動き、自重によって地中に沈んでいくだろうと、ブルネルは考えた。立坑は、ゆっくりと、しかし着実に1日あたり数センチのペースで沈み始めた。立坑が沈むのに伴い、クッキー型の中から生地を取り除くように、掘削作業員が立坑の中から土を取り除いた。沈下が止まり、レンガ造の立坑は最終目的地に到達した。基礎を作るために、底部の鉄の輪の下でさらに6メートルの掘削が行われた。

この空間で、煉瓦工が立坑の側面の4分の3と床をレンガで囲い、残りの4分の1の側面は土のままにした。この土の面から、トンネルを掘るためのブルネルの「フナクイムシ」が潜り込むのだ。

ここまでの作業が行われている間にブルネルは、ブレードを簡単に回すことができるフナクイムシとは異なり、人間にはトンネル掘削機のブレードを回転させるだけの力がないことに気がついた。動

「シールド」(ブルネルと作業員が地下を掘削するのに使った巨大な機械)の操作。

力を供給するための蒸気機関を取り付ける方法が見つからなかったため、代わりに別の方法を考え出した。彼の解決策は、掘削機を36の小さな区画に分割し、それぞれの区画を一人の作業員が担当する方法だった。彼はこの巨大な機械を「シールド」と呼んだ。

シールドには高さ6・5メートル、幅0・91メートル、奥行き1・8メートルの鉄製のフレームが12個あり、それぞれのフレームは上下に重なる3つの「セル」に分割されていた。12のフレームが横に並べて配置されるので、36のセルからなる大きなグリッドとなる。そして、各セルに一人ずつ配置された作業員がシールドを操作した。作業員の立つ目の前には、床と天井まで一定間隔に設置された長い棒があった。これらの棒は、上から下まで積み重ねられた15枚ほどの木の板を所定の位置に固定し、シールドの前の地盤を支えていた。

同時に作業が行えるのは、一つおきのフレーム（たとえば、奇数のフレーム番号1、3、5、7、9、11）に配置された作業員たちである。彼らは、木の板を所定の位置に固定している2本の鉄の棒を引き抜いて、まず1枚目の木の板を取り外し、土を約11・4cmまで削り出した。削り出したら、新たに削られた面に木の板を当て、板を固定するために所定の位置に棒を押し込んだ。次のステップでは、2枚目の板を取り外して同じ工程を繰り返し、18のセルのすべての板が新しい位置に固定されるまで同じ手順が続けられた。作業員たちが彼らの前の土をすべて掘削すると、シールドの後部のジャッキによってセルが前方に約11・4cm押し出された。

この段階では、奇数のフレームは偶数のフレームより約11・4cm前に進んでいることになる。次に偶数フレームの作業員が、棒の調整、板の取り外し、掘削、板の再配置の全工程を行った。ここまでの工程が完了すると、偶数フレームも前に押し出され、シールド全体が約11・4cm前進した。約11・4cmは、一列のレンガを設置するのに必要な間隔である。

シールドの背後では「ナビーズ」（運河、道路、鉄道の建設に従事した労働者たちの呼び名。「ナビゲーター」という単語が語源）が、忙しく手押し車で掘削土を撤去していた。煉瓦工は木の板の足場の上に立ち、シールドが前進するときに作られた約11・4cmの隙間に慎重にレンガを敷いた。ここでは純粋なローマン・セメントが使用された。ローマン・セメントは、速乾性で強度が非常に高いセメントである。ブルネルがレンガ組みのサンプルを作り、一定の高さから落としてテストしたときも、セメントが割れることはなかった。それだけでなく、彼が作業員にハンマーとノミでサンプルに衝撃を加えさせたときも、レンガは割れたがセメントには損傷がなかった。このことから、多大なコストがかかるが、ブルネルはトンネル全体にこのセメントを使用することを決めた（前述のように、純粋なセメント粉末の製造には多くのエネルギーが必要だが、そのエネルギー消費量は骨材の追加により軽減できる）。

私は、当時のトンネル内の現場の様子を想像してみた。現在なら、建設現場に足を踏み入れる前には、試験に合格し、安全・衛生に関する訓練を受け、防護服を着用する。生きて帰れないのではないかと心配することなく、トンネル内を歩き回れる。しかし、ヴィクトリア時代のトンネル現場の状態はまったく違う。作業員の汗の臭いが充満し、獣脂とガスの煙が呼吸を困難にした。トンネルから出てきた作業員の鼻の周りには、黒い付着物が輪になっていることがよくあったという。土に含まれた可燃性ガスが突然放出されることもあり、不注意でランプが近くにあると、発火して爆発するおそれもあった。空気は湿っていて、気温は数時間の間に30度も上下した。トンネル内部は、信じられないほど騒々しいものでもあった。煉瓦工がもっとレンガを持ってくるよう叫び、鉄の棒が鳴り響き、木の板がバタバタと音をたて、鋲付きブーツの足音がトンネル内に響き渡っていた。ブルネル自身、過労で深刻な病気になったが、処方された唯一の治療法は、ヒルに額から血を吸わせることだったらしい。

当時まだ20代前半だったブルネルの息子、イザムバードは、現場担当のチーフエンジニアとしてプロジェクトにとって不可欠な存在になっていた（ちなみに、マーク・ブルネルは当時としては型破りなことに長女ソフィアにエンジニアリングを教えていたため、実業家のアームストロング卿は彼女を「女性版ブルネル」と呼んでいた。子どもの頃、彼女は数学と技術系の分野（およびエンジニアリング）のすべてにおいて弟のイザムバードよりも適性を示していた。しかし不幸にも彼女は、女性にそのようなキャリアの機会がなかった、時代に阻まれた偉大なエンジニアだった）。しかし、イザムバードは父親と同様、しばしば病気になった。それに加え、地盤の状態は予想以上に悪く、資金も不足し始めたことから事態は悪化していった。そしてついに、工事全体がストップし、シールドが内部にある状態のまま、トンネルはレンガで閉ざされてしまった。さらに多くの資金を投入するように、ブルネル親子が財務省を説得するのに6年かかった。しかも、会社の取締役たちはブルネルのやり方に干渉し、作業をより安全にするために必要な機器の調達を拒否し、リスクを承知で速く工事を進めるよう圧力をかけた。しかし、最大の問題は浸水だった。マーク・ブルネルが貫通できると思っていた「良質の」粘土は均一ではなかったのだ。川の真下まで掘り進んだところでは、粘土層が存在しない箇所さえあった。

その頃のテムズ川は、巨大な下水道と化していた。ロンドンのすべてのゴミ（および都市から出た遺体の多く）がそこに堆積していたと思われる。川底の土は水分を多く含む悪条件だったにもかかわらず、トンネルは川底からほんの2、3メートル下に掘られていた。シールドが前進し、地盤を掘り進む工程では、所定の量よりも多い土が撤去されることも少なくなかった。シールドとレンガ造のトンネルの間に露出した川底には、地盤が弱い箇所もあり、特に状態が悪い地盤の場合には、崩壊してトンネル内に川の水が流れ込んだ。

これが初めて起きたとき、イザムバードは東インド会社から潜水鐘（2人乗りの潜水装置）を借りて問題を解決した。彼は潜水鐘に乗って川底まで下り、漏水が起きている部分を見つけ

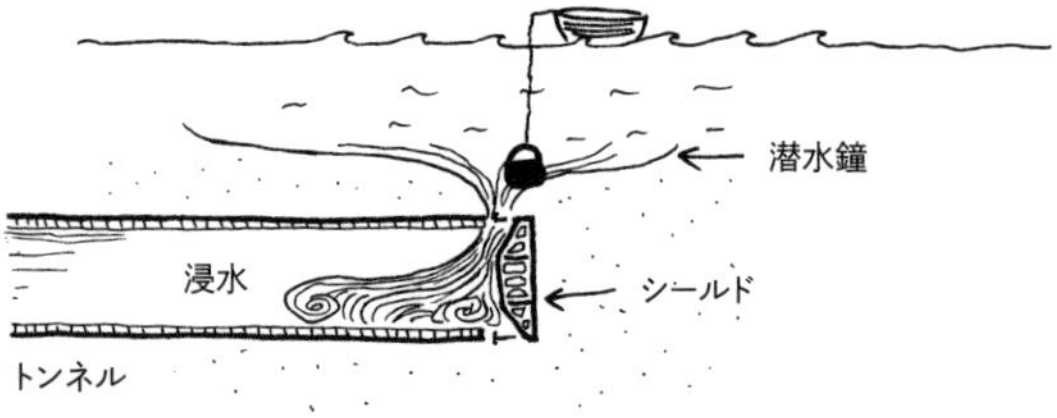

トンネルの浸水と潜水鐘の使用による亀裂の封鎖。

た。そして、亀裂に対して直角に鉄の棒を配置してから、その上に粘土の袋を積み上げて穴を塞いだ。侵入した水を汲み上げる作業が終わると、掘削作業を再開できた。

しかし、これは多くの作業員が死亡した4件の大規模な浸水事故の始まりにすぎなかった。イザムバード自身も溺死しそうになり、そこで最初の（最後ではない）大量出血を起こし、数か月間を療養期間として現場から離れざるを得なかった。

だが、このような逆境を乗り越えて、１８４３年には19年に及んだトンネル工事が完了した。歩行者たちは１ペニーを払えば、立坑のらせん階段をトンネルまで降りることができた。完成したトンネルは見事なものだった。トンネルの中央に並ぶ柱の列は、巨大なレンガのアーチを支えていた。ガス灯が煌々と通路を照らし、蒸気機関を動力源とするイタリア製のオルガンが音楽を奏でた。行商人たちはレンガの壁に収まった小部屋から軽食やお土産を販売した。１８５２年には、最初のテムズ川トンネル・ファンシー・フェアが開催され、芸術家、奇術師、インドのダンサー、中国の歌手が登場した。

しかし、10年もすると鉄道が日常生活の一部になり、トンネルの評価は下がっていった。人々は、湿ったトンネルの中を歩くより、新たに現れたピカピカの列車に乗りたがった。荒れ果ててみすぼらしくなったトンネルは、酔っぱらいのたまり場になってしまった。１８６５年にトンネルは東ロンドン鉄道会社に譲渡され、１８６９年までに線路が敷設されて蒸気機関車が走り始めた。今日ではロンドン・オーバーグラウンド線がそこを通り抜けている。マーク・ブルネルの卓越した想像力によって掘削されたロザーハイズの立坑は、近年一般公開され、人気の観光スポットになった。どっしりとした円柱形の塔に入ると、立坑に沿ったらせん状の折り返し階段の遺構と風化した壁がある洞窟のような地下空間に出る。シミと傷のついた壁から出入りする謎の黒い配管とともに、そこで行われるコンサートや演劇のための魅力的な背景となっている。

建設に20年近くかかり、完成してから20年あまりで時代遅れになったテムズ川トンネルは、成功したプロジェクトとは思われないかもしれない。しかし、マーク・ブルネルの想像力豊かなエンジニアリングのおかげで、私たちは都市の地下にアクセスできるようになった。さらに、世界で最初の地下鉄網となったロンドン地下鉄は、マーク・ブルネルとイザムバード・ブルネルの親子が、かなり不安定な土壌の中にでも構造物を建造できると教えてくれたおかげで実現したのだ。

現代に引き継がれるブルネルの思想

クロスレイル（ロンドンの新しい鉄道の路線）の建設に携わったエンジニアたちは、失敗に終わったマーク・ブルネルのアイデアを現代版として採用し、トンネルを掘った。ブルネルは巨大なブレードを回転させるだけの動力が得られなかったが、電気がそれを可能にした。現在では、手動で操作する機械の代わりに、「トンネルボーリングマシン」（ＴＢＭ）が使われている。もちろん、トンネルボーリングマシンを使っても退屈（ボーリング）はしない。

「車輪付きの巨大な地下工場」と呼ばれているクロスレイルのＴＢＭは、全長がロンドンバス14台分ほどある。複雑なジャッキシステムにより前進するＴＢＭの先端には、回転して正面の地面に食い込む巨大な円形のカッターが据え付けられている。掘削された土はベルトコンベアによりＴＢＭの後方に運搬され、トンネルから搬出される。レーザー誘導システムにより、トンネルがコースから外れることはない。ＴＢＭの背後では、複雑に配列されたアームのような機械がコンクリート（鉄骨の場合もある）のリングを円形に固定して、トンネルの覆工（ライニング）を作っていく。

着工前に、ＴＢＭに女性の名前を付けるというトンネル工事の微笑ましい伝統がある。クロスレイルは、ＴＢＭ２基を１組として、４組（合計８基）の名前を付けるためのコンペを開催した。２基で１組となっているのは、１組のＴＢＭが起点からそれぞれ反対方向に進んで作業するためである。1組は、鉄道時代の偉大な君主にちなんで、ヴィクトリアとエリザベスと名付けられた。もう1組はオリンピック・パラリンピック選手のジェシカとエリー、さらにもう1組は、エイダ（最初のコンピュータープログラムを作成した女性）とフィリス（誰もが愛するロンドンのA－Zマップを作成した女性）にちなんで名付けられた。しかし、TBMに最もふさわしい名前は、最後の1組に付けられたメアリーとソフィアであろう。それは、トンネル建設の偉人イザムバード・ブルネルとマーク・ブルネルの妻の名前（ソフィア・キングダム）なのだから。

PURE

水を手に入れる

私は、観光客が都市の建物の写真を撮っているのを見るとうれしくなる。エンジニアリングが愛されている証拠だからだ。意識せずとも、デザインに込められた野心と想像力を感じ取り、賞賛する。曲線を描く屋根、高層ビルのシルエット、独特のファサードなどが、自撮り棒の先のスマートフォンで撮影される無数の写真のドラマチックな背景として選ばれ、フレームに収められ、その瞬間が写し出される。この建築をめぐるドラマは、エンジニアリングのロマンチックな側面であり、過小評価されるべきではない。しかし実際には、エンジニアリングは課題に対して非常に現実的に対応する行為である。多くの場合に、エンジニアリングを推し進める要因となるものは、地盤、材料、法律といった、それほど刺激的ではないものだ。建物や橋の外見が素晴らしいものだったとしても、実際にそれをかたちづくった要因の多くは、美しさとはまったく無縁である場合が多い。

このような要素の中でも影響力が大きいのが水である。水は人間にとって欠かせないものであり、水なしでは3日以上は生きられない。私が設計する構造はただの骨格に過ぎず、水が供給されるまでは、人間はその中で暮らせないのだ。私は、(機械、電気、公衆衛生を専門とする)ほかのエンジニアと協力して、建物の循環設備を支えるための骨組みを準備する。基礎、コアの壁、床の強度がポンプや配管の重量を支えるのに十分であることを確認した上で、骨組みの中に経路を設ける。配管が水で満たされて初めて、生活に適した建物となる。

　私たちの惑星には水が存在することから「青い惑星」と呼ばれているが、地球の表面の大部分を覆う光り輝く海は、塩辛いので飲用には適していない。人類が生存するためには、淡水を手に入れる必要がある。しかし、それが問題なのだ。実は、淡水というのはあまり多く存在していない。地球上のすべての水をサッカー場の広さにたとえるとすれば、淡水湖はソファに置かれたクッションほどであり、川は紅茶のカップに敷かれたコースターの中に収まってしまう。

　淡水を見つけること自体がかなり困難であるため、古代の街の多くは川のほとりに築かれた。しかし、街が都市へと成長するにつれて作物を育てる田畑が広大になり、人々は水源から離れた場所にも移住し始めたことから、水の「輸送」という課題が持ちあがった。古代の人々が淡水を見つけ出して輸送するために、豊かな発想力で対応したのも頷ける。今日でもエンジニアは技術的に困難なこの課題の解決策を求めて奮闘しているが、世界には依然としてこの問題が大きなハードルになっている地域があるのだ。

砂漠で水を得るために

　ほかの多くの時代と同様に、古代ペルシャ人も淡水を手に入れるのに苦労した。イランの中心部は、毎年わずかな量の雨（300ミリ未満）しか降らない、広大で乾燥した不毛の高原である。イラン上空を飛ぶと、眼下に広がる砂漠は、照りつける太陽のまぶしさによって白く見える。その中で時折、小さな村や街の近辺、誰も住んでいないように見える砂漠の片隅で、砂の中に「穴」があることに気づく。上空の高い位置から見ると、それらは私が育ったムンバイのビーチにある小さなカニ穴のようだ（子どもの頃の私は長い間その穴をじっと見つめ、カニが這い出てこないか待っていた）。しかし、これらの穴はきれいに一直線に並んでおり、実際にはカニ穴よりはるかに大きい。幸いにも、そこには巨大なカニがいるわけではない。過去2，700年にわたって人間によって掘られたものであり、その間ずっと、そこに住む人々の生存にとって欠かせないものだった。

これらの穴は、ペルシャ語で「カレーズ」（アラビア語で「カナート」）と呼ばれている。カレーズとは、古代ペルシャ人が命の源である水を地下から運ぶために使用したシステムである。カレーズがどのように構築されたかを確認するために、2，500年前の砂漠にワープしてみよう。丘の中腹や斜面の近くで「ムカンニ」と呼ばれるカレーズ掘りが、水の存在の手がかりとなる、扇状に堆積した土壌や植生の変化を探す。可能性のある場所で、シャベルを使って直径50センチほどの円筒形の井戸を掘り、巻上機を使って土がいっぱいに入る革製のバケツを上下に動かして土を搔き出す。そうやって、地下水面に近い兆候である湿った土を見つけるために、灼熱の太陽の下で作業を続ける。道具が届く限界まで掘り下げても何も見つからないときもあれば、200メートル以上も掘り下げてやっと地下深くに隠れている水

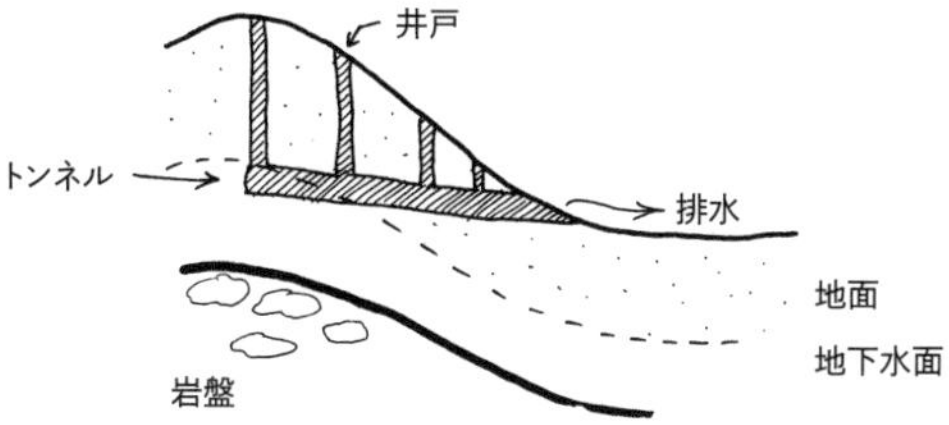

工夫に富んだカレーズの例。

を見つけるときもある。20メートル掘っただけで水が見つかったような日は、とてもラッキーだ。

しかし、ムカンニの仕事はまだ始まったばかりだ。彼が見つけたものは、すぐに枯渇してしまう少量の水源かもしれない。彼は自分の発見が本物であることを確かめる必要がある。そこで彼は掘ったばかりの穴の中にバケツを置いて、その後の数日間は、毎朝バケツにどれくらいの水が溜まるかを（もし溜まれば）チェックする。毎朝バケツが水でいっぱいになっていれば、金を掘り当てたようなものだ。「帯水層」（水を含む透過性の岩の地層）に到達したのなら、金以上の価値がある。彼は仲間のムカンニたちと直線上に丘の斜面を下って、次々と井戸を掘る。

ムカンニは下げ振りを使って深さを測定し、それぞれの井戸が前の井戸よりもわずかに深くなるよう掘っていく。このように井戸を一列に掘るのを不思議に思うかもしれないが、ここにムカンニの知恵が見られる。彼らの村には2万人もの人が住んでいるので、丘の中腹まで登って水を汲み、それを持って帰るのは骨の折れる作業である。もちろん、これは世界中の多くの場所で行われていることだが、ここでは地形（丘陵と土質）を利用して、村人の生活を楽にしている。

こうしていくつかの井戸が完成すると、ムカンニはそのうちの一つの底から次の井戸の底まで水平に穴を掘り始める。次の段階の作業を行うのにちょうどいい大きさの、幅約1メートル、高さ1・5メートルのトンネルだ。

このトンネルは、なだらかに傾斜しながら井戸の底をつなぎ、山から水を引き出す。トンネルの勾配が重要であり、急すぎると水の流れが急速になりすぎて、土が侵食され、トンネルの崩壊を引き起こす。逆に勾配が緩やかすぎると、水の流れが悪くなり、水は停滞してしまう。ムカンニは石油ランプを灯し、トンネルの入り口に置くことにしている。そうすると、山に向かって直線上に作業をしているかどうかが、炎を目安に確認できるからだ。地中から有害なガスが出れば中毒を起こす可能性もあるため、石油ランプは目安としてだけでなく、警告灯としても機能している。炎が安定して明るく燃えていれば、周囲には十分な酸素があって安全だが、炎の色が変わったり消えたりする場合は、何らかのガスが出ているということだ。加えて、別の危険もある。緩い土や脆い土はトンネルを崩壊させるおそれがあるので、必要に応じてムカンニは焼き粘土の大きなリングを作り、トンネルの断面を補強するように並べて設置した。リングは、結合した2つのアーチのような機能を果たす。緩い土の重みがリングを押して圧縮する。圧縮に強い粘土からできたリングはトンネルを補強し、トンネルの陥没を防ぐ。

ムカンニが先頭の井戸（最も山側にある、底が帯水層の表面に位置する最初の井戸）に到達したときには、最後の危険に注意しなければならない。帯水層に向けて非常に注意深く掘っていかないと、水が噴出して溺死しかねないのだ。これらすべての作業を安全に行うために、ムカンニの経験は何世代にもわたって受け継がれてきた。今日でもカレーズの建設に使われる技術は、昔から大きく変わっていない。

トンネルは1キロ〜40キロを超えるものまで、その長さはさまざまである。常に水を満たし続けるものもあれば、季節限定のものもある。ムカンニは、予備の井戸を掘ってこのシステムを維持している。常に堆積する沈泥や瓦礫は、井戸の中に降ろしたバケツを使って巻上機により除去される。井戸を定期的に修理することで、長く使い続けられるのだ。

イランには35，000以上のカレーズがあると言われている。これらはすべて手作業で建設され、現代でも重要な水源として、数十万本の地下トンネルからなるネットワークとして機能している。ゴナーバード市には、既存のカレーズの中で国内最古にして最大のものがある。それは2，700年前に作られた45キロのトンネルで、40，000人に水を供給している。そのメインの井戸の深さは、ザ・シャードの高さをも上回る。

水道橋と貯水槽

古代人が市民に水を供給するために用いた手法の一つが帯水層まで掘り下げることだった。文明や時代によって水源・地形・道具は異なるため、今日でも使用されている多くのものを含めて、ほかにも独創的な方法が生み出された。アッシリアの首都ニネベは、2本の運河によって水を供給していたが、紀元前8世紀の終わりになると、急増する人口に対して十分に対応できなくなっていた。セナケリブ王（紀元前705年〜681年在位）は、かつては洪水でバビロンを破壊するために、エンジニアリング技術を駆使してバビロンを通る運河を掘らせたことがあったが、今度は新たな水源を見つけて水をニネベまで運んで来なければならなかった。そこで、ニネベから50キロほど離れたアトラッシュ川流域を起点とし、そこからテビツ川の源流につながる運河を建設することで川の水量を増やすことにした。それ以前は、ニネベの水の大部分を供給するために、テビツ川を堰き止めて貯水池が作られていた。新たに増量される水を既存の2本の運河を通して街へと流せば、水の供給量が確保される。

しかし、これには問題が一つあった。セナケリブ王の新しい水道をテビツ川からニネベに向かって流れる運河に接続するには、小さな谷を越える必要があるのだ。しかし水が谷に下ると、揚水ポンプでもなければ向かい側の斜面に押し上げることはできない。しかし挫けることなく、セナケリブ王は谷を越えて水を運ぶための構造を考案した（今日では水道橋として知られるものである）。私たちは、水道橋の第一人者は古代ローマ人であると考えがちだが、このアッシリアの王の建造物は、ローマの水道橋より数百年も前のものであり、世界で最も古い水道橋の一つである。現在でもイラク北部のジェルワンでその遺跡を見ることができる。

技術的には、「水道橋」という言葉は、ある場所から別の場所に水を輸送するために使用される運河、橋、トンネル、サイフォン（加圧管）、またはこれらのシステムを組み合せた人

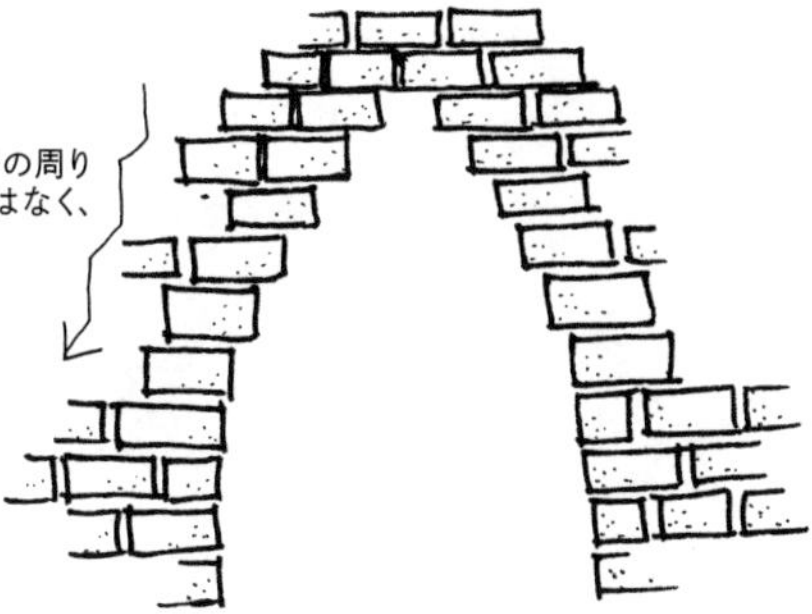
荷重は、アーチの周りを伝わるのではなく、下に伝わる

持送りアーチ

工的な水路を指す。セナケリブ王は、伝説となった「ライバルのいない宮殿」を含むニネベの多くの公共建築を生み出したマスタービルダーであり、「バビロンの空中庭園」も彼の偉業であるとさえ言われている。ニネベの水道橋は、そんな彼が造った建造物の中で最も優れたものといえるだろう。長さ27メートル、幅15メートル、高さ9メートルを超える先の尖った持送りアーチ（突き出た石に支持された曲線状のアーチ）からできており、建設には約0・5メートルの立方体の石が200万個以上も使われた。この水道橋の上に設けられた水路により、水が谷をわたって移動することができたのだ。水路の表面は、水漏れを防ぐためにコンクリートで仕上げられていた。

信じられないことに、この新しい運河と水道橋は、紀元前690年にもかかわらず、わずか16か月で完成した。水道橋がほぼ完成したとき、セナケリブ王は2人の司祭を運河の起点に呼び、宗教的儀式を行わせようとした。しかし、水を止めていた門が式典の時間よりも前に突然開き、川の水が運河に放出されてしまった。エンジニアと司祭たちは、

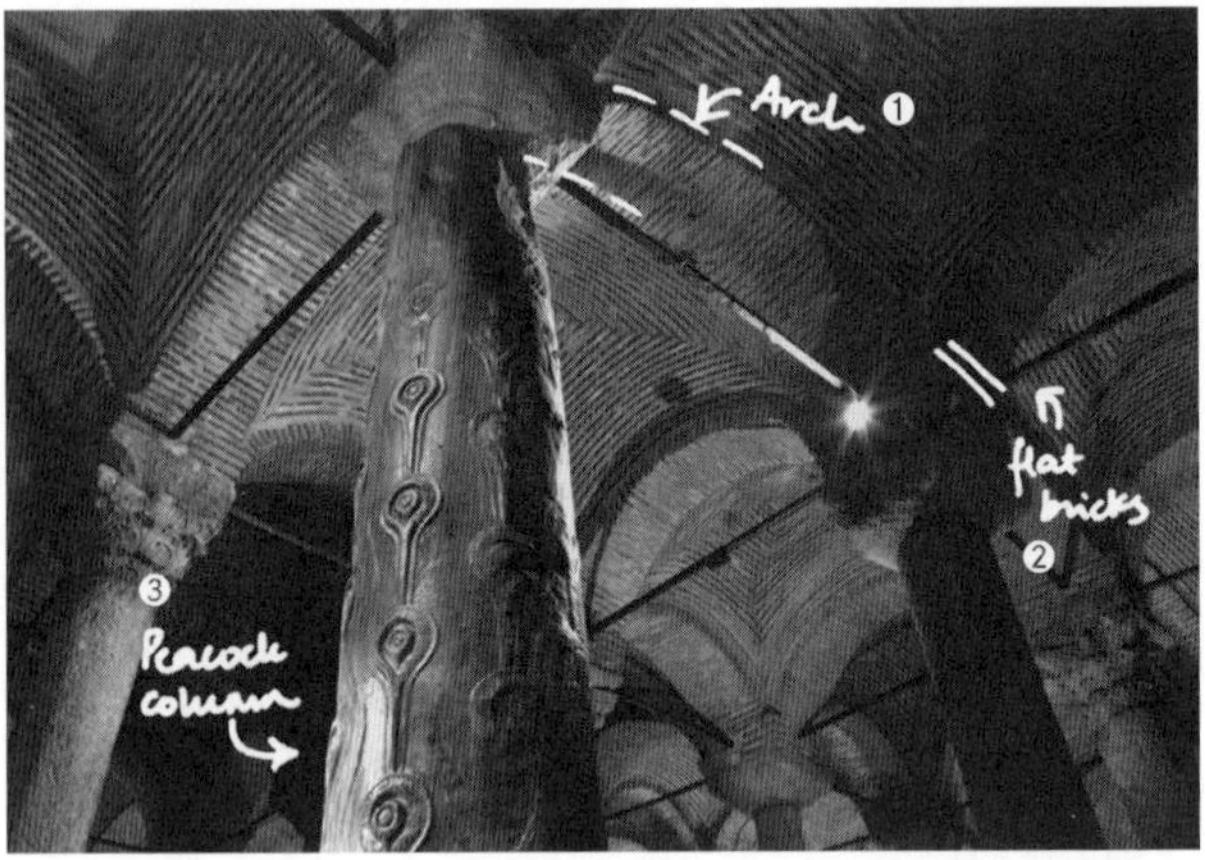

イスタンブールのバシリカ・シスタン（①アーチ　②平らなレンガ　③孔雀の柱）

王の意に反して自然が行ったことに対して、王が怒るのではないかと恐れた。しかしセナケリブ王は、神々が偉業の達成を待ちきれずに門を開けてしまったのだから、これは実は良い兆候に違いないと解釈した。彼は運河の起点に行って損傷を確認して修理させ、エンジニアと作業員たちには、鮮やかな色の布、金の指輪、短剣を与えた。

いかにして水を貯めるか

水を見つけること、水を輸送することは、エンジニアにとって2つの大きな課題である。水を手に入れたとしても、それをどう扱うかを熟知していなければならない。また、いつでも水を使えるように保管するという3つ目の課題も、同様に重要である。古代ローマ人は水道橋の技術を熟練されたレベルまで引き上げたが、水道橋と同じくらい野心的に、トルコのイスタンブールの中心部に位置する（正確に言えば、街の下にある）バシリカ・シスタンなどの貯水施設も考案した。

貯水槽は、古代ローマ人が発明したものではない。少なくとも紀元前４０００年には、レバント地方（現代のシリア、ヨルダン、イスラエル、レバノン）の人々が、水を溜めておくための建物を建設していた。貯水槽を作るのは難しくないと思えるかもしれないが、最大級の貯水槽は、まさにエンジニアリング技術による偉業である。たとえば、バシリカ・シスタンには、蓄えられた大量の水の圧力に耐えるための、厚さが最大４メートルにも達する巨大な壁がある。古代ローマ人は、水漏れを防ぐために約10～20㎜の厚さの漆喰の層により壁を入念に密閉した。また、貯水槽の屋根の上は公共の広場になっているため、建物、道路、歩行者の重量を支持するのに十分な強度が必要だった。

私がイスタンブールを訪れたときは、強い日差しによって気温が摂氏35度まで上がっており、息苦しいほどの暑さだった。そのような中で、広大な地下空間の冷ややかな空気を感じながら貯水槽の古い石段を降りていけるのはありがたかった。上向きの照明が赤みのかかったオレンジの光を発し、どこからともなく心地よい音楽が流れていた。私は、近年になって観光客が回遊できるように作られた、一段高い木製のデッキに足を踏み入れた。足元には、20㎝ほどの深さの透き通った池があり、その中に灰色の幽霊のような鯉が静かに泳いでいた。それをぼーっと眺めていた私は、頭と腕に水滴が落ちてきてハッとした。

顔を上に向けると、美しい赤いローマレンガ（平らなタイプ）で作られた屋根が見えた。レ

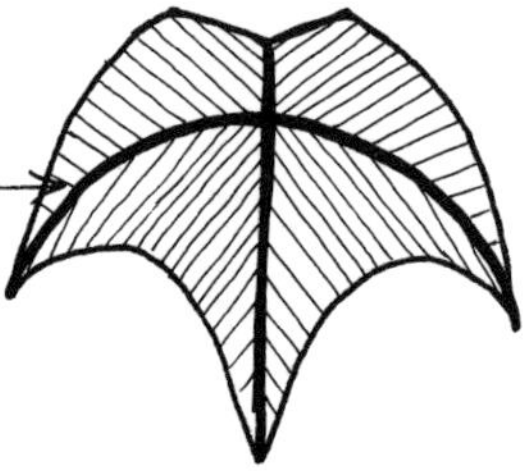

交差ヴォールト。

ンガの間には厚いモルタルの層があり、多数の柱の間に架けられた大きなアーチが格子状の構造を形成していた。これらのアーチの間に交差ヴォールト（4つのリブで4分割されたドーム）が収まっている。この息をのむような構造は、1列28本の柱（高さ9メートル）からなる12の列柱で支えられていた。柱はすべて大理石で作られ、規則的なグリッド状に配置されていた。さまざまなデザインの柱頭のいくつかは、古典的な古代ギリシャや古代ローマのデザインのものがあり、そのほかにも装飾のないシンプルなものや、神殿や別の遺構から再利用されたものもあった。時間の経過とともに割れてしまった一部の柱は、鋼製のプレートで束ねられていた。

数本の柱の基部には、ギリシャのゴルゴン・メデューサの頭の彫刻が施されており、メデューサの髪の毒ヘビが彼女の顔の周りにおどろおどろしく巻きついていた。メデューサと目が合うと即座に石になってしまうと言われているが、ここでは石に彫られたメデューサの頭の一つは逆さまに、そしてもう一つは横向きになっていた。これらは、彼女の視線が引き起こす致命的な結末を避けるようにランダムに配置されている。孔雀の柱として知られる柱には、奇妙な円と線のパターンが刻まれている。これらは涙ぐんだ鳥の目を表しており、貯水槽の建設で亡くなった何百人もの奴隷に対する敬意を示すために造られたという。

５３２年にユスティニアヌス帝によって建てられたバシリカ・シスタンは、ストア・バシリカの地下にあり、オリンピック用のプール32個分の水を貯めることができた。ストア・バシリカとは、当時コンスタンティノープル（３２４年にこの都市をローマ帝国の首都にした、コンスタンティヌス帝にちなんで名付けられた）と呼ばれていた街の第一の丘の上に造られた大きな公共広場である。マルマラ地方の近郊にある天然の泉から水道橋によって水を引いていたバシリカ・シスタンはローマ皇帝の住居である大宮殿に水を供給していたが、皇帝が街を去ってからは長らく人々の記憶から忘れられていた。１５４５年、古代ビザンチン帝国に関する研究をしていた学者のペトルス・ギリウスが、地元の住民からいろいろな話を聞き出していると、住民たちの間に不思議な秘密が存在することを知った。秘密とは、地下の穴へとバケツを下ろすと、不思議なことに新鮮できれいな水が汲み上げられるというものだった。生きた魚がバケツに入ってくることもあるというのだ。住民たちには理由や仕組みはわからなかったが、とにかく澄んだ水（そして時には食べ物）が手に入ることを喜んでいた。そして、ギリウスが聞き出すまで、そのことを秘密にしていたのだ。ギリウスは、彼らの家が有名な古代ローマの貯水池の上にあるに違いないと考え、詳しい調査を経て、忘れられていた貯水槽を発見した。

私も彼の発見を喜んでいるうちの一人である。この貯水槽には独特のドラマチックな雰囲気があり、改修工事を経て１９８７年に公開されて以来、観光客など多くの人々の想像力をかき立ててきた。映画『ロシアより愛をこめて』の監督もその一人だ。グレーのスーツをダンディに着こなしたジェームズ・ボンドがスパイ活動のためにロシア大使館に向かう途中、仲間のケリム・ベイを乗せた船を漕いで柱の間を静かに進んでいくシーンをここで撮影している。

シンガポールの水問題

バシリカ・シスタンほどの壮大な規模のものが忘れられてしまうのは信じがたいことだ。加えて、古代ローマ人の水に対する傲慢な姿勢も信じがたい。古代ローマ人は、生きていくのに十分な水は雨水から得られていて、水道橋は風呂と噴水のためのものであったと多くの歴史学者は考えている。世界の多くの地域では、時代を通して常に水が不足しており、水を有効利用するためにエンジニアによるありとあらゆる創意工夫を必要としている。それにもかかわらず、エンジニアリングの野心的な偉業が、贅沢と欲望のためだけに成し遂げられたという事実には驚きを隠せない。

２０１５年、街の素晴らしい景色が望める高層ビルの14階にある友人のアパートに滞在するために、私はシンガポールを訪れた。私は水道水が安全に飲めるか（もちろんそうであった）、そして長いフライトの後に温かいシャワーが浴びられるかを彼女に尋ねた。すると彼女は、水を無駄にしないために体を石鹸で洗っている間は水を止め、シャワーが終わったら水滴がポタポタと落ちていないことを確認してほしいと言った。

私は、水の保全と環境に対する彼女の配慮に感銘を受けた。シャワーの後でさらに話を聞くと、その理由がわかった。彼女は幼い頃から、水は無駄にしてはならない貴重な資源であると両親、学校、大学から言い聞かされてきた。シンガポールには自然の帯水層や湖がないためである。貯水池を作るために何本かの川が堰き止められてきたが、基本的にこの国には自然の水源がない。歴史を通して、英国の統治下のときも、独立国家になってからも、住民に十分な水を供給することは、常にこの国の課題であった。

シンガポールにおける最も初期の水源は小川と井戸であり、人口が1，000人しかいなかったときはそれで十分だった。しかし、1819年にスタンフォード・ラッフルズ卿によりシンガポールが大英帝国に組み込まれると、その人口は大幅に増加し、1860年代までに島の人口は80，000人に膨れ上がった。そこで統治者たちは、水を溜めるための貯水池の建設に着手した。1927年には、シンガポールは隣国のマレーシアと、ジョホールに土地を借りることで合意した。これにより、シンガポール人たちは、パイプラインを使って未処理の水をジョホール川から運べるようになり、互恵的合意により、処理された水の一部を別のパイプラインを使ってシンガポール側からジョホール側へ送ることもできるようになった。しかしこの送水管は、日本人がシンガポール島を侵略し占領したシンガポールの戦い（1942年2月）によって破壊され、シンガポールにはわずか2週間分の水だけが残った。「我々は水がある間は戦い続ける」と、この地域の指揮官であるアーサー・パーシバル中将は宣言したが、間もなく彼は降伏を余儀なくされた。

この悲惨な状況は、日本人が去って再び英国の支配下になった後も、1963年に国が一時的にマレーシア連邦の一部になるまで、ずっと人々の心に残っていた。そのため、1965年8月9日にシンガポールが完全に独立したとき、水の自給自足は政府の最優先事項の一つになった。

1961年と1962年に、マレーシアはシンガポールに水を供給する協定に署名した。そのうちの一つは2011年にすでに失効し、もう一つは2061年に失効することになっている。シンガポール人は弱い立場に立たされている。特に水への依存度が高い現代の消費社会ではなおさらだ。水のような基本的資源を隣国に依存している彼らは、国の自立性を懸念しているのではないかと私は想像する。たとえば、地域全体が干ばつに見舞われてしまったら、シンガポールは他国の思惑に翻弄されるかもしれない。したがって、たとえば薬やスパイといった問題が重要となる国があるように、シンガポールにとっては水が生命線なのだ。

その結果、シンガポールは、不安定な状況に対する技術的な打開策の開発に注力してきた。シンガポール公益事業庁（PUB）は、「4つの蛇口」と呼ばれる戦略を策定している。これは、水の高い自給率を確保するために、できる限り効率的に国が利用すべき4つの水源を意味している。

一つ目の「蛇口」は雨水である。シンガポールは地域特性と気候のおかげで、毎年2,000㎜を超える降水量がある。この雨水を効率よく貯めるために、エンジニアたちは集水地域を作り出した。集水地域とは、雨水が海に流れ出てしまわないように、雨水を集めるための土地である。雨を囲い込み、貯水用に堰き止められた川や貯水池に流すための運河と貯留池のネットワークが構築された。しかし、シンガポールの川の多くが家庭や事業からの排水によって汚染されていたため、大規模な浄化作業が必要となった。そこで、PUBは汚染の原因となっていた事業者を移転させ、貯水池を汚染から法的に保護する施策を講じた。現在、雨水は島の面積の3分の2のエリアで集められ、溜められている。一方で何本かの川は堰き止められたままである。こういった川のほとんどは海に近く、わずかに塩分を含んでいる（未処理では使用不可）。エンジニアたちが作業を終える頃には、国土の90%が活用されることになり、シンガポールは事実上すべての雨水を集めて貯水する世界で唯一の場所となるだろう。

2つ目の「蛇口」はマレーシアからの水で、シンガポールは協定が失効するまでは輸入を続ける予定だ。3つ目の「蛇口」は、再生水である。下水の再利用は新しいものではないが（ロサンゼルスやカリフォルニアといったほかの地域では1930年代から行われている）、まだ広く普及しているとは言えない。

シンガポールでは、1970年代には下水の再利用についての検討が始められていたが、当時はまだ技術的なコストが高く、信頼性も比較的低かった。やがて事業を実施可能にするレベルまで技術が向上したため、現在では、家庭、レストラン、産業界から集められた下水が、最新の膜工学を利用した3段階の浄化プロセスで処理されている。

最初の段階は「精密ろ過」であり、この過程で水は半透性の膜を通過する。この膜は通常

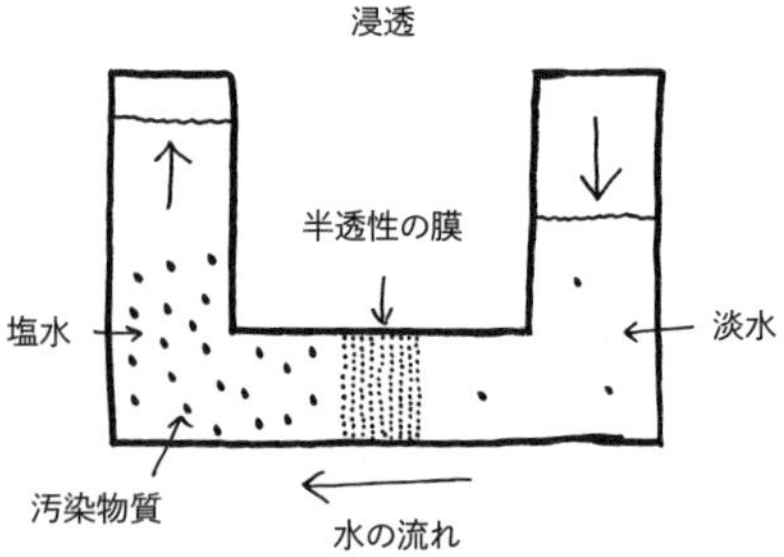

浸透のプロセス。

ポリフッ化ビニリデンなどの有機高分子化合物から作られている。特定の原子や分子だけを通し、そのほかの原子や分子は遮り、固形物、細菌、ウイルス、原生動物の嚢胞をろ過する。本質的に、膜は顕微鏡レベルのザルであり、固体は残るが液体はすり抜けていく。しかし、ろ過された水にはまだ塩分や有機分子が溶け込んでいるので、再利用の第2段階には「逆浸透」と呼ばれるプロセスを用いてこれらを除去するように設計されている。

浸透とは、溶媒（ほかの物質を溶解できる物質。最も知られている例は水）の移動である。溶媒は、異なる2つの溶液の濃度が等しくなるまで、低濃度から高濃度の溶液へと移動する。浸透は自然界の重要な働きでもある。たとえば、浸透によって植物の根が土から水を吸収し、腎臓が尿素などのミネラルを血液からろ過する。卵、酢、糖蜜（またはコーンシロップ）を使って、このプロセスの実際の働きを確認できる。まず、卵を酢に数日間浸して殻のカルシウムを溶かすと、浸透膜と言えるものが残る。次に、この卵を糖蜜かコーンシロップに浸す。数時間が経つと、水が膜を通って

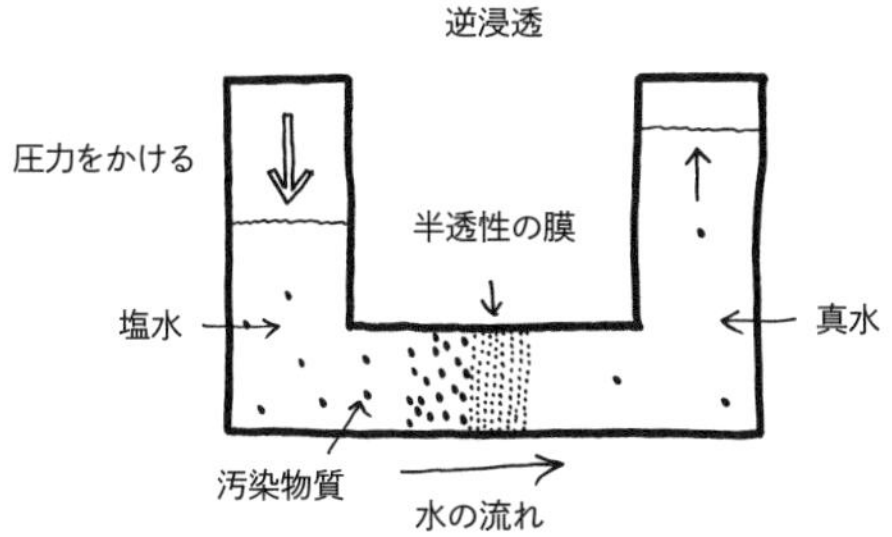

逆浸透のプロセス。

卵の外に出るので、卵の表面にしわが現れる。つまり、卵の脱水が起きたのだ。そして、しわが寄った卵を取り出して真水に入れると、このプロセスは逆転し、水が膜を通って卵の中に入り、卵が膨れて元に戻る。

浸透は自然に起こる現象である。淡水は、ろ過されて塩水と簡単に混ざる。しかし、より多くの淡水を作りたい場合は、圧力をかけて塩水を膜に「押し込む」必要がある。これにより、塩、バクテリア、そのほかの溶解物が除去される。その圧力は、淡水の分子が半透性の膜を通れるよう、自然の浸透圧よりも大きくなければならない。これこそが逆浸透だ。

逆浸透により、溶解した塩やそのほかの汚染物質を99パーセントまで除去できる。そのため、逆浸透のプロセスを経た水は十分に良質だが、まだバクテリアや原生動物がごくわずかに含まれている可能性がある。念のため紫外線で水を消毒し、残りの微生物をすべて死滅させる。これで、水を供給する準備が整う。

何年にもおよぶ試験を経て、2003年に、NEWater

（ニューウォーター）と呼ばれる再生水が一般に提供された。シンガポールの第37回建国記念日のパレードでは、ゴー・チョクトン首相、初代首相のリー・クアンユー、そして何千人もの出席者が、カメラの前でNEWaterの入ったボトルを開けて、NEWaterを口にした。飲んでも不調を訴える者はいなかった。NEWaterは主に、飲料水よりもさらに高品質の水を必要とする工業団地や製造拠点で使われている。NEWaterは、水の起点を考えると不快なものかもしれないが、実際には10万回以上の試験に合格しており、人の消費に適した水に関する世界保健機関の基準も上回っている。

そして最後の、4つ目の「蛇口」は海水である。2005年、シンガポールはトゥアスに最初の淡水化工場を開設した。ここでは、最初に海水をろ過して大きい粒子を取り除き、次にNEWaterと同様の方法で逆浸透を行う。これにより真水が作られ、家庭や事業所に供給される前に、健康を考慮して必要なミネラルが添加される。トゥアスの工場では、1日あたり3千万ガロン（130，000㎥）の水を生産可能だ。3つ目と4つ目の「蛇口」により、国が必要とする水の50％以上がすでに作られており、2060年を迎える頃には、この方式により約85％がまかなわれると予測されている。これは、優れた計画とエンジニアリングによってもたらされた、人の命を救う素晴らしい変革である。

根源的な課題

シンガポールが雨水の大部分を集めて再利用し、長期的な水の持続可能性を実現しつつあることから明らかであるように、重大な現実の問題でもエンジニアリングにより解決できる。古くから人類の悩みであった、最も基本的で不可欠な物質である水に関わる課題は、実用が始まった最先端のテクノロジーによって対処されている。

これからも、時間の経過と共に世界の人口が増加し、それに伴い水の需要はますます増えていくだろう。世界中のエンジニアや科学者は、この貴重な液体を見つけ出し、供給するためのさらなる新しい経路を準備し、水を浄化するための科学を発展させるという、年々厳しくなる課題に立ち向かわなければならない。

そうしないと、人類は生き残れないのだ。

CLEAN
衛生のために

2007年の日本への旅は、私にとって、それまでで最も印象的で刺激的なものだった。母と私は、自動販売機で卵、果物、ラーメン、さらには小型犬用にドッグフードまで売っていることに驚嘆しながら東京の街を見て回り、元気のいいシェフとウェイターが息を合わせて客の注文に威勢よく応える寿司屋で食事をした。

音楽を選んで再生することができ、足元を適度に照らしてくれるシャワートイレにも興味をそそられた。試しにいくつかのボタンを押してみると、勢いよく水が出てきたのでびっくりしたが、使ってみるとさっぱりした気がしなくもない。東京を離れた地方へ行くと、伝統的な和式トイレを見かけた。東京のトイレとは対照的だが、中世の日本はこうだったのだろう。

日本では、徳川幕府（1603年〜1867年）が開かれるずっと前から、人間の固形の排泄物（下肥／しもごえ）は取引されていた。下肥は、全国を行き来する船に積み込まれて運ばれた。当然のことながら船は悪臭を放つため、お茶を運ぶ船と一緒に係留されることに人々は文句を言ったが、取引は必要不可欠であり、悪臭は我慢しなければならないと役人たちは判断した。

人間の排泄物の取引は、この小さな島国特有の問題に対処する上で重要だった。日本の地形は作物を育てられる土地が非常に少ないにもかかわらず、人口の急増により食糧の増産が不可欠となった。十分な食料を生産するには、農地になる土地を集中的に活用して、1年に2回以上の収穫を行わなければならない。しかし、それでは土の中の自然の栄養素が急速に枯渇してしまう。日本人は伝統的に、土の栄養分を補うために動物の排泄物を肥料として使っていたが、家畜などの動物だけでまかなうには限りがあり、別の解決策を見つけ出す必要があった。そして彼らは、自らの衛生環境の中に答えを見出した。つまり、人口の急増に伴う大量の排泄物に目を付けたのだった。徳川幕府はそれを船に積んで、作物の増産を試みている農民たちと取引することで、排泄物を有効活用することにしたのだ。

排泄物の取引はすぐに大きな事業へと発展した。江戸時代の初期には、関西では大阪が肥料供給の中心であった。野菜や果物は船に積まれて街に到着し、下肥と交換された。しかし、下肥の価値は急速に高まり（インフレは排泄物にも影響を与えるようである）、もはやその貴重な商品の代金を野菜では支払えなくなったため、18世紀初めには銀で下肥を購入するようになった。住居の居住者から出た排泄物の権利は大家に帰属するという法律が施行されたが、尿についてはある程度取り締まりが緩やかだったようだ。20世帯から出る1年分の排泄物の価格は、一人が年間に食べる穀物の価格と同じにまで高騰した。そうして、排泄物は不動産市場にも影響を及ぼすようになった。大家が抱える借家人の数が多ければ多いほど、集められる排泄物の量が増えるので、家賃が安くなったのだ。

最終的には、農民、村人、都市部の組合のすべてが下肥を購入する権利をめぐって争う事態になった。大阪では18世紀中頃に、公正な価格設定を認められた組合と協会に所有権と独占権が付与されたが、それでも貧しい農民は高値に苦しみ、中には厳しい刑罰の危険を冒してまでも盗みをはたらく者もいた。

排泄物の回収は紛争の原因にもなったが、予想外のメリットもあった。排泄物がとても熱心に回収されたため、人々が飲料水として使用していた水源が汚染されにくくなったのだ。また、ほかの文化的慣習も、人々を健康に導く助けになった。日本人は飲料水のほとんどをお茶として飲んでいたため、水を沸かすことが多くの病気を引き起こす微生物を取り除くことにもなった。神道の習わしを遵守する人々は、けがれの原因（血、死、病）について確固たる考えを持っており、けがれたものと接触した場合は「浄化」を施した。つまり、17世紀中頃から19世紀中頃の日本での生活は、欧米の多くの国よりも衛生的であり、その結果として日本人の死亡率は欧米よりも低かった。

しかし、20世紀に入ると状況は変わる。増加し続ける人口と第二次世界大戦により国は荒廃し（特に経済的観点から）、人々が享受していた生活の質は劣化した。１９８５年時点の下水道処理人口普及率は、国土全体の約3分の1だった。これは、主に、近代以前の排泄物の処理方法がうまく機能していたからこそ、引き起こされた遅れである。１９８０年代に、やっと下水道網が近代化され、今日では、日本は高性能トイレで有名になっている。それほど遠くない時代まで行われていた下肥の取引とは対照的だ。

現代でも遠い昔でも、都市での排泄物の処理方法は、その都市がどれほど円滑に運営され、先進的であるかの指標である。インダス文明（紀元前2600年頃）のハラッパとモヘンジョ・ダロの都市のほぼすべての家には、水道が接続され、水洗トイレがあった。また、現在の脱工業化社会における密集した都市では、排泄物の処理を効率的に行うことは極めて重要であると常に考えられてきた。フローレンス・ナイチンゲール（彼女の衛生に関する取り組みがヴィクトリア時代の病院と家庭に革命をもたらした）が1870年の『インド衛生報告書』に「都市における衛生環境の進歩の真の鍵は、上下水道である」と記したように、恵まれた環境にいる人たちは自分の排泄物の行き先を案じることはない。しかし、そのような環境下にいない人たちは、排泄物に起因する病気や死に直面している。これは不快に思う人もいるテーマかもしれないが、人口が急増する現代の私たちの惑星では、適切な衛生環境の整備がますます重要になってきているのだ。

下水のことを気にかけよう

カールは「みんな、クソのことをもっと気にしろよ」と怒って出ていった。当時、私たちはロンドン中心部のオックスフォード・ストリートの近くにある小さなアパートの設計を行っていた。私が地下の駐車場やプールの周りに柱を配置していたとき、排水担当のエンジニアであるカールは、建物内のシャワー、シンク、トイレ、雨水によってどれだけの下水が出るかを調べていた。
彼は、市の下水道に流すのに十分な数量の配管があることを、1時間あたりの流量を計算して確認しなければならなかった。過去の記録から、建物の隣に大きな下水道があるのはわかっていたが、どれほどの大きさで、どの程度使われているか、それが適切な状態にあるかどうかはわからなかった。私たちは、建物から下水を排出するためにその下水道が使えるかどうかだけでなく、地下室を設けるためにこの下水道の近くを掘っても大丈夫かを確認したかった。カールは設計を終わらせるために調査会社に連絡をとり、下水道に関する情報を収集した。
ある日、カールは持ってきたDVDをろくに説明もしないままコンピューターに差し込んで、再生するように言った。映像が出た瞬間、私は叫び声を上げて、慌てて停止ボタンをクリックした。周りに同僚たちがいるオフィスの中で、私のコンピューターの画面に下水道の中の様子が急に大々的に映ったのだ。思わず私は「こんなの見たくない」とカールに言ってしまった。すると彼は私に冒頭の文句を言って、立ち去ってしまった
少しして気を取り直した私は、席に座り直して深呼吸をしてから再生をクリックした。この動画は、下水道の中を移動する車輪付きのロボットに取り付けられた小型カメラを、地上で安全な場所にいる人がワイヤレスで操作しながら撮影したものだった。過去150年間にわたって、気持ちが悪くなる内容物がそこを流れていたにもかかわらず、レンガの壁は真っ赤な色で、かなりきれいな状態であるように見えた。下水道は意外に大きく、人が身をかが

めることなく通り抜けられそうだった。そしてそれは、卵が細い先端を下にして立てられたような少し歪んだ楕円形をしていた。このような形状の方が、汚水が流れやすくなるからだ。流量が少ないときは、最も低く狭い部分の排水の速度が速くなる。流量が多いときは、より幅のある上部のスペースが利用できる。

画期的なエンジニアリング技術で内部を移動しているロボットは驚くべきものであり、下水道の底を流れるものに対する嫌悪感はすぐになくなっていた。翌週、(臭い喧嘩にはすぐに蓋をして) カールと私は動画を詳細に検証した。そして、下水道に損傷はなく良好な状態が維持されているので、新しい建物から排水を流しても問題ないと判断した(下水道を詰まらせてしまうリスクがあるため、勝手に何でも排水することはできない。そのため、私たちはロンドンの多くの建物と同様に、地下室に「調整タンク」を設けて、廃棄物を一旦溜めてから、許容できる速度で放出するようにした)。これは私にとってワクワクする瞬間だった。一世紀以上前に、首都の地下に下水道の広大なネットワークを構想し構築したジョセフ・バザルゲットによる先駆的技術と、物理的に接続したのだから。当時、ロンドンはそのような設備を切実に必要としていた。19世紀初頭のロンドンの生活は、吐き気をもよおすものだったのだ。

汚水と格闘してきた歴史

もともとロンドンの平原にはテムズ川の支流が多くあり、流域に豊富な水と魚を提供していた。しかし、13世紀中頃にロンドンの人口が大幅に増加したのに伴い、水質が悪化した。最終的には事態はさらに悪化し、支流は単なる開放された下水道と化し、動物や人間の死体を投棄するための場所になっていた。15世紀頃には「水運搬人」が、棒につながれた2つの樽を肩に担いで井戸水を売り歩くことで生計を立てるようになっており、川は上流さえも使える状態ではなかった。ロンドン市民が飲んでいた水は、自らのゴミや死体で汚染されていたのだ。

ロンドン市は、20万個の汚水溜まりを整備した。汚水溜まりとは、直径約1メートル、深さがその2倍の円筒形の穴であり、水密性を保つために内側にはレンガが張られ、底部は密閉され、上部には蓋が付いていた。目的はし尿の保管である。つまり、人々は自分たちが用を足した後に、便器をこれらのタンクまで運び、便器を空にした。定期的にバケツに排泄物を入れて野原に捨ててタンクを掃除したのは、「ナイトマン（汚穢屋）」、「レーカー」、「ゴング・ファーマー」（「ゴング」とは中世の用語で、トイレのことを指す）の仕事だった。路上に排泄物をまき散らすよりはましだったが、野原がロンドン中心部からそれほど遠くなかったことを考えると、それは非常に非衛生的である。汚水溜まりの掃除が不快な作業だったことは想像がつくが、危険な作業でもあった。かわいそうなことに、リチャード・ザ・レイカーという男は1326年に汚水溜まりに落ちて、し尿の腐敗した混合物の中で窒息して溺死している。

1840年代に下水道委員会が新しい下水道を建設するための法律を通そうとしたものの、不十分なままだった。また、「ウォーター・クローゼット」（現代的な水洗トイレ）の導入は、逆

トーマス・マクリーンによる1828年のエッチング「テムズウォーターというモンスタースープ」は、市のグロテスクな水道を風刺した。

に状況を悪化させてしまった。漏れやすい汚水溜まりは濃縮された排泄物をかろうじて保持してきたが、水洗トイレの導入により数リットルの水が注ぎ込まれて、汚水が溢れ出るようになったのだ。これを解決するために、１８５０年に汚水溜まりは禁止されたが、その結果として（降水による地表水を取り除く目的で設計された）下水道が完全にパンクした。人間の排泄物と洗濯、調理、飲用に使用されたすべての汚水が、テムズ川に流れ込んだ。

　ロンドンでは、汚物と汚水の劣悪な混合物により、深刻かつ壊滅的にコレラが流行した。コレラは毎年、夏の終わりから秋にかけて流行し、感染した人の半数が亡くなった。ロンドンでの１８３１年～１８３２年の流行では、６千人以上が死亡している。その後、１８４８年～１８４９年（１万４千人をやや上回る死者）と、１８５３年～１８５４年（さらに１万人の死者）にかけて、

2回の大流行が起きた。当時、世間では、コレラは空気感染し、有毒な「毒気」を吸入することで感染すると信じられていた。しかし1854年の発生時に、ソーホーの汚染されたポンプから水を得ていた人たちの健康状態を観察していたジョン・スノー博士（1813年〜1858年）によって、空気感染ではないという証拠が集められた。コレラは汚染された飲料水によって拡散していたのだ。

都市の排泄物が首都ロンドンを荒廃させている事実は、1858年の異常に暑い夏に顕著になった。暑さで熱された汚水溜まりと、汚水で満たされたテムズ川とその支流が腐敗し、街にはいつも以上に刺激的な悪臭が漂った。そして、「大悪臭」（その現象の呼び名）が始まった。その臭いはたまらなく不快だったため、人々は悪臭を消し去ろうとして、カーテンを塩化石灰の混合物に浸した。下院で働く大臣やリンカーン法曹院の弁護士たちは、非常に不快な臭いのために仕事が手に付かず、ロンドンを捨て去る計画を立てた。すべての出来事の中で唯一の救いとなったのは、ひどい状況に直面したおかげで、ついに政府が悪臭とそれに伴うコレラの一掃に本腰を入れ始めたことである。ロンドンの下水道問題を解決するためのエンジニアによる提案を何年にもわたって拒絶してきた当局は、1859年、ついにジョセフ・バザルゲットの提案を承認した。

バザルゲットは、おだやかな性格で、感じの良い優しい笑顔の持ち主だった。平均よりかなり低い背丈でありながら、長い鼻、鋭いグレーの目、黒い眉毛のおかげで、たくましい印象を与えていた。1819年にロンドン郊外のエンフィールドで生まれ、土木技師としてのキャリアを積んだ。しかし、急拡大する鉄道の仕事が一筋縄ではいかず、1847年に神経衰弱を引き起こし、その後はロンドンの下水道問題に対応する首都下水道委員会の技師になった。そして、ロンドンの汚水処理の解決を担っていた首都公共事業庁の職に任命された。

バザルゲットの計画は、テムズ川の古い支流を改良することだった。これらの支流は、それまでは基本的に下水道として使われ、レンガ造のカルバート（溝）を流れるようになっていた。川の流れを幅の狭いカルバートに制限することで、下水の端まで家を建てられるようになり、住宅の需要を満たすのには役立った。カルバートの多くは暗渠化され、さらに多くのスペースが使えるようになっていた。カルバートの一番高い地点はテムズ川から離れた場所にあり、そこから（西から東に流れている）テムズ川に直角に汚水が流れ込んでいた。

ジョセフ・バザルゲットは、これらのカルバートの中を流れる汚水を遮るという提案をした。いくつかの地点でこれを行うと同時に、古いカルバートの下に新しい下水道のネットワークを構築した。水の流れを部分的に遮断するために、古いカルバートの内部にカルバートの半分の高さの堰（水の流れを遮る障壁の一種）を設けた。次にこれらの堰の手前で、カルバートの底に穴を開け、汚水のほとんどを下の新しい下水道に流すようにした。指を広げて左手を前に出して、その下に右手を左手に対して直角になるように添えると、バザルゲットのシステムをうまく再現できる。左手がカルバートを流れる古い支流で、右手がバザルゲットの新しい下水道だ。

バザルゲットは、テムズ川の北側の3か所にカルバートの下を流れる下水道を設置した。

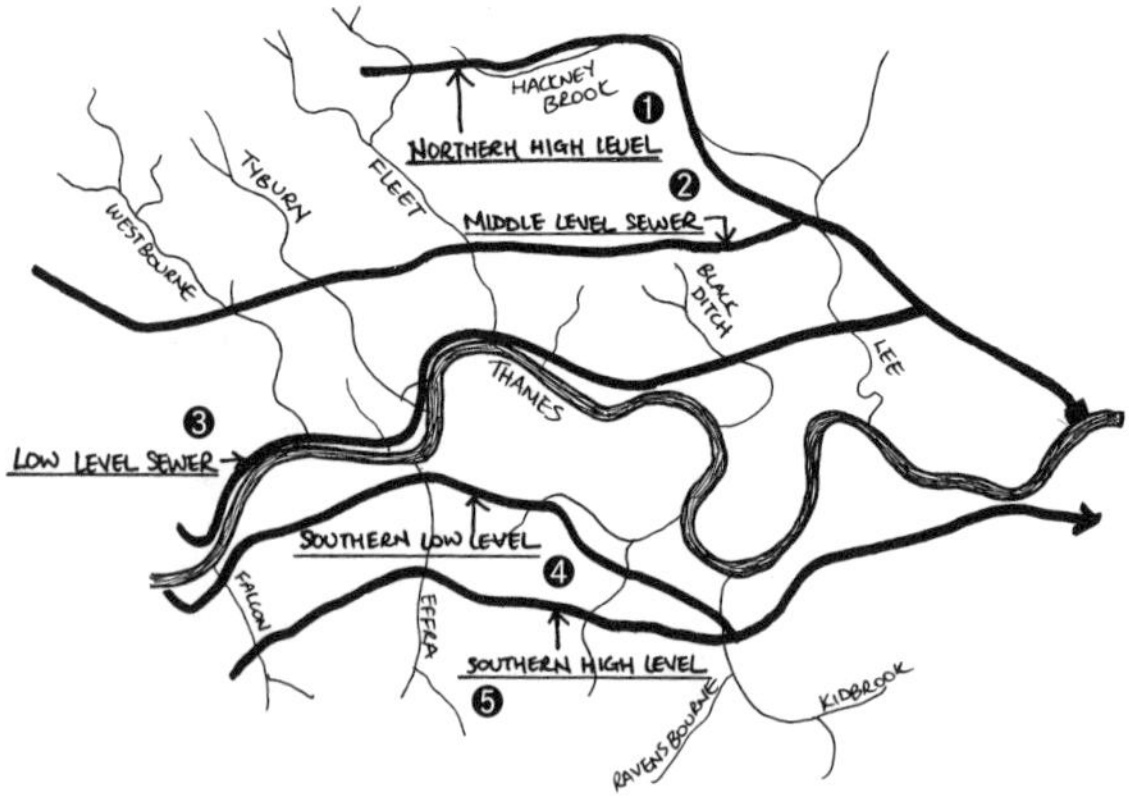

ロンドン全体を網羅したバザルゲットの下水道本管のネットワーク。（①北側の高い位置の下水道　②中間の高さの下水道　③低い位置の下水道　④南側の低い位置の下水道　⑤南側の高い位置の下水道）

1本目の下水道は、カルバートが比較的高い位置にある一番北に設置された（この支流はアッパー・ホロウェイからスタンフォード・ヒルとハックニーを通ってストラトフォードに向かって流れている）。この「高い位置」の下水道とテムズ川のほぼ中間に位置するベイズウォーターから、今では世界的に有名なショッピングエリアになったオックスフォード・ストリートとオールド・ストリートの下を流れる「中間の高さ」の下水道を設置した。これにより、堰にぶつかりカルバートの底の穴から流れ落ちる汚水がさらに多く集められた。最後に、彼は川のすぐそばに、残りの水を取り込むための「低い位置」の下水道を設置した。テムズ川の南側でも同様のことを行ったが、高い位置の下水道（バルハムからクラパム、キャンバーウェル、ニュークロスを通ってウーリッジまで流れる）と低い位置の下水道（ワンズワースからバタシー、ウォ

ロンドン、イーリスのクロスネス下水処理場。その中のヴィクトリア様式の装飾的な鉄細工が施された揚水機場の内部。

ルワースを通ってニュークロスまで流れる）だけを整備した。テムズ川の南側は北側ほど人口が多くなく、街の範囲も狭かったからだ。この下水道網は端から端までで全長160キロメートルに達した。

ロンドンのヴィクトリア堤防、アルバート堤防、チェルシー堤防はすべてバザルゲットによるものである。これらの堤防は、テムズ川に沿って流れる低い位置の下水道を守っている。彼より前のエンジニアたちがテムズ川の支流をカルバートの中に収めることで川幅を制限したように、バザルゲットはこれらの堤防で大きなテムズ川そのものの川幅を制限したのだ。また、バザルゲットの新しい地下道は、新たな下水道を収容しただけではなく、ロンドンの最初の地下鉄のためのスペースにもなった。

バザルゲットは、5本の下水道本管と数百

本の支管を設計する際、ロンドンに住む200万人の住民全員から出る汚水の量に対して、十分に余裕を持たせて管の必要寸法を計算した。さらに彼は、下水道の建設は一度しか行われないと見越して、寸法を2倍にした。5本の下水道は、西の最も高い地点から始まり、約1・6kmにつき約60cmの勾配で2か所の新しい揚水機場に向かって東に流れた。（テムズ川の南側の2本の下水道のために作られた）クロスネス揚水機場と（北側の3本の下水道のために作られた）アビーミルズ揚水機場が、バザルゲットと建築家のチャールズ・ヘンリー・ドライバーによって設計されている。大聖堂を想わせる堅牢かつ堂々とした2つの揚水機場は、どちらも後期ヴィクトリア時代の建築の傑作である。クロスネス揚水機場の内部は特に素晴らしく、きらめく真鍮と色鮮やかに塗装された煌びやかな鉄細工が囲む巨大な揚水機がある。どちらも『バットマン ビギンズ』や『シャーロック・ホームズ』をはじめ、映画に何度も登場しているほどだ。

下水道を通って揚水機場にたどり着いた汚水は、さらに東の大きな下水タンクまで自然に流れるように、十分な高さまで持ち上げられなければならない。汚水は、テムズ川の北側ではベックトンに、南側ではクロスネス揚水機場の隣にあるタンクに溜められた。汚水をポンプで上げる理由は、川が干潮時に海に向かって流れ出すタイミングで、重力を利用してテムズ川に流すためだった。この時点では、汚水は未処理のまま川に投棄されていた。

バザルゲットは、タンクをできるだけ東に設置するように要請されていた。これは、タンクが満タンで空にしなければならないというタイミングが満潮時に重なってしまうという最悪な事態に備えて、汚水が逆流した場合にも西のウェストミンスターまで届かないようにするためである。大臣たちは、1858年に経験した悪臭を再び繰り返すのはこりごりだった。これは意図しなかったことだが、バザルゲットが川幅を狭くしたことによって、以前よりも川上まで潮の満ち引きが影響してしまい、時折、悪臭が問題になることもあった。

バザルゲットの下水道設備のコンセプトはいたってシンプルなものである。しかし、新しい下水道を建設するにはロンドン中の道路を掘り起こさなければならず、実行は容易ではなかった。適切なレベルまで掘り下げ、卵形の下水道やカルバートへの接続部分をレンガで作り、掘った穴を埋めて舗装を敷き直す作業は、多大な支障を及ぼす複雑な作業であったに違いない。しかし、それだけの価値をもたらし、首都ロンドンの生活は徐々に改善し始めた。

1875年にバザルゲットの下水道（全長2，100キロメートルで、3億個以上のレンガが用いられた）は、ようやく完成し、ロンドン中心部の水質は劇的に改善した。そして、その頃には、コレラによるロンドンの壊滅的状況は過去のものとなっていた。それは、バザルゲットの想像力に富んだ、実用的で効率的なエンジニアリングに負うところが大きい。

汚水をクリーンにする

バザルゲットは、ロンドン中心部で出た汚水を郊外まで運んでテムズ川に流し、放出された汚水はテムズ川によって海まで運ばれた。汚水は処理されていなかったので、このシステムでは病気の原因となる要素が人口の多い地域から人里離れた地域に単に移されただけである。これを旧式のアプローチだと思う人がいるなら、今でもまったく同じシステムが使われていることを知って驚くかもしれない。

今日の新しい下水設備で集められた雨水は、家庭やオフィスから出る汚水や、工場やレストランから出る産業廃水を流す配管とは別の配管を流れるのが理想である。雨水は汚染されていないので海や川に放流し、汚水や産業廃水は処理場に運ぶという考え方だ。

処理場では、汚染された廃水が、物理的、化学的、生物学的プロセスによって基礎的な化学物質に分解される。「物理的」プロセスとはろ過のことであり、汚水を膜に通して不純物を除去する。「化学的」プロセスとは、汚水に何らかの物質を添加し、化学反応により汚水を分解することである。

「生物学的」プロセスは、バクテリアによって汚水を分解させる。その目的は、「処理済みの廃水」（環境的に安全な廃棄用の液体）または「汚泥」と言われる廃棄可能で農業用の肥料としても利用できる固形廃棄物を作り出すことである。ただし、これは理論上の話であって、このように実際に処理しているケースは少ない。驚いたことに、国連ハビタット（人々が住む場所を監視する機関）の試算によると、世界全体で廃水の90%が未処理のまま、または一次処理だけで自然界に放流されている。そして現時点では、ロンドンも例外ではない。バザルゲットの下水道が、雨、下水、産業廃水などを合わせて運ぶ「合流式下水道」だからだ。バザルゲットは、雨水に加えて400万人（ヴィクトリア時代のロンドンの人口の2倍）分の汚水を扱えるように、非常に高い先見性をもって下水道の設計を行った。しかし、現在のロンドンの人口は800万人に達しているにもかかわらず、私たちは、いまだに150年近く前のシステムを利用している。このシステムがほとんどの場所でまだ使われている理由は、年間12・5億キロも排出される私たちの排泄物に対して、この下水道は十分な大きさがあるからだ。しかし、このシステムは、ほぼ100%の状態で稼働しているため、雨には対応できない。したがって、1日にわずか2ミリの雨が降っただけで（これは、私たちが愛する雨の多いロンドンではよくあることだ）、この合流式下水道はパンクして汚水があふれだす。

あふれた汚水は、テムズ川の両岸に点在する57本のパイプから直接テムズ川に放流される。これらの放流地点の一つがバタシー地区にあり、堤防に補強を施された大きな鉄製の扉が組み込まれているのが見られる。ヴォクスホール・ブリッジの下にもそのような放流地点が存在し、現在ではそこだけでも年間28万トンもの汚水を放流している。これらの放流地点のいくつかはバザルゲットの時代に設置され、ほかはその後に追加されたものだ。2014年には、あふれた汚水を週に一度以上テムズ川に放流する必要があった。その量は、テムズ川に毎年放流される未処理の汚水6，200万トンに相当するものだった。これは、「毎週」8，500頭以上のシロナガスクジラが川に飛び込むのと同じ量である。何もしないと、2020年までにその量はさらに2倍になると予測されていて、そのような統計に私たちは不安をおぼえた。しかし幸いなことに、この問題に対処するための大規模なプロジェクトが2023年の完成に向けて、何も知らないロンドン市民の足元で実施されている。それが、テムズ・

タイドウェイ・トンネルだ。

私は、首都ロンドンの新しい「地下施設」を構築するプロジェクト・ディレクターの一員であるフィルに会う約束をした。私たちは大きな食堂で席に着き、し尿について話した。正確に言うと、より現代的な方法を用いてそれをどのように除去するかについて話した。

「私たちが計画したのは、バザルゲットの遺構の拡張工事です。もし、彼が生きている間にロンドンの人口がこれ程までに増加したなら、彼自身がこの拡張工事を手掛けたのではないでしょうか」とフィルは説明した。150年前にバザルゲットは腐敗した支流を改良した。そして今度は、タイドウェイ・トンネルがバザルゲットの下水道を改良するのだ。バザルゲットの下水道を流れる汚水は、テムズ川にあふれ出る（越流する）代わりに、新しいトンネル網にあふれ出ることになる。

プロジェクトの規模は壮大で、ヴォクスホールの放流地点を含む市内の21の場所において、あふれる分の汚水を集める新しい円筒形の立坑が最大60メートルの深さまで垂直に掘られる予定である。これらのほとんどは、川岸に建設される。最初のステップは、大型の「囲い堰」（建設現場を設営するための水密の囲い）の建設である。この堰の内側で、既存の汚水放流口の近くに新しい立坑が設置される。次に、既存の放流口を立坑に接続するための接続トンネルが作られる。つまり、汚水は川に流れ込む代わりに、チャンバーを通って新しい立坑に流れ込む。新しいシステムを設置するにあたって、視覚と嗅覚の両面において、その存在がわからないことが、とても重要だとフィルは指摘した（私は大きなトイレの隣に住んでいることを想像した）。

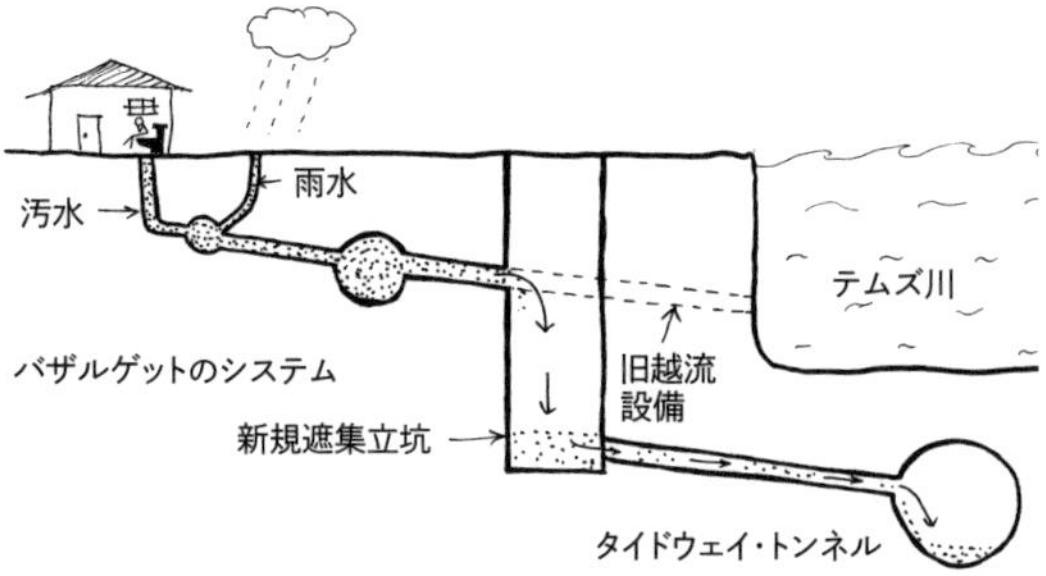

タイドウェイ・トンネルにより汚水を遮集する計画。ロンドンの将来の下水道システム。

これらの立坑の上には、何ヘクタールにもわたるパブリックガーデンや公園が開発されることになっている。数年後には、人々が草木に囲まれてカプチーノをすすりながら川辺のベンチでくつろいでいる間にも、バザルゲットの下水道から毎秒数トンの汚水が足元に潜む立坑に注ぎ込むようになる。立坑の底に達した汚水は、パイプを通って新しいタイドウェイ・トンネルに運ばれる。

タイドウェイ・トンネルの本管は直径7・2メートルで、2階建てバスを3台並べて収容するのに十分な大きさがある。タイドウェイ・トンネルはロンドン西部のアクトンを起点に、東に790メートル進むごとに1メートル下がる勾配がついている。そして、アビーミルズの揚水機場まで達すると、20階建ての建物と同じくらいの深さになっている。そこから、汚水はポンプでベックトン下水処理場に送られる。

このトンネルの大部分がロンドン中心部のテムズ川の下を走っているというのは、極めて興味深いエンジニアリング戦略で、優れたアイデアである。混雑した都市で新しいインフラを建設するのはタイミングを見計らったとしても困難であり、特にロンドンには大規模な地下トンネル網と深い基礎の上に建つ何千もの建物があるからだ。しかし川の下であれば、わずか1,300棟の建物の下を通るだけで済む（これでも多く感じるかもしれないが、トンネルを街の下に通したなら、さらに多くの建物の下を通ることになる）。また、このトンネルは、75の橋と、街の下を走る地下鉄のトンネルを含む43のトンネルの下を通っている。

地盤自体にも別の大きな課題が存在する。街を横断するトンネルは、西から東に向かって下向きに傾斜しているため、さまざまな場所でさまざまな土に遭遇する。起点となるアクトンでは、収縮・膨張が激しい粘土層を通過する。ロンドン中心部を通る中央の部分では、砂と砂利が入り混じった土の中を通る。砂と砂利は、不安定でまとまりがなく、トンネルを通すには問題となる地盤だ。最後に、東のタワーハムレッツでは、大きな燧石《ひうちいし》の塊が入ったチョーク層を通り抜ける。すべての燧石の位置を予測することは不可能であるうえ、燧石は硬いために「トンネルボーリングマシン」（ＴＢＭ）が地面を切り崩して進みづらく遅延が発生する可能性がある。トンネルは、異なるタイプの地盤同士が接する位置では、特に頑丈にする必要がある。一方の土が他方よりもはるかにまとまりがあって乾燥している場合、土の収縮・膨張により異なる圧力がトンネルに加わるためである。ロンドンの別々の場所から同時に作業を始める5基のＴＢＭが、異なる方向に進みながらトンネルを構築し、最終的にはそれらが合流して「スーパー下水道」になる。

この驚異的なプロジェクトの目的は、汚水をテムズ川に放流する回数を年間60回から４回に減らし、その量を年間6，200万トンから240万トンに減らすことである。なぜ放流を完全にストップできないのかとフィルに尋ねると、これらの4回の放流は非常に激しい雨が降ったときにのみ行われ、そのような嵐では雨水によって汚水がかなり希釈されるので、放流された水は有害ではないと彼は説明した。生態系を維持する川自体の生物学的プロセスのおかげで、川の酸素レベルが希釈された越流水の影響を受けることはほとんどない。もし放流をゼロにするには、タイドウェイ・トンネルの大きさを2倍にしなければならなくなる。

エンジニアはしばしば、このような妥協点を求められる。理想的な解決策が常に最も実用的な解決策であるとは限らない。理想的には、雨水用と汚水用に別々の下水道管を設置するべきだが、だとしたら新しいシステムを導入するためにロンドンを事実上閉鎖し、すべての道路を掘り起こすことになるだろう。また、テムズ川への放流をまったく行わないことが理想的に思えるが、実際には環境にさらなる悪影響を及ぼす可能性がある。そのために必要な大きさのトンネルを建設するには、地中から2倍の土を取り除くことになり、より大きな機械と多くのエネルギーを伴う、はるかに長期の工事が必要となる。また、この方法では自然の支流の流れが完全に遮断されるため、テムズ川自体の水量も減ってしまう。

テムズ・タイドウェイ・トンネルプロジェクトは、明らかに川の水質に大きな影響を及ぼすはずだ。川で泳ぐ人や船を漕ぐ人たちが人間の排泄物を飛び散らしてしまうのを心配する必要はなくなるだろう。さらに嬉しいことに、プロジェクトには新しい下水処理施設が含まれるとフィルは教えてくれた。私たちはバザルゲットの解決策の原点に立ち戻り、現代の都市のニーズを満たすために、彼の下水道網に立坑とトンネルからなる別の下水道網を増設している。そして、海を汚染しないように汚水を浄化するのだ。

150年経った今でも使用できる下水道システムを構築するため、想像力と技術を駆使したバザルゲットに敬意を表したい。現在行われている拡張工事も、バザルゲットの下水道網と同様に時代を超えて役に立ち、ロンドンの住人がこの新しい下水道網の整備に感謝するときが来るだろう。

排泄物に関する話はここまでとしよう。

IDOL
理想の存在

会議に出席すると、女性は私ただ一人である場合が多い。時折、出席者の人数を数えてみる。あるときは男性11人と私、そしてまたあるときは男性17人と私……。一番多いときは男性21人と私だった。時折、周りで仕事をする男性の汚い言葉使いに驚くこともあるが、そんなときは男性の方が、バツが悪そうに私に詫びることが多い（彼らが、渋滞の中で車を運転する私を見たことがないのは明らかだ）。「ミスター・アグラワル」に宛てた仕事関連の郵便物を受け取ったことは、数えきれないほどある。認めたくはないが、私の職業では女性は少数であり、名前から性別が判断できない場合は、男性宛てにしておけばほぼ間違いないからだ。

男社会で働くことは、あらゆる意味で困難だ。それはコミカルなときもあれば、厄介なときもある。現場事務所に貼られた裸の女性の写真に囲まれながら真顔で有限要素モデリングや地盤強度の特性に関する専門的な話をするのは難しい。私にとって珍しい体験だと勘違いした施工業者から「コスチューム姿」で記念撮影をしたいかと聞かれたこともある。このコスチューム、つまりヘルメットと視認性の高いジャケットは、私が仕事で現場を訪れる際にはいつも身に着けているにもかかわらず、である。また、同業の女性が就職の面接で、結婚して子どもをもうける予定について、（違法に）尋ねられたと耳にしたこともある。

エンジニアリング業界における私の憧れ。エミリー・ウォーレン・ローブリング。

幸いなことに、こういったことは頻繁に起きるわけではない。何はともあれ、私は自分の仕事が大好きであるし、粘り強さと逆境に耐える力があれば、誰もがこの分野で成功できると思っている。また、少数派であることが有利に働く場合もある。たとえば、会議の場においてシックな装いでコンクリートとクレーンに関する知識を披露すると、多くの人が私のことを後々まで覚えていてくれる。女性が珍しいエンジニアリング業界を代表して、ファッションやメイクの広告撮影で取り上げられるなど、貴重な機会にも恵まれてきた。

この本でもすでに、私が尊敬する多くのエンジニアたちを紹介してきた。しかし、私にとって特別な存在であるのが、エミリー・ウォーレン・ローブリングだ。女性を受け入れていなかった大学を出た多くの男性エンジニアに引けを取らないほど、彼女は技術的な概念を理解していた。エンジニアとしての教育を受けたことはなかったが、必要に迫られてエンジニアリングを学んでいったのである。彼女は優れたコミュニケーション能力により、現場の作業員だけでなく、当時の大物政治家たちからも尊敬された。そして、エンジニアリングにおける先駆的なイノベーションが、彼女のもとで実現されたのだ。

当時、女性の脳は複雑な数学や工学を理解できないと言われていたが、エミリーは習得していた。21世紀の建設業界でさえ少数派として働くことは難しいのに、それをやってのけたのだ。彼女の代表作であるブルックリン橋は、今日でもニューヨークのシンボルの一つである。

若かりし頃のエミリー

幼い頃から、エミリーは非常に聡明で、科学に強い関心を持っていた。14歳の年齢差にもかかわらず、彼女は長兄のガバヌーア・K・ウォーレンととても仲が良かった。ガバヌーアは、16歳でウエストポイント陸軍士官学校に入学し、その後は地形測量工兵隊に入隊して、ミシシッピ川西部における将来の鉄道建設のための調査とその地域の地図の作成に携わった。彼は南北戦争でも功績を残している（ブルックリンのプロスペクトパークの入り口には彼の像が立っている）。ガバヌーアは、エミリーのヒーローだった。父親が亡くなり、一家の大黒柱となった彼は、エミリーの科学への関心を後押しするために、ジョージタウン訪問修道院という女学校に進学させた。エミリーはそこで、科学、歴史、地理への熱烈な関心をさらに深めると同時に、優れた騎手にもなった。南北戦争の最中の1864年には、エミリーは困難な道のりにもかかわらず、遠方に配置されたガバヌーアを訪ねている。そして滞在中に、エミリーはガバヌーアの友人であり仲間の兵士であるワシントン・ローブリングと出会った。普段なら冷静で賢明な性格の持ち主である彼女も、そのときばかりは一目惚れをしてしまった。6週間後、ワシントン・ローブリングはエミリーのためにダイヤの指輪を買っている。

戦争の残りの期間、エミリーは毎日の生活を細かに描写した愛情のこもった長い手紙を彼に送り続けた。ワシントンは手紙があると離れ離れであることを思い知らされるので、読んだ直後に手紙を捨てていた。一方でエミリーは彼が書いたすべての手紙を残しており、1年も経たないうちに、彼の想い、恐怖心、愛情が詰まった100通におよぶ手紙を手にしていた。彼が戦地にいる間に、彼女は彼の実家を訪れ、家族とも良い関係を築いていた。そしてついに、11か月にわたる手紙のやり取りを経て、エミリーとワシントン・ローブリングは1865年1月18日に結婚した。エミリーはそのまま、夫を奥ゆかしく支えながら家族の世話をするという典型的なヴィクトリア時代の主婦の座へと収まった。

ワシントンの父でドイツ生まれのジョン・オーガスタス・ローブリングは熟練したエンジニアであり、ワシントンも父のようなエンジニアになることを望んでいた。1867年にジョンは、施工方法の勉強のためにワシントンをヨーロッパに渡らせた。彼が学んだ施工方法の一つに、古代ローマの影響を受けたものがあった。

水中に基礎を建てるには

ローマ帝国の初期に古代ローマ人が建てた比較的軽量で小規模の建物は、地盤がその荷重に十分に耐え得る強度を持っていたため、基礎はほぼ必要としなかった。しかし、建設技術が高まっていくのに伴い、建物の規模は大きくなり、重量も増した。そして古代ローマ人は、基礎は建築物の設計において重要な要素であり、基礎なしでは建物が動いたり沈下したりしてしまうことを学んだ。軟弱な土を掘り起こして、深い位置にある固い土の層に強度のある石やコンクリートを置いて基礎を築くことは陸地では割合と簡単だった。しかし同じことを川で行うのは、容易に想像できる通り、もっと複雑である。それでも発明が得意な古代ローマ人は、解決策を見出した。

彼らは丸太の杭を地面に打ち込んで建物を支持することがあった。杭は、「杭打ち機」を使って打ち込まれた。杭打ち機とは、斜めに立てた木材をピラミッド型に組んだ装置で、2階建て程度の高さがある。ピラミッド型の頂点に取り付けられた滑車とロープを使って、作業員や動物の力で重いおもりを持ち上げた。丸太を手作業でできるだけ深く地面に押し込んでおき、次におもりを吊るしたロープを放して丸太の上におもりを落とし、丸太をさらに地中深くへと押し込んだ。丸太が完全に土に埋め込まれるまで、この工程が繰り返された。

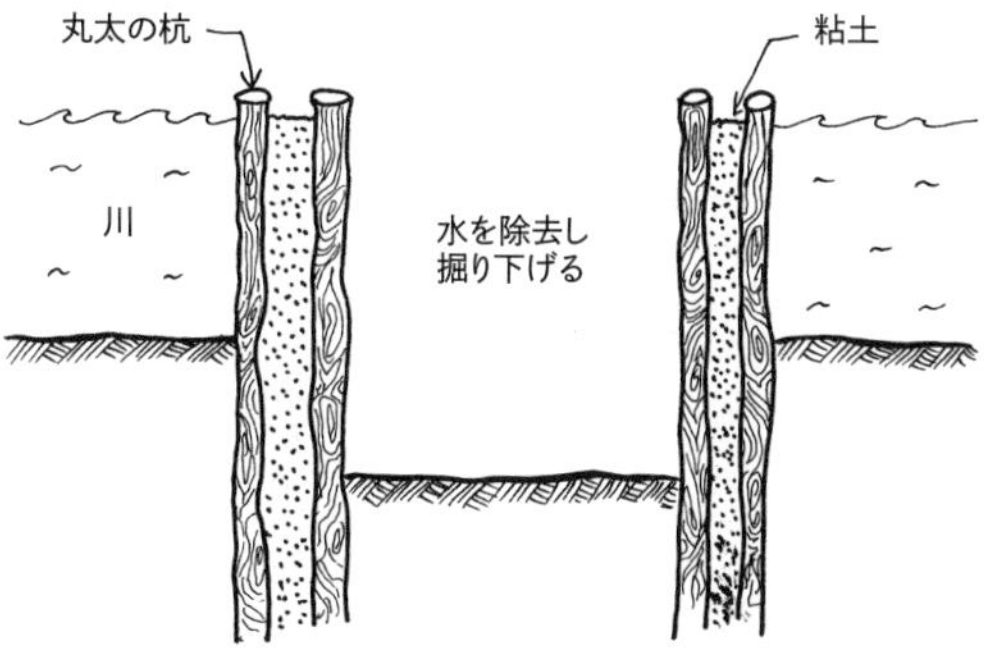

古代ローマの水の中に基礎を建設する方法。

古代ローマのエンジニアたちが水の中に基礎を建設する際には、杭打ち機を使用して、目的の基礎が建設される位置の周りにリング状に木の杭を打ち込む作業から始めた。彼らは2重のリング状に杭を打ち込み、内側リングと外側のリングの隙間に粘土を詰めて密閉した。リング内の水は汲み出され、作業できる水気のないエリアが作られた。このような構造は「囲い堰」と呼ばれており、現在でも（たとえば、前章で取り上げたテムズ・タイドウェイ・トンネルで）使われている手法である。ただし現在では、円形や台形の断面の大きな鋼製の杭が使用されている。

水が除去された囲い堰の内側では、作業員が岩盤に突き当たるか、囲い堰から水が漏れ始めるまで泥を掘り出した。そして、強固な地盤の上に石やコンクリートを層状に積んで橋脚が建てられた（水の存在下で不溶性の化合物を作って硬化するポゾランを含んだセメントを使用することで、水気の多い湿った環境でも強固なコンクリートを作ることができた）。橋脚が建設されると、さらに岩を橋脚の基礎に沿って積み上げて橋脚を安定させてから、泥で穴を元の高さまで埋め戻した。橋脚の土台と積み重ねられた岩が川床に埋められると、丸太の杭が取り除かれ、水が元の位置に流れ込む。そして、作業員たちは、橋の上部の構造を支持するのに必要な高さまで橋脚を造り続けた。

より深い場所で

古代ローマの囲い堰は、水があまり深くない場所ではうまく機能した。しかし、ワシントン・ローブリングは、水がより深い場所で基礎を建設する方法を模索していた。深い場所では、杭打ちは適切な工法ではない。水中の杭が長くなりすぎて、水が押す力に抵抗できなくなるからだ。そこで彼が研究することにしたのが「ケーソン」であった。

ケーソンとは、上部が密閉され、底部が開放された箱状の構造物で、海または川の床の泥の中に埋め込まれるものである（これは、底に砂が溜まった鍋にタンブラーを逆さまに押し込むようなものである。上部（タンブラーの底）は密閉され、下側は砂に押し込まれているため、タンブラーには水が入ってこない）。水面から降りる1本のシャフトを使って、作業員たちはケーソンの中に入る。そして別のシャフトで、材料が搬出入される。ただ、水中のより深い位置に到達したい場合、また別の問題が起きる。下に行くほど水圧が高くなり、ケーソンの壁がより強く押されるのだ。

この水圧に対抗するために用いられるのが「空気ケーソン」だ。空気ケーソンとは、「通常の」ケーソンに圧縮空気を送り込む機能が、追加されたものである。圧縮空気により水の

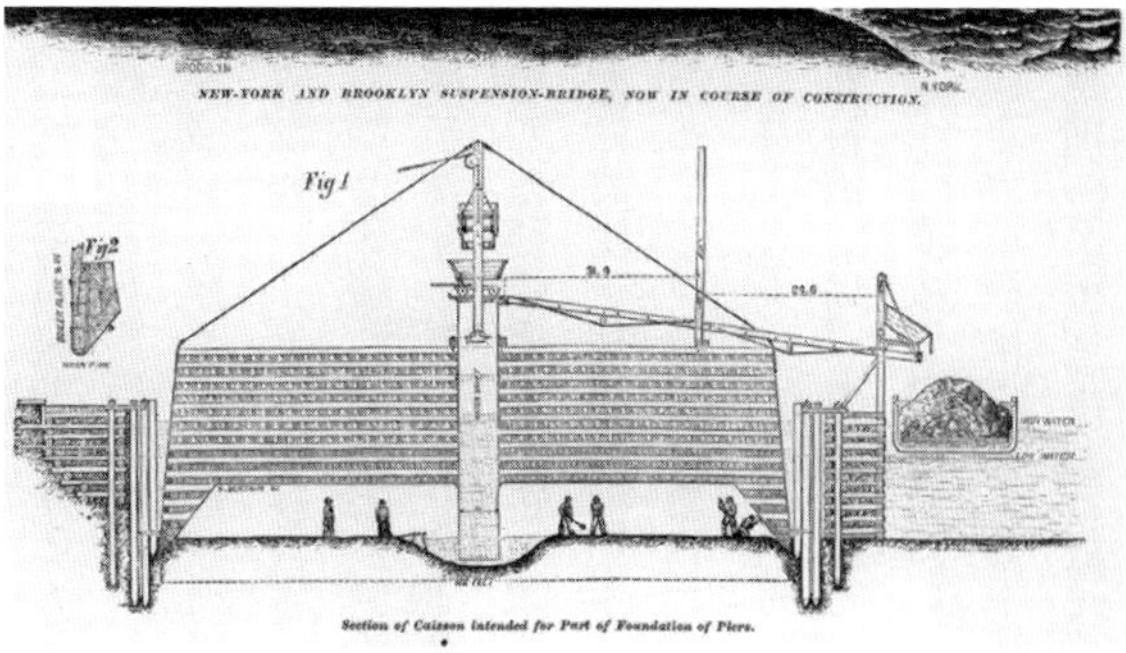

ブルックリン橋の建設に使用された巨大なケーソン。

流入が防がれ、側面からの水圧との均衡が保たれる。作業員たちは、エアロックを通じて、ケーソン内部に出入りする。19世紀半ば頃からエンジニアがこの画期的な手法を用いて橋の基礎を建設し始めたことに、ワシントン・ローブリングは関心を示した。さらに彼は、このような閉ざされた空間の中での爆発物の使用も検討した。当然ながら、それまで試されたことのない手法だった。

夫の研究を支援し始めたエミリーは、彼と共にケーソンを研究し、ジョージタウン訪問修道院で学んだ科学的手法を用いて橋梁工学を理解しようとした。当時の彼女は、大きな圧力がかかるケーソンという環境で作業する危険性が最終的に彼らの生活に壊滅的な変化をもたらし、そこからエミリーと夫がまったく違う方向に人生を歩みだすことになるとは夢にも思わなかった。

エンジニアとしての覚醒

19世紀後半まで、ブルックリンとマンハッタン島を結ぶ橋は存在せず、イーストリバーを往復していたフェリーは、冬の間は川の凍結により運休になることが多かった。その状況を改善するように、政府に多くの要望が寄せられていた。そして、それに対処するためにニューヨーク・ブリッジ・カンパニーを設立する法案が可決され、1865年にはイーストリバーに架ける橋の設計とコスト見積もりを行う責任者としてジョン・オーガスタス・ローブリングが任命された。個人投資家に加えて、ニューヨーク市とブルックリン市（当時は別々の市だった）が費用を分担して資金が調達されることになっていた。2年後、ジョン・ローブリングの主導のもとプロジェクトが始まった。

彼が設計した橋の中央部分は吊り橋形状になっており、私がノーザンブリア大学歩道橋で採用した斜張橋の形状と類似する点がいくつかある。まず、どちらも高い主塔にケーブルをつなぐ方法を採用している。また、どちらもケーブルには常に引張力がかかっており、それによってデッキが支えられている。ただし、2つの橋の引張力を地面に伝える方法は異なっている。

斜張橋では、力が直接的に伝えられる。デッキがケーブルを引き下げて引張力をかけると、タワーに直接つながれているケーブルがタワーに圧縮力をかける。これに対し、吊り橋は、デッキの重量によってケーブルが引っ張られ、ケーブルは両サイドのタワーから吊り下げられた別のケーブル（放物線状のケーブル）を下向きに引っ張る。放物線は特定の形状の曲線である（数学的には、$y=x^2$のグラフを描くと、放物線が得られる）。放物線状のケーブルは、各タワーの反対側の岸にある基礎に固定され、各タワーに下向きの力を加えることでタワーに圧縮力を

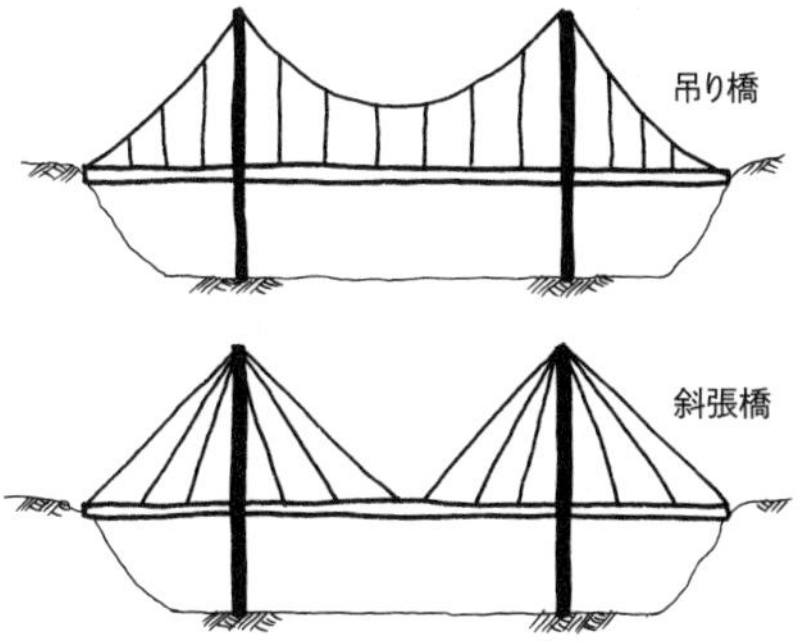

吊り橋vs斜張橋

かけて基礎に力を伝える。一方で、斜張橋には放物線状のケーブルがない。これが2つの橋の違いである。

ブルックリン橋の工事は１８６９年に始まったが、着工後まもない時点で災害が発生した。現場での事故によりジョン・ローブリングは破傷風にかかり、彼の壮大な建造物の最初の石が置かれる瞬間すら見ることなく、数週間後に亡くなってしまう。

亡くなった父親の後継者となったワシントン・ローブリングが、プロジェクトのチーフエンジニアになった。彼は橋脚を埋設するために、ヨーロッパで自身が興味を持ったケーソンを採用した。このケーソンは、それまでに使用されたものよりもはるかに大きく、はるかに水中深くまで到達するものだった。ワシントンは、層状に積まれた重い石で蓋をされた2基の巨大なケーソン（それぞれ幅50メートル、長さ30メートル）を、1基はニューヨーク側の、もう1基はブルックリン側の川の中に打ち込んだ。

これは机上では合理的な工学的判断のように思えたが、すぐに現実と直面することになる。掘削が行われた最初の1か月間の進捗が著しく遅れたため、エンジニアたちは別のアプローチでやり直すべきかどうか悩んでいた。蒸気機関から黒い煙が立ち昇り、タールの樽、道具、石や砂の山で現場が乱れる中、ケーソン内部の状況について、作業員から苦情が出始めた。

ケーソンの中の限られた空間は、信じられないほど騒々しく、あらゆる面で悪い影響が出ていた。気圧が作業員の脈に影響を及ぼし、息苦しくさせた。巨大なケーソンの内側の表面はすべてぬるぬるした泥で覆われていて、湿気を多く含んだ生暖かい空気で充満していた。ケーソンが貫通できない岩が絶えず掘り出されて、地盤の作業が困難になるにつれて、ワシントンは爆発物に頼りがちになった。彼は、空気と彼の設計の悪さが作業員に与える影響について心配していたが、その時点では、彼自身の健康がまもなく損ねられてしまうことを知る由もなかった。

その後の数か月間の多くの時間を水面下で過ごしたワシントンは、疲労感、一時的な麻痺、関節や筋肉の強い痛みに苦しんだ。ニューヨーク側のケーソンよりも深いブルックリン側のケーソンで働く作業員の状態を診断するために、医者を雇うこともした。しかしワシントンは、彼や作業員が直面している健康上の問題を完全に理解することなく、症状を無視して働き続けた。痛みは一時的なものだったが、四肢のしびれはそうではなかった。彼は「ケーソン病」の犠牲者になっていたのだ。ケーソン病にかかると、窒素が血中に放出され、鋭い痛み（痛みにより患者が腰を曲げる傾向があるため、この病気は「Bends（曲げ）」と呼ばれるようになった）や麻痺が引き起こされ、死に至る場合もある。現在では、高圧環境から低圧環境へ短い時間で移動する危険性は広く知られるようになっている。たとえば、ダイバーは速度を厳密に制御しながら上昇するため、窒素を体の外に排出できる。しかし、１８７０年時点ではケーソンは発明からの日も浅く、エンジニアたちは地中深くで作業することの危険性に気づいてはいたものの、被害を回避するための手立ては解明されていなかった。

ワシントンは、内臓、関節、手足にいつも痛みを感じ、ひどい鬱状態になっていた。頭痛により壊滅的ダメージを受けた彼は、視力を失いつつあり、わずかな騒音に腹を立てるようになった。ワシントンの父親の代わりにプロジェクトを監督する知識と能力を持っていた者はワシントン本人だけだったが、彼は積極的にプロジェクトに関与できるような状態ではなく、日常生活すらままならなくなっていた。彼は、エミリー以外の誰とも話したくない精神状態に陥った。ローブリング親子がブルックリン橋のために行った設計と計画に費やされたすべての年月、そして彼らが耐えてきたすべての個人的な犠牲が台無しになろうとしていた。

夫や義父と長い時間を過ごしながら橋の設計や工学について学び、彼らの技術的な研究のサポートまでも行っていたエミリーが、徐々にプロジェクトに関与し始めた。しかし、そこには依然として大きな隔たりがあった。女性がプロジェクトに参加する、ましてや主導するかもしれないという考えは、当時には前例のないものだった。現場の建設業者から投資家に至るまでの誰もが、エミリーに疑問や不信感を抱いた。彼女自身でさえ、夫と現場をつなぐ連絡係としての役割を、ましてやチーフエンジニアとしての役割を全うする自信と覚悟を、果たして持っていたのだろうか。

科学についての基礎知識はあるものの、橋梁設計に関する専門知識はなかったエミリーは、夫から聞いたことを、すべて書き留めていった。夫が橋の完成を見ることなく生涯を終えるかもしれないと案じていたのだ。そして、彼女は夫に代わってすべての連絡を行い、定期的に会社の事務所に書簡を送るようになった。揺るぎない決意のもと、鋼材の強度やケーブルの分析と施工について学ぶために、複雑な数学や材料工学を学習し始めた。そして、カテナリー曲線の計算を行うなど、プロジェクトの技術的な側面を完全に理解するようになった。エミリーは、一家のレガシーである橋を何としてでも完成させたかったのだ。

しばらくすると彼女は、プロジェクトを成功させるには、技術だけでは不十分だと気づいた。現場の作業員や主要な関係者との打ち合わせが鍵となるため、彼女は現場を毎日訪れて、作業員に対して指示を出し、彼らの質問に答えるようになった。彼女は、夫とプロジェクトエンジニアとのやり取りを仲立ちするかたちで工事を監督した。

次第に自信をつけたエミリーは、ワシントンに頼らなくても大丈夫になっていった。技術が向上したことから、自らの判断で決定するだけでなく、問題が起こる前に予測できるようにもなったのである。現場でのすべての作業や連絡事項への返答を入念に記録し、会議や社交行事では首尾よく夫の代わりを務めた。橋梁担当の役人、作業員、施工業者が夫に会おうと訪れると、彼女が彼らを出迎え、威厳と自信を持って質問に答えた。そして彼らのほとんどは満足して帰り、それからは多くの人が彼女宛てに連絡するようになった。彼らにとって、実質的な権限を持つのはエミリーになっていったのだ（たとえば、工事のある時点では、一部の業者の不正に関する調査が行われ、疑惑を沈静化させようとしていた施工業者の一人であるエッジ・ムーア・アイアン社の代表者は1879年に「ワシントン・A・ローブリング夫人」に宛てて書簡を送っている。この書簡では、彼女の夫の意見は求められなかった)。

エミリーはワシントンの名のもとで業務を続けていたが、本当のチーフエンジニアは実は彼女で、橋の工事の背後には彼女が真の実力者として存在するのではないかという噂が広まった。報道機関も彼女のことを遠回しに言及するようになった(ニューヨーク・スター紙は「ブルックリン橋の事務所における、そのスタイルと筆跡がよく知られている賢い女性」について意地悪なコメントを掲載した)。ローブリング家は、橋の工事が行われている間、彼らの家庭生活を完全にプライベートなものとして扱い、雑誌社や新聞社のインタビューを許可しなかった。

エミリーがプロジェクトを入念に管理していたにもかかわらず、工事には問題が急増し始める。コストの増加に加え、20人の作業員が事故やケーソン病で亡くなり、ワシントンの健康状態にも改善の兆しはなかった。そして、いわゆる「ミラー訴訟」が提起された。倉庫業者であるエイブラハム・ミラーは、橋を所管する市を訴え、橋全体を撤去するよう要求したのだ。訴訟では、橋の建設によりビジネスの活気がフィラデルフィアに移ってしまうと主張されたほか、プロジェクトに資金提供する能力が市にあるのかが問われた。また、船長、造船業者、エンジニアによる証言が行われ、橋に使用されている鋼製ケーブルの安全性が否定された。ワシントンの父親の長年の支持者であるヘンリー・マーフィー上院議員の断固たる努力によって、この訴訟は和解に導かれたが、ローブリング一家自体も、告発を免れなかった。彼らは鉄鋼メーカーと疑わしい取引を行ったとされ、結果的には疑いは晴れたものの、賄賂を受け取った容疑で調査された。さらに、工事を監督する理事会が再編され、新旧のメンバーの間で政治的な争いが繰り広げられた。そして、1879年、当時の世界で最大かつ最も有名な橋の一つであったスコットランドのテイ橋が強風で崩壊し、75人が死亡した。ニューヨーク・ヘラルド紙の見出しでは、「ニューヨークとブルックリンの間でもテイ橋のような事故が起こるのではないか」という疑問が投げかけられた。

1882年、エミリーが夫に代わって質の高い業務を堅実にこなしていたにもかかわらず、ブルックリン市長は、身体的能力の欠如を理由にチーフエンジニアであるワシントン・ローブリングを更迭すると決定した。市長は理事会でローブリングの解任を求める動議を提出し、次の理事会での票決を求めた。多くの議論、政治論争、そしてマスコミ報道を経て理事会が開催され、そこで議論が交わされたのちに投票が行われた。

わずか3票差の過半数により、理事たちは竣工までワシントン・ローブリングがプロジェクトを監理し続けることに同意した。後年、橋の建設におけるエミリーの役割について尋ねられたワシントンは、争いの絶えない橋の建設の中で彼女が「平和をもたらすという素晴らしい才能」を発揮したと答えている。彼女は交渉の達人であったと、私は考える。数多くの議論においてあらゆる方面に対し辛抱強く耳を傾け、男性たちに対して、注意の言葉をそつなく投げかけることのできた彼女は、非常に厳しい政治的環境においても困難を緩和することができる存在だった。エミリーのおかげで一家のレガシーが損なわれずに済んだのは明ら

ブルックリン橋の公式開通式。

かである。

　橋の正式開通の前に実施される最後の試験は、早足で駆ける馬によって橋への影響を確認するものだった。当時でも、共振（橋の利用者によって引き起こされる橋の挙動）の危険性はよく知られており、さまざまな輸送手段に対して橋の安定性と安全性を確保するための予防措置が取られていた。勝利の象徴である生きたオンドリを抱え、エミリーは馬車で橋を渡った最初の人物となった。

　数週間後の１８８３年5月24日、チェスター・アーサー大統領も出席した橋の開通式で、彼女は大統領の行列に同行する栄誉を与えられた。そして、彼女の夫は自分の部屋から望遠鏡でその様子を誇らしげに見守っていた。その日はブルックリンの公式の祝日として宣言され、「人民の日」となった。大統領と新しい橋を一目見ようと、祝賀ムードの5万人の住民が通りにあふれた。数多くのスピーチで「科学の驚異」、そして「自然をも変えてしまう人間の力（power of man）の衝撃的証明」として橋が称えられた。しかし、それなら「女性の力（power of woman）」と言うべきである。ワシントン・ローブリングの競争相手の一人であるエイブラム・ヒューイットは次のように述べている。式典において、

「エミリー・ウォーレン・ローブリングの名は……称賛されるべき人間のあらゆる資質と、橋という建築芸術のあらゆる成果から切っても切れないものになった……女性の自己犠牲的な献身と、女性が長い間享受できなかった高等教育を受ける能力に捧げる永遠の記念碑である」

今日、橋を支える主塔の一つに、エミリー、彼女の夫、義父の偉業に捧げられたブロンズ製の銘板が設置されている。ブルックリン・エンジニア・クラブによって設置されたその銘板には、以下が刻まれている。

「この橋の建設者に捧げる記念碑。
エミリー・ウォーレン・ローブリング
1843〜1903
は、信念と勇気をもって病気の夫
ワシントン・A・ローブリング大佐C・E・

1837〜1926
を助け、この橋に命を捧げたその父
ジョン・A・ローブリングC・E・
1806〜1869
の計画をもとにしてこの橋を完成させた。
『偉業の裏には、女性の自己犠牲的な献身がある』

エミリー・ウォーレン・ローブリングは、技術的に秀でていただけでなく、彼女とともに仕事をしたほぼすべての人に好かれていた。橋に関わった人たちは、事業における役割や利害に関係なく、彼女を高く評価し、彼女に対して大いなる敬意を払った。建設現場に女性がいることが前代未聞だった時代に、彼女は女性としてさまざまな社会集団を横断して、政治家、エンジニア、労働者に歓迎された。そして彼女の意見に人々が耳を傾け、その指示に従った。これらすべてが、彼女の卓越した技能の証拠である。

橋の仕事をしていた頃のエミリーと同年代の若い構造エンジニアとして、世界有数の都市で重要なランドマークを建設することに伴う課題とプレッシャーがとてもよくわかる。しかも私の場合には、これまでの世代が積み上げてきた技術的な研修やさまざまな経験、多くの人の指導やサポートを得た後に、私にとっての最大のエンジニアリングの課題に向き合っている。その過程では、技術士の資格も取得した。しかし、エミリーは正規の教育を受けるこ

ローブリング一家の偉業を記念してブルックリン橋に設置された銘板。

となく課題に立ち向かった。さらには、彼女は資格を持ったエンジニアでもなかった。悲劇的な出来事により自ら望んだわけではない状況に追い込まれたが、それでもそこで才能を発揮し成功した。ブルックリン橋は、普通の橋ではない。486メートルというスパンは、当時の橋としては群を抜いて最長のものだった。加えて、橋を吊り下げるためのケーブルに鋼線を用いたのはブルックリン橋が初めてであり、巨大なケーソンの採用とその中での爆発物の使用も初めてのことだった。そしてこの先駆的な建造物は今日に至るまで存在し続けているのである。

エミリーの橋への貢献の度合いに関して調べていく中で、解説者による差が大きいことに驚いた。彼女がプロジェクトの裏に隠れた真の原動力として説明されている資料もあれば、彼女についてまったく言及されていないものもある。それでも同時代の女性と比べれば、彼女の貢献は少なくともある程度は認知されていると言えるだろう。私は、彼女の名が記念の銘板に残されているのがとても嬉しい。彼女は私の背中を押してくれる存在なのだ。なぜなら、女性は意見のできない、取るに足らない存在だと思われていた時代に、彼女は途方もない課題に立ち向かい、エンジニアが必要とするすべてのスキル（技術的知識、作業員とコミュニケーションをとる能力、ステークホルダーを説得する能力、粘り強さ）を駆使して当時の最先端の橋を作り上げたからだ。

BRIDGE
最高の橋たち

「『遊び人君』がまた電話をかけてきたけど、3分23秒で切ってやったわ」

私がパーティで紹介された男は、くだらないことをぺらぺらと喋っていた。彼は人当たりが良すぎて軽薄なタイプ（というか、自分では人当たりが良いと思っているが実はそうでもないタイプ）で、私の好みではなかった。パーティの間、彼を避けて近寄らないように注意していたけれど、うっかりとしてなりゆきで電話番号を交換するはめになってしまった。

そこから数週間、彼は私に何回も電話をかけてきた。1回目は母がインドから来たばかりだったので、「ごめんなさい、母が来たばかりだから今は話せません」と丁寧に断った。2回目は3分ちょっとで電話を切って、友人にその顚末をメールした。

しかし、「遊び人君」（私と友人の間での彼のあだ名）は懲りなかった。彼はさらに何回かの電話とメールをしてきた（会話は3分より長くなっていった）。そしてついに、私はデートに同意してしまったのだ。そのデートで、彼に意外な面があることに気づいた。彼は完全にオタクだったのだ。私たちは、物理、プログラミング、建築、歴史について語り合った。彼は何時間もかけてウィキペディアを読み込んでおり、その脳には、興味深いが本質的に役に立たない事実が尋常ではないほど詰め込まれていた。私はかすかなときめきを感じたが、それを隠してディナーを後にした。

どうしてかはわからないが、その夜のディナーで「遊び人君」は、私にも少しオタク気質があることに気づいたようだ。そして彼は私の気を引くための狡猾な作戦に出た。デートの次の朝、私がパソコンを開くと、「本日の橋　その1」というメールが届いていた。

メールには「なぜ適切な減衰解析を行う必要があるかを示す例」と書かれていた。それは、1940年に比較的弱い風で劇的に崩壊してしまったタコマナローズ橋（ワシントン州）のことだった。それから毎朝、眠い目をこすりながらログインすると、新しい「本日の橋」が現れ、不機嫌になりがちな朝の私の顔には笑顔が広がっていた。彼は一週間続けて、ウィキペディアのリンクと橋の写真を見つけて、私に送り続けた。その中には、面白いエピソードのある橋、ユニークなデザインの橋、壊滅的な事故に見舞われた橋、ただ純粋に美しい橋などがあった。私はそんなにわかりやすかったのだろうか？　私の気を引くのは、そんなに簡単なことではないはずなのに……。

メールの送信者が必死になりすぎている気もしたが、彼の橋の話は面白く、聞いたこともない橋について学ぶこともあった。そのようなアプローチが一週間続いて、少なくとも、彼にうまく口説かれていると認めざるを得なかった。橋の話で口説かれるというのは、ちょっと珍しいことだろう。そこで「遊び人君」に敬意を表して、ここに私なりの「本日の橋」をお届けしたい。世界中からお気に入りの橋を5つ選んでみた。あまり知られていない稀な橋なので、読者の皆さんも聞いたことがなければ幸いである。それぞれの橋は異なる材料（シルクから鉄骨に至るまで）で造られている。また、歴史上の異なる時代から選ばれているので、エンジニアたちがそれぞれに採用した異なる工法を見ることができる。動くように設計された橋もあれば、意図せず弾力性を持つこととなった橋や、さらには古代の王によって造られた橋もある。それぞれの橋に独自の技術的特徴があり、人類が長年にわたって谷や川を渡るために採用してきた数限りない創造的な方法が垣間見られる。

No.1 旧ロンドン橋

旧ロンドン橋は1831年に取り壊されたため、私たちがいま目にしているロンドン橋ではない。その激動の歴史から、この橋にはミステリアスな雰囲気が漂っている。旧ロンドン橋は、ある人間の情熱と忍耐力のおかげで建設された伝説的な橋であり、600年以上もの間、テムズ川に架かり続けていた。何よりも私の興味をそそるのは、この橋が何世紀にもわたってロンドンの人々を忠実に支えたことである。ただ、その最後は悲惨だった。旧ロンドン橋は、ことのほか長持ちしたが、構造としては失敗だった。

古代ローマ人は勤勉かつ効率的に橋を建設した。しかし、西ローマ帝国が4世紀から5世紀にかけて衰退すると、1100年代までは橋はほとんど建設されなかった。1100年代になると、教会が資金を提供して多数の橋を建設し始めた。これらの橋の多くには、安全に通過することを祈願し、橋の維持を経済的に支援するための礼拝堂が設けてあった。聖ベネ

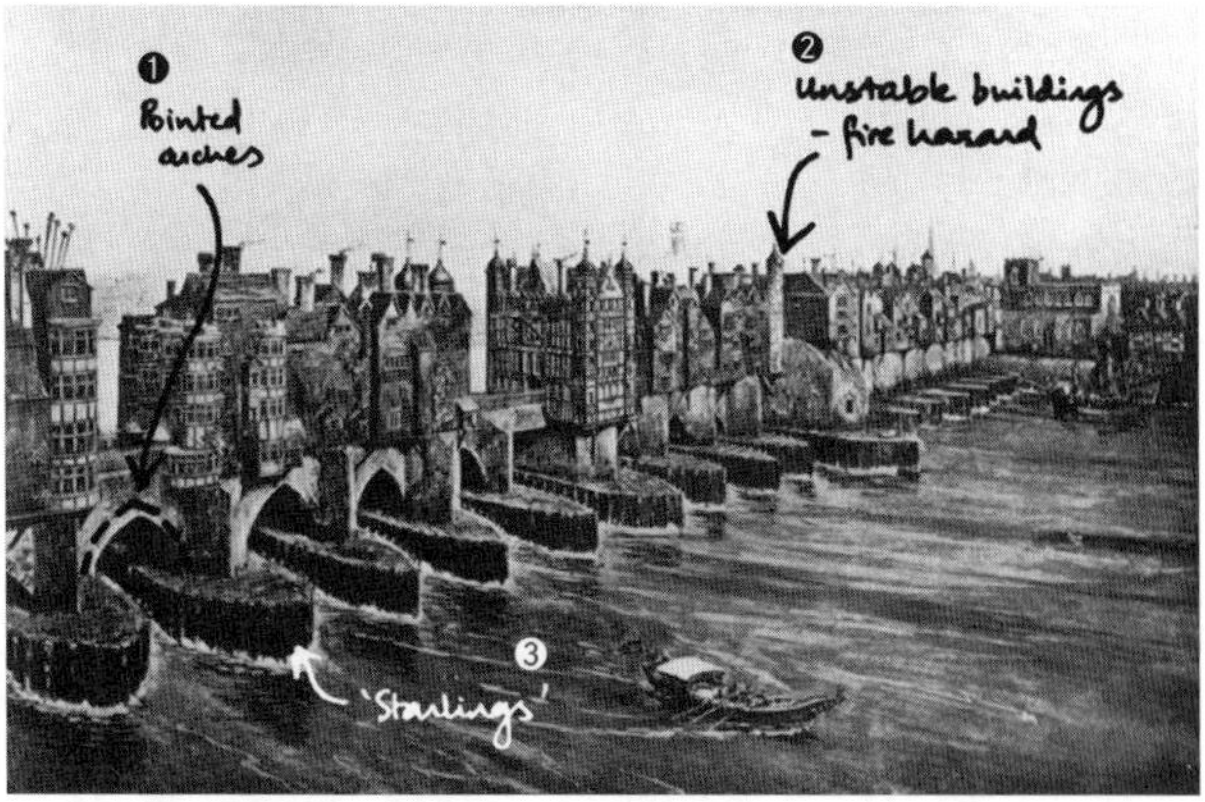

旧ロンドン橋は頻繁に落ちていた。(①尖頭アーチ　②不安定な建物―火事の危険性　③水切り)

ゼ（予言に触発され、有名なサン・ベネゼ橋を建設した）が、宗教的または社会貢献の目的で必要な場所に橋を建設する「橋を架ける同胞団」を設立したという伝説がある。

この運動に刺激を受けたのが、ロンドンの小さな礼拝堂の副牧師である「コールチャーチのピーター」であった。1176年、テムズ川に架かる新しい橋を建設するための資金を調達しようと決意した彼は、ロンドンで最初の石橋を建設するために、王から農民までのすべての階級の人々から寄付を募った。以前は木製の橋があったが、嵐、火事、軍事戦略、経年劣化などのさまざまな理由で壊れてしまっていたのである。干満のある河川に石の基礎を備えた橋を建設するのは初めてのことだったため、新しい橋の建設はピーターの前に大きな課題として立ちはだかった。テムズ川に橋を架けるのは簡単なことではない。テムズ川の水位は約5メートルもの範囲で上下し、川底は非常にぬかるんでいて水の流れも速いため、デッキを支える基礎や橋脚を建設するのは極めて難しい。資材を現場に搬入するには、旅人のための粗悪ででこぼこした石畳の道を通らなければならず、ひときわ大変な作業だった。しかし臆することなく、ピーターはこのとてつもない事業を引き受けた。

中世のロンドンの人々は、複雑に組み上げられていく石橋を初めて見て呆然としたに違いない。はしけに取り付けられた杭打ち機で、大きな重りがゆっくりと巻き上げられては下に落とされ、その衝撃で杭が川床に打ち込まれていった。人々は、その鼓膜を引き裂くような音を聞いただろう。また彼らは、杭の上に「水切り」と呼ばれる人工の島が造られるのを見ていたはずだ。水切りは手漕ぎボートのような形をしており、さまざまな大きさの岩石を積み上げげて造られていた。水切り（および、その上で橋のデッキを支える橋脚）は巨大で、幅が5～8メートルの不規則な大きさのものだった。人々は、アーチ状に組まれた木製の骨組みが、大工によって橋脚に取り付けられるのも見たはずだ。それはアーチを造るための支保工であり、その上には削って加工された石が置かれた（はしけから石が持ち上げられる様子は危なっかしいものだったという）。ロンドンの人々は、たった1区間のアーチが完成するまでに、丸1年も待たなければならなかった。

33年後の1209年に、長さ280メートル、幅も8メートル近くある橋が完成した。コールチャーチのピーターはすでに亡くなっており、橋の完成を見届けることはできなかった。橋の建設に29年もの歳月を捧げて亡くなった彼は、橋の礼拝堂の地下に埋葬された。

完成した橋は、驚くほどに粗雑なものだった。いびつに切り出された石でできた19のゴシック様式の尖頭アーチは、形状や大きさが異なっていた。イスラム建築の影響を受けた尖頭アーチが当時の建物や教会で大流行していたが、橋に使用するには効率的な形状ではない。確かに尖頭アーチのおかげで、中世の教会はかつてないほど高くなった。しかし橋は高さを求めるのではなく、川の両岸を結ぶ位置にあればいいのだ。それには、伝統的な半円形の古代ローマ式アーチの方が適していたと思われるが、当時のエンジニアたちは橋の本質よりもスタイルを優先したようである。橋の中央には帆船が通過できる跳ね橋があり、その両側には守衛所が作られた。

テムズ川の水位は、潮の満ち引きにより上下する。幅のある水切りと橋脚が川幅の約3分の2を塞いでしまったので、川の自然な流れがかなり阻害された。そのため、潮の流れの変わり目になると橋の片側では水が流れきれなくなり、水位が急上昇して危険な急流が発生した。ほとんどの賢明な船乗りたちは、ボートが転覆して川に投げ出されることを恐れて干満の変わり目に橋の下を通過することは避けたが、それでも数百人の犠牲者が出たという。「賢い者は橋の上を通り、愚かな者はその下を通る」ということの橋に由来することわざに注意を払っていれば、彼らの命は救えたかもしれない。

さらに悪いことに、橋の上に家が建ち始めた。私は現代なら橋の上に住むというアイデアには賛成だ。時の流れと共に変わりゆく川の姿の移ろいや壮大な夕日を眺めれば、間違いなく感動的な体験になるだろう。このようなアイデアは、イタリアのフィレンツェにあるヴェッキオ橋で見事に機能しており、そこでは入念な計画により建設された住居や店舗が、都市の平和と秩序を感じさせてくれる。それとは対照的に、ロンドン橋の上に建てられた家は、混乱の度合いに拍車をかけただけだった。

3～4階建ての多数の家屋と店舗が、道路と橋の縁の間に詰め込むように建てられ、その数は100軒を超えた。店主たちは商品を売るための仮設の屋台を店の前に出し、橋の側面に迫り出すように作られた公衆便所からは排泄物が下の川に直接落とされた。橋の設計には、これらの追加された建物の重量は考慮されておらず、建物同士が安全な距離を取っていないために火災の危険性も極めて高かった。まるで事故が起こるのを待っているようなものだった。そして1212年、橋の南側の住宅群で火事が起こり、燃え盛る炎を見ようと何千人ものやじ馬が橋に押し寄せた。強風で火の粉が飛んで橋の反対側にも火事が発生すると、人々は橋の中央で行き場を失った。すべてが鎮火すると、3，000を超える焼け焦げた遺体が発見され、遺体とは識別できない灰も残っていた。その後、1381年と1450年には、暴動と反乱によって橋の大部分が破壊されている。

15世紀になると、橋の上にある建物は、数も高さも2倍に増えていた。背の高い建物が迫り出し、通り道は暗く陰気なものになり、荷車、馬車、牛、歩行者が通り抜けるのは困難だった。混み合ったときには、橋を渡るのに1時間もかかったという。家屋による橋の荷重超過、火災の影響、橋脚の間を流れる急流による橋脚の劣化などで、橋のどこかで常に破損が生じ、どこかが川に落ちている状態だった。

1633年の火事では、さらに家屋の3分の1が壊れたが、これは結果的には良いことだったかもしれない。それによって川岸の家屋と橋の上の家屋の間に隙間ができたからだ。1666年のロンドン大火が起きたときは、おそらくこの隙間のおかげで延焼が妨げられ、橋が被害を受けることはなかった。それはまさに間一髪だったが、橋の住民や店主はそこからは何も学ばなかったようだ。1725年の別の火災では、60軒以上の家屋と2つのアーチが壊れた。

1757年にようやく家屋が取り壊されたものの、1832年に新しいロンドン橋（土木技師のジョン・レニーによる設計）が隣に建設されるまで旧ロンドン橋は存在していた。橋がなくなった今でも、旧ロンドン橋は私たちの文化にしっかりと根付いている。私が幼い頃、母は橋の危険な歴史にもとづいた童謡を「ロンドン橋落ちた、マイ・フェア・レイディ」と、調子外れの声で歌ってくれた。エンジニアリングを扱った珍しい歌であり、よちよち歩きの未来のエンジニアたちに悪い設計の危険性についての教訓を与えている。

No. 2 浮橋

橋について考えるとき、たいていの人は障害物を避けるように空中高くに架けられた構造物を想像するだろう。しかし、2番目に紹介する橋はこのイメージとは違う。古代ペルシャの王クセルクセスは、復讐のために海を横断する巨大な「橋」を建設した。海の上に架かる橋ではなく、「浮橋」と呼ばれる浮力を利用したユニークな橋を造ったのだ。

クセルクセスの父、ダレイオス1世は、中央アジアの草原からアナトリアの先端までを誰とも敵対することなく統治した史上最も偉大な皇帝の一人である。彼の帝国はアレキサンダー大王の帝国よりもはるかに大きいものだった（そして彼の後継者の下で、帝国はさらに大きくなった）。紀元前492〜490年にかけて、ダレイオス1世は、ギリシャの弱小都市国家は自分の支配下にあるべきだと決断を下し、アテネとプラタイアの軍と戦うためにマラトンまで進軍した。しかし、そこで彼の予想に反して敗北し、ペルシャによる最初のギリシャ侵攻が終わった。

ダレイオスは2度目の試みを計画していたが、それを実行に移すことなく亡くなった。クセルクセスは、父親がマラトンで受けた屈辱を決して忘れることはなく、ギリシャの都市国家をペルシャ帝国の支配下に置くというダレイオスの夢を必ず実現すると決意していた。クセルクセスはギリシャを攻撃する前に、兵士の訓練、計画、物資の蓄積に多くの歳月を費やした。そして、ギリシャのほとんどの国家が彼に服従する中で、またしてもアテネとスパルタの勇敢な戦士からの抵抗に直面した。紀元前480年にペルシャ軍が現在のヨーロッパとトルコのアジア地域を隔てるヘレスポントス海峡（現在のダーダネルス海峡）を越えてトラキアに進軍しようとした際に問題が起きた。フェニキア人とエジプト人が建設した2本の橋が激しい嵐により破壊され、海峡を渡れなくなったのだ。クセルクセスは、無礼な海に対し300回のむち打ちを与えるように命じるとともに、2本の橋を建設したエンジニアたちを打ち

THE BRIDGE OF BOATS OVER THE HELLESPONT, USED BY XERXES.

船で海を渡る浮橋。

首に処した。

後継のエンジニアたちは、打ち首になりたくない一心で、はるかに実用的な構造物を建設した。水中の固い地盤に基礎を構築して橋脚の間に橋の材料を渡すという従来の橋梁建設技術では、1・5キロメートルもの長さがある深い海峡を渡るのは不可能に近かった。代わりに彼らは、ヘロドトスが著書『歴史』で伝えているように、674隻の船（「ペンテコンター」という50のオールを備えたギリシャの船と、「三段櫂船」という3段のオールを備えた低く平らな船）を集め、2列に並べた。それぞれの船の列の上には、亜麻のケーブル2本とパピルスのケーブル4本が敷設された。これらの極めて頑丈なケーブルにより船が一体化され、橋のデッキの基盤となった。

エンジニアたちは木の幹から長い木板を切り出し、ピンと張ったケーブルの上に敷き詰めた。板はロープで固定され、その上に短く折った小枝が均一に敷かれた。さらにその上に土が敷かれ、軍隊が歩ける路面になるよう踏み固められた。またエンジニアたちは、橋の上流側と下流側に重い錨を下ろした。東側の錨は、黒海からの風によって船が海峡の先に流されるのを防ぎ、それ以外の錨は西と南からの風に抵抗するために設置された。広い通路の側面に沿って設置された柵は、馬が海水を見て怖がるのを防ぐものだった。

クセルクセスは、この船の橋の準備が整うと、安全に通れるように祈りを捧げた。おそらく太陽への捧げ物として、あるいは海を静めるために、聖杯、金の鉢、ペルシャ製の剣を海峡に投げ入れた。そして軍は、トラキアにいるギリシャ人に向かって、このとてつもない浮橋を渡り始めた。「不死隊」として知られるクセルクセスのエリート戦闘員を含むペルシャ軍が海峡を渡るのに、丸7日かかったと伝えられている。

橋の技術的偉業とは対照的に、この物語の軍事的側面はそれほど壮大なものではない。クセルクセスは、サラミスの海戦とプラタイアの戦いで敗北し、戦闘と飢餓により多くの兵士を失った末にペルシャに撤退した。彼は自然を征服することはできたが、ギリシャ人を征服することはできなかった。

No.3 ファルカーク・ホイール

浮橋あるいは舟橋は、紀元前11〜6世紀頃に中国のエンジニアが船の上に木の板を載せて

ファルカーク・ホイール。回転する橋。（①陸上で船を運ぶ橋　②回転軸）

大河を渡ったことが起源だと考えられている。浮橋は、古代ローマおよび古代ギリシャの時代を通して使われた。ローマ皇帝だったカリグラがパレードで服を披露するために造らせたと言われている浮橋も、悪名高い事例である。第一次および第二次世界大戦においても、河川を渡る経路をすばやく効率的に準備し撤去できるため、兵士たちはこの技術を頻繁に採用した。浮橋は、水深があり、スパンが長く、時間がない場合に最適な選択肢であるが、嵐と水の流れには弱い。激しい嵐で浮橋が破損した例は多数ある（アメリカのマロー橋やフッド運河橋など）。一隻の船が浸水するとほかの船も道連れになり、橋全体が水没してしまうのだ。幸いなことに、現代のエンジニアは、かつてクセルクセスに仕えたエンジニアに起きた不運に見舞われることはない。波によって上下に浮き沈みし、海流によって横にも揺れたクセルクセスの船の橋を歩いた人は、不安な気持ちだったに違いない。建造物が体に感じるほど動くのは嫌なものだ。安全ではないような気になってしまう。しかし、橋が回転するように設計されている場合はどうだろうか。ほとんどの橋は陸上の乗り物が河川や海を渡るためのものだが、私のお気に入りの橋は水上の乗り物が陸を渡るためのものなのだ。

ケルト族の双頭斧は強力な武器で、柄の両端に刃が付いている。勇敢な戦士が左右に振り回すと、どちらの方向にも同じように破壊力を発揮した。信じられないかもしれないが、この武器が、世界で最もかっこよく、最も珍しい構造物の一つであるファルカーク・ホイールのモチーフとなっている。

スコットランドの低地を流れる運河は、かつてさまざまな活動で賑わっていた。1822年に開通したユニオン運河は、エジンバラに工場を開設していた新産業への供給手段としてファルカークとエジンバラを結び、エジンバラに石炭を輸送するのに使われていた。また、フォース・クライド運河（1790年に開通）は当時、スコットランドの工業の中心地として急速に成長していた小さな町グラスゴーにとって同様の役割を果たしていた。しかし、1840年代に鉄道網が発達し始めると、列車で鉱物を輸送する方が速くなり、これらの運河もほかの多くの運河と同じく無用のものとなっていった。運河は徐々に荒廃し、1930年代頃には一部が埋め立てられてしまった。かつての輸送幹線だった運河は、永久に封鎖されたように思われた。

20世紀の終わりに、建築家とエンジニアが、グラスゴーとエジンバラの間（具体的にはフォース・クライド運河とユニオン運河の間）を新しい水路でつないで運河を再開する計画を発表した。200年前の水路を再び利用する計画は、沿岸のコミュニティに環境的・経済的利益をもたらすものである。しかし、その実行にはいくつかの技術的な課題があった。中でも大きな課題は、長い急斜面の横断だった。それまでの運河建設者は、「閘門（こうもん）」を使うことで斜面を克服してきた。運河の水位の高い側と低い側の間に、入り口と出口にそれぞれ扉が付いた（両開きの場合もある）、側面が高い壁になっている細長いスペース（閘室）を構築した。この部分が水を閉じ込める。船が運河を上る場合には、船が閘室に進むと、背後にある水位の低い方の扉が閉められる。次に、閘室のもう一方の端にある「パドル」（開閉機構付きの開口部）を開いて、運河の水位の高い側から水を流入させる。閘室の水位が運河の水位の高い側と同じになるまで閘室に水が入ったら、水位の高い側の扉が開かれ、船は前に進むことができるのだ。船が運河を下る場合は、この逆の過程をたどることとなる。かつてのエジンバラとグラスゴーの間の移動は、11の閘門を通過し、その過程で44もの水門を開閉しなければならない、1日がかりの骨の折れる作業だった。また、閘門はすでに撤去されていたので、エジンバラは賢い解決策を考え出す必要があった。

今日では、エジンバラからユニオン運河を西に移動してクライド川またはグラスゴーに向かっていくと、まわりの土地は急激に下がっていき、一見何もない空間に向かって水道橋だけが大胆に突き出たような場所を進むことになる。これがユニオン運河の最終地点である。この時点で、船は24メートルの高さ（8階建ての建物の最上階とほぼ同じ高さ）に浮いているのだ。

ケルト族の斧を現代風にアレンジした、エンジニアリングの傑作に抱きかかえられることによって、船はこの高さから下の流域に降りてフォース・クライド運河に入る。

船の前には、垂直に立つ直径35メートルの巨大な車輪（観覧車のようなもの）が現れる。この車輪は、180度回転する2本の斧型のアームで構成されている。それぞれのアームには「ゴンドラ」のような、運河用の船2隻と250，000リットルの水を積載できる大きさの容器が収められている。高い位置の運河では、油圧式の鋼製の水門によって、水が流れ落ちない仕組みになっている。車輪のゴンドラと水道橋が一直線に並ぶと、運河側の水門とゴンドラ側の水門が開いて、船はゴンドラの中にまっすぐ入ることができる。水門が再び閉じられると、アームが回転し始める。

遊園地で観覧車が回転するときには、それぞれのゴンドラも回転することで座席の水平が保たれている。ゴンドラが下から上に上がり、そして上から下に降りてきても、中にいる人の向きは変わらない。同様の方法で、ギアと歯車の複雑な機構により、ファルカーク・ホイールのアームが回転しても、ゴンドラは常に水平に保たれるようになっている。アームが180度回転するのに必要な電力はごく少量で、8つのヤカンの水を沸騰させるのと同じ量の電力しか必要としない。これは主に、有名なアルキメデスの原理（物体が水中に置かれると、物体はその自重分の水を押しのけるという原理）のおかげである。一つのゴンドラに1隻の船だけがあり、反対側のゴンドラには船が1隻もない場合でも、2つのゴンドラの重量は同じになる。これは、船が自重に等しい量の水をゴンドラから押しのけるからだ。両方のゴンドラの重量が等しい限り、必要な電力は、慣性を克服してホイールの回転が始まるだけの最小限の量で済む。そして慣性により、釣り合いの取れたアームが回転し、ゴンドラの位置が入れ替わる。従来の閘門によるシステムを利用して運河を下るには丸1日要したが、ファルカーク・ホイールを使えば、船を上部流域から下部流域に（またはその逆に）運ぶのに、わずか5分で済む。

ベルギーのストレピ＝テュー・ボートリフト、ニーダーフィノウ・ボートリフト（ドイツの稼働中のボートリフトで最古のもの）、中国の三峡ダムのボートリフト（桁外れの113メートルを昇降する、現在世界で最も高さのあるボートリフト）など、世界にはボートリフトの例がいくつかある。しかし、見ても、乗っても、独特のスリルが感じられるのはファルカーク・ホイールだけである。おそらくそれは、子どもの頃の遊園地の思い出に結びつくからだろう。エンジニアリングにより、人は構造物を見て美しいと思うだけでなく、ノスタルジックな気持ちを抱くこともあるのだ。

No.4 シルクの橋

ある晩、私はテレビをつけたまま本を読んでいた。番組の司会者のいつもの声がリビングルームに響き渡っても、テレビには特に注意を払っていなかった。突然、「強い素材」と「橋」という言葉が聞こえた瞬間、ご想像の通り、私は猫のように耳をピンと立てた。司会者は、じつに多くの橋を造ってきた世界でも指折りの橋梁建設者について話していた。その建設者は、珍しいことに女性で、マダガスカルに住んでいる。

親指の爪ぐらいの大きさの彼女には、8本の毛むくじゃらの脚と、樹皮のような質感をした胴体がある。その質感は、捕食者から自らを守るためのカムフラージュであると動物学者のデイビッド・アッテンボローは解説した。また、彼女の体には「出糸突起」というものが付いており、それが彼女を素晴らしい橋梁エンジニアにしている。

ダーウィンズ・バーク・スパイダーは、川や湖に最長25メートル（自分の大きさの1，000倍）の橋を架けることができる。ただし、ほとんどの橋梁建設者が目的とする一方の側からもう一方の側への移動手段としてではなく、橋にかかる食物を手に入れるためである。

彼女は、川岸の植生の中を駆けめぐって（人間のエンジニアと同様に）自分のプロジェクトに適した場所を見つけ出し、出糸突起から数十本の粘着性があるシルクの糸を放出する。映画でスパイダーマンの手首から出されるものと同じように飛散した糸は、深い森の水域の上で漂う自然の風の流れを捉える。川を横切るゆるやかな（ほとんど見えない）風の流れに乗って、対岸の植物に付着するのだ。工事の最初の段階であるこのシルクの線は、「ブリッジライン」と呼ばれる。ブリッジラインは、懸垂線（ケーブルが自重で垂れ下がるときに作られる典型的な曲線）である。彼女は糸を素早く引っ張って、しっかりと固定されていることを確認してから、小さなフック状の脚の毛を使って糸を少し手繰り寄せて、たるみすぎないようにする。

彼女は糸の上を歩いてブリッジラインの検査を行う。検査をしながら、さらに多くのシルクと分泌物を出してブリッジラインを補強し、より頑丈にする。対岸の端まで到達すると、

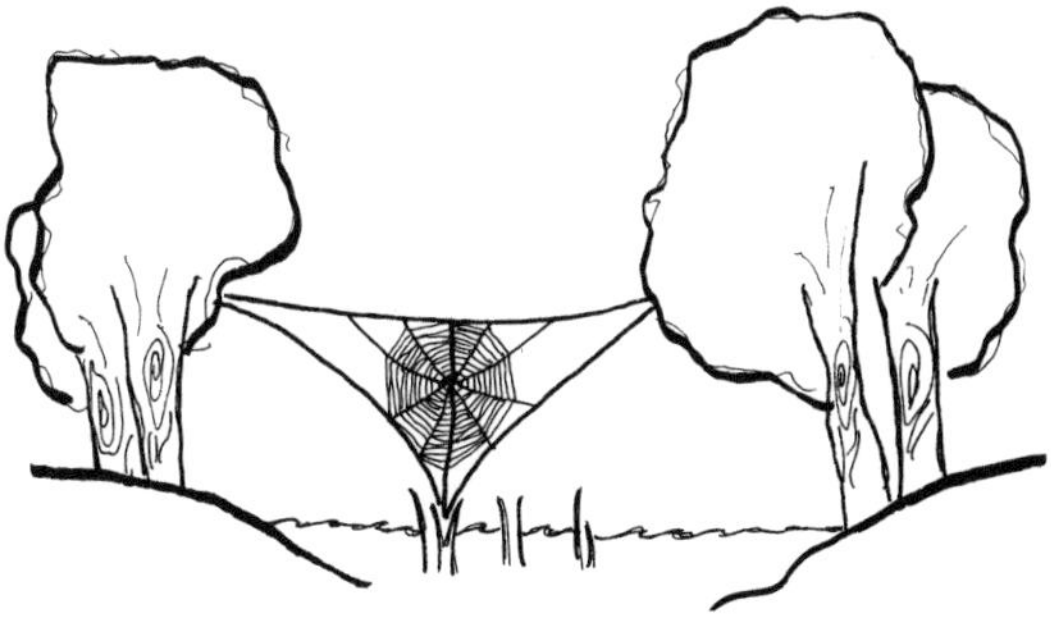

シルクの橋：世界最長のクモの巣型の橋。

糸が付着した場所の周りにさらに多くの糸を巻きつけて、植物とブリッジラインの接合部を強化する。糸が風の力で枝に付着しただけの接合部に、構造の全重量を支えられるだけの強度を持たせなければならない。

次は、ブリッジラインの固定作業だ。彼女は水面から突き出た大きな草の葉などを探し、ラインに沿ってその真上まで移動する。そして、さらに多くのシルクを出しながらゆっくりと降下して、川の水面に近い草の葉に糸を固定し、「T」字型に巣の骨組みを作成する。

T字型の骨組みを足がかりにして簡単に前後に移動できるようになったら、数時間をかけてより多くのシルクの糸を取り付ける。ブリッジラインから固定用の糸にかけて、彼女は大きな円形のパターンで新しいシルクを生成し、巣を織り上げていく。何本かの粘着性がないシルクの糸は、構造体の骨組みの一部として機能する。残りの糸には粘着性があり、獲物を捕まえるのに使われる。最終的に、大きなものでは直径2メートルを超えるほどの巨大な円形の巣ができあがる。

水上に橋を架けて餌を捕まえるクモは、ダーウィンズ・バーク・スパイダーしかいない。巣にかかるのは川の上を勢いよく飛び回るおいしいカゲロウ、トンボ、イトトンボである。巣の直径が大きいので、鳥やコウモリのような小動物が捕まることもある。

巣の大きさ自体が衝撃的だが、それを構築するために使われるシルクには、さらに驚かされる。このような大きな構造を造るには、相当に優れた材料が必要だ。ダーウィンズ・バーク・スパイダーの糸を研究所に持ち込み、フックにつないでゆっくりと引っぱる試験を行ってみると、ダーウィンズ・バーク・スパイダーが信じられないほどの「弾性」のあるシルクを生み出していることがわかった。弾性とは、荷重がかかって伸びた状態から元の長さに戻る材料特性である。荷重を取り除くと元のサイズに収縮するなら、その材料は「弾性変形」している。元の形状に完全に戻らないなら「塑性変形」したのだ。試験により、ダーウィンズ・バーク・スパイダーの糸はほかのクモの糸の2倍の弾性があることがわかった。また、ダーウィンズ・バーク・スパイダーの糸は、非常に高い「靭性」も備えている。靭性とは、壊れずに吸収できるエネルギーの量を示す材料特性であり、「強度」（材料が耐えることができる荷重）と「延性」（材料が破損することなく変形できる量）の組み合わせである。ダーウィンズ・バーク・スパイダーのシルクは、これまでに見つかった生物学的材料の中で最も靭性の高いものであり、鋼の靭性を上回る。

弾性と靭性の組み合わせは、建材に最適だ。輪ゴムを例にとって考えてみると、細くて伸縮性のある輪ゴムは、弾性と延性があるため非常に長く引き伸ばすことができるが、さほど強度がないので大きな荷重はかけられない。また、もろいゴムで作られたかなり分厚い輪ゴムであれば、強度があるのでより多くの荷重がかけられるが、壊れやすいため突然に切れる可能性がある。一方で、ダーウィンズ・バーク・スパイダーの糸は、これらすべての特性を理想的なバランスで保有しており、大きな力を吸収できるのと同時に、突然切れることなく長く伸びることもできる。このバランスがあるからこそ、ダーウィンズ・バーク・スパイダーの糸は、世界最大のクモの巣を構築するのに最適な材料といえる。

ダーウィンズ・バーク・スパイダーの橋を紹介したことで、構造物を作り出すのは人間だけではないと気づいていただけただろうか。この生き物が示してくれるように、私たちはまだまだ自然に追いついていない。自らの体の大きさと比較してみると、人類はやっとクモの橋と同等のスパンの橋を建設し始めたばかりだ。現在のスパンの世界最長記録は、1，991メートルの日本の明石海峡大橋である。また、ジンバブエのイーストゲートセンターの換気システムは多孔質のシロアリの塚に影響を受けているし、ミルウォーキー美術館のクアドラッチパビリオンには鳥の翼に影響を受けた格納式の庇があるように、自然からインスピレーションを得たデザインはすでにいくつか生み出されている（この種のデザインは「バイオミミクリー」と呼ばれる）。しかし、人類はより多くのことを自然から学べるのではないだろうか。気流に乗って川や谷を飛び越えて対岸まで到達できる、格段に丈夫で軽量なクモのシルクのような超素材を開発することは、エンジニアの夢である。そうすれば、私たちもダーウィンズ・バーク・スパイダーのように、数時間で長い橋を架けられるかもしれない。

No.5 石舟橋

母と私は、東京のホテルで1枚のメモを渡された。そこには、まるで小さな絵のように見える、繊細で渦を巻いたような一連の文字で住所が書かれていた。メモは美しいものだったが、私たちは日本語の文字を読めないため、タクシーの運転手に手渡して目的地に到着するのを待った。

雨が激しく降っていて、どこに向かっているのか見当がつかない。街を後にして、植物が生い茂る急な斜面に沿った場所にいることはわかった。曲がりくねった細い道をどんどん登っていくと、やがてさらに多くの美しい文字が刻まれた赤い門のようなものにたどり着いた。運転手は車を停めて、私たちに降りるよう手で合図した。私たちが戻ってくるまで彼がそこでちゃんと待っていてくれることを祈りつつ、ジャケットのジッパーを上げて、細い土の道を歩いて石舟橋を探した。石舟橋は、シンプルなストレスリボン橋の典型的な例であり、この旅行を計画するまで、私はそれについての知識はなかった。

その年の初めに、私は構造技術者協会から海外渡航旅費の助成金を与えられた。私のプロポーザルは、特種な橋を研究することであった。同僚からの情報や調査を通して、英国にはほんの一握りしか存在しない、優雅でシンプルな形のストレスリボン橋のことを知ったのだ。ストレスリボン橋についてもっと学び、なぜそれほど珍しいものなのか理解したかった。そ

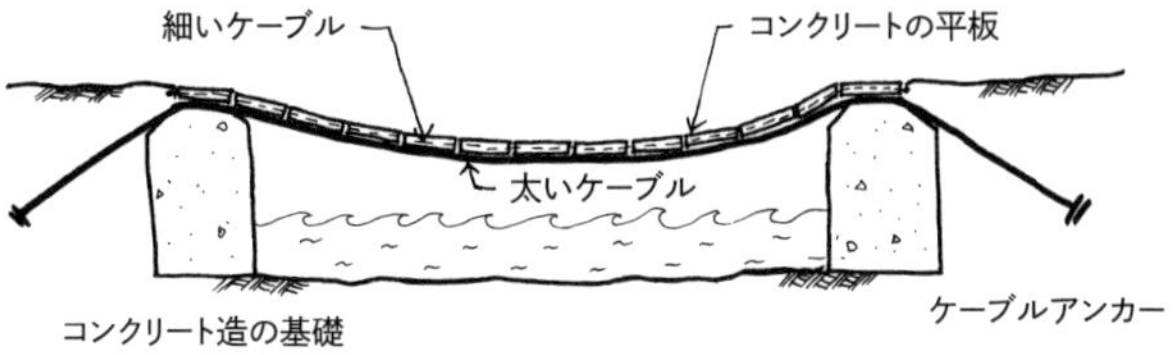

石舟橋。懸垂曲線の橋。

こで、このような橋がとても効果的に使われているヨーロッパと日本に渡航し、報告することを提案したのだ。最初にチェコ共和国に行き、高速道路に架かる橋から同じ原理を使って建設されたトンネルまで、ストレスリボン技術を使用したさまざまな構造物をエンジニアに案内してもらった。次に私は、ドイツの大学の研究室で長さ13メートルのプロトタイプを使って試験や実験を行っている研究者に会い、いくつかの「試験」に参加させてもらった。言うなればそれは、デッキの上でジャンプして、橋を共鳴させるものだった。

ストレスリボン橋のミニチュア版を作るために、ベイクドビーンズの缶2個を1メートル離して置いて橋台の代わりにしてみる。缶の上に2本の太い紐を載せて、その両端を地面の代わりとなるテーブルにテープで固定する。これをストレスリボン橋にするために、マッチ箱を使ってデッキを作成する。まず、マッチ箱に2つの穴を開けて（片側に一つずつ）、それらを太い紐の上に配置する。次に、切った輪ゴムを穴に通して、マッチ箱をつなぐと、輪ゴムに引っ張られてマッチ箱が圧縮される。

この模型の橋をスパンの中央で押し下げると、支持している紐がピンと引っ張られるのがわかる（つまり、引張力が生じる）。そして引っ張られた紐により、紐の両端をテーブルに固定しているテープが引っ張られる。ストレスリボン橋の構造も同じだ。まず、鋼製のケーブルが、橋が架けられる区間に吊り下げられる。このケーブルは、直径が拳ほどの大きさもある太いもので、多数の細い鋼線を束ねて強力なロープ状にし、ゴム製のさやで保護している。両端のコンクリートの橋台は、地面にしっかりとアンカーで固定されたケーブルを支持しており、このアンカーは橋に多くの人がいてもケーブルの引張力を吸収するのに十分な強度を備えている。鋼製ケーブルの上に置かれる底面に溝のあるコンクリート板（マッチ箱に相当する）は、ケーブルに接合されて所定の位置に固定される。細い方の鋼製ケーブルをコンクリート板に開けた穴に通して引っ張ると、コンクリート板が締め付けられてデッキの剛性が上がる。

このような橋の形状は、私たちの古代の祖先によって作られたシンプルなロープの吊り橋を思い起こさせる。それらの橋やダーウィンズ・バーク・スパイダーのブリッジラインと同様に、ストレスリボン橋も懸垂曲線の構造なのだ。また、ストレスリボン橋は極めて軽量で、コンクリート板の厚みが約200ミリと非常に薄く、鋼製ケーブルの自然な曲線によって、すっきりとした心地良い美観が得られる。橋が比較的に短時間で造れるという実用性も、同じくらい重要だ。基礎が完成した後、あらかじめ準備されたコンクリート板をケーブルの上に設置するのは簡単で迅速にできる作業なので、この種の橋では建設による周囲の環境への影響を抑えられる。

赤い曲線を描く日本のストレスリボン橋は、急流の細い川が谷底を流れる深い峡谷に架かっていた。雨が降りしきる中で、私は橋に足を踏み入れた。橋は少し弾力性があった。歩く速さを変えて橋の上を歩き回ったり、その上でジャンプしたりして、橋の感触を確かめた。橋の揺れは心もとなく、ストレスリボン橋が、見た目は素晴らしく、すぐに建設できるにもかかわらず、一部の人からは好まれない理由が腑に落ちた。

ストレスリボン橋はケーブルで支持された軽量な橋であるため、橋の中央に大きなたるみが、端部には比較的急な傾斜ができる。そのため、ベビーカーや車椅子だと渡りにくい。また、ストレスリボン橋には揺れが伴う。安全性にはまったく問題がないにもかかわらず、その軽さと柔軟性がゆえに、橋を渡るときに危うさすら感じてしまうのだ。この種の橋では、たいてい揺れを避けることはできない。たるみと弾力性が相まって、ストレスリボン橋に、やや危険な印象を与えてしまうのだ。私が訪れた3か国の人々は、そこにあるストレスリボン橋のことを気に入っている。それは、彼らが橋の揺れに慣れているからだろう。ほかの国々ではストレスリボン橋があまり受け入れられないのは、見かけ上の不安定さや、ケーブルを固定し構造を安定させるための強力な地盤が欠如しているからかもしれない。

この時点で、すでに私はずぶ濡れになっていたが、その熟練の技術を調査すべく長い時間を費やした（なぜなら私は、英国では見かけない橋を見るために10，000キロ近い旅をしてここに来たのだから）。揺れる橋の上で、私は片手で手すりにしがみつき、もう片方の手で傘を握り締めていた。谷の深さと谷底を流れる急流に加えて、揺れの大きさにも不安を感じ、橋の上から早く立ち去りたいとも思っていた。

それでも、私は誇りあるエンジニアの端くれとして、橋の上の「現場に」立っている私の写真を母にたくさん撮ってもらった。それから運転手が座席を倒して居眠りしているタクシーに戻り、私たちは湿った服のまま、タクシーで東京に戻った。

渡航中に研究したストレスリボン構造は、私にとって印象深いものだった。単純なロープの吊り橋が現代の技術と材料を取り入れて進化してきたという事実に刺激を受けた。また、最先端の技術を取り入れているにもかかわらず、その形状は本来のシンプルさと優雅さを失っていない。新種のエンジニアリング技術は、必ずしも大きくて大胆である必要はないのだ。時にはより謙虚なルーツに倣う場合もある。

＊

橋に関しての説明は以上だが、読者の皆さんは、私と「遊び人君」の関係がどうなったのかを疑問に思っているに違いない。3分で彼を追い払ったと友人に自慢げにメールしたことを、後悔するはめになったとだけは述べておく。なぜなら4年後にその友人は、何百人もの前でそのメールを朗々と読み上げたのだ。私の結婚式の花嫁介添人のスピーチで。

そうです読者の皆さん、私は彼と結婚したのです。

DREAM

夢のような構造を実現する

少しの間、エンジニアのいない世界を想像していただきたい。アルキメデスを見捨て、ブルネレスキ、ベッセマー、ブルネル、バザルゲットを消し去る。ファズラー・カーンのことを忘れ、オーチスを追放し、エミリー・ローブリングとロマ・アグラワルも排除する。見えてくるのはどんな世界だろうか？　おそらくそこには、何も見えないのではないだろうか。

高層ビル、鉄骨、エレベーター、住宅だけでなく、ロンドンの地下の下水道もなくなる（想像しただけで、おぞましい）。ザ・シャードもなくなり、電話もインターネットもテレビもなくなる。自動車どころか手押し車もなくなってしまう。まあ、そもそも道路や橋もなくなるのであれば、移動手段がなくなったところでたいした差はないのかもしれない。さらに、私たちはほとんど何も身につけていないことになる。動物の皮を縫い合わせて服を作ることもできないからだ。そして、食物を得るための道具も、安全のための火も、泥小屋や丸太小屋もなくなる。

エンジニアリングがあるからこそ、人間は人間らしくいられるのだ。もちろん、食べ物を確保するために針金をフック状にできるカラスや、身を守るためにココナッツの殻を被るタコもいるが、少なくとも今のところは人間の方が優れている。エンジニアリングは、まず衣食住での必需品を、次に作物を栽培し、文明を築き、さらには月まで飛んでいく手段を与えてくれた。何万年にもわたるイノベーションのおかげで、今の私たちがあるのだ。人間の創意工夫に限界はない。私たちは常に、より多くのものを作り出し、より良い生活を求め、次から次へと課題を解決していく。エンジニアリングは文字通り、私たちの生活の骨組み、つまり私たちが住み、働き、存在する空間をかたち作ってきたのである。

そして、それは私たちの未来もつくり出していくだろう。最近のエンジニアリングのトレンドとしては、不規則な幾何学、ロボット工学や3Dプリンティングなどの技術、サステナビリティの追求、さまざまな分野の統合（例えば、医学・生物学と工学を融合させたバイオメディカルエンジニアリング）、自然模倣技術といったものがある。今現在は、それらがSF小説のように思えるかもしれないが、将来的には、街の見え方や感じ方、地球上での住み方をさらに変えていくだろう。

未来的な造形も可能に

演算能力の向上により、2010年に開催された上海国際博覧会でのスペイン館の波打つファサード、起伏のある形状を持つビルバオのグッゲンハイム美術館、ほら貝のような複雑な形をしたアゼルバイジャンのヘイダル・アリエフ・センターなど、複雑に反り上がるような形状でも建設が可能になった。これまでの正方形や長方形で構成される建物だけでなく、次第に幾何学的に複雑な形状になっていくのは、より自然な形に近づく傾向を示している。現在は、このような形状を作るのに、鋼材を湾曲させて特別なカーブに合わせたり、コンクリート用の複雑な型枠を作ったりする必要があるため、依然として費用がかかる。これらの型はコンクリートが硬化したら廃棄されるにもかかわらず、総建設予算の60％に達する場合があることにも着目したい。現代の建物の柱、壁、梁が長方形になりがちな理由の一つは、型枠にかかる費用を抑えるためなのだ。型枠用の合板は、直線的な方が簡単に購入できて安価で済む。

曲がりくねった形状が現れ始めたからには、それらをどのように構築するかを賢く考える必要がある（もとが液状であるコンクリートは、いかなる形状にも対応できる理想的な材料なので、良い選択肢といえる）。手作業や機械によって丹念に削られた大きなポリスチレン製のブロックを使うといったアイデアもある。しかし、この方法ではコンクリートが固まるとポリスチレン製のブロックは不要になり、多くの廃棄物が出てしまう。ほかのアイデアとして、軟質隔膜成形が挙げられる。興味深い方法であるにもかかわらず、１９５０年代から今日まで、ほとんど採用されていない。ヘシアンクロスや黄麻布から、ポリエチレン（ＰＥ）やポリプロピレン（ＰＰ）で作られた軽量のプラスチック製のシートに至るまで、さまざまな生地が使用できる。生地は、最初はたるんで形を持たない状態だが、生のコンクリートを加えると敏感に反応する。コンクリートと生地が互いに作用する中で、コンクリートによって生地が延ばされたり動かされたりして最終的な形状が作り出される。一見すると異なる2種類の材料が、圧力と拘束による共生関係のもとで一体となる。

スペインの建築家ミゲル・フィザックは、この手法を使ってクッションのように弾力のある外観のファサードを持つマドリードのMUPAGリハビリテーションセンター（1969年開設）を設計した。コーンウォールのハートトランズプロジェクトの入り口の一つには、空から吊るされた流れる絹布のような壁があり、手で触れるとはじめて固いコンクリートであることに気づかされる。このような構造は、より大規模なものも含めて、さらに増えていくだろう。ポリエチレンやポリプロピレンのシートを型枠として使用するメリットは、大量の廃棄物を出さずに済むだけではない。ポリエチレンやポリプロピレンのシートは簡単に破れることはなく、破れたとしても、それが周囲に広がることはないからだ。さらに、ポリエチレンやポリプロピレンのシートには、コンクリートを含むいかなる材料も付着しないので、繰り返し使用できる。また、これらを使用しても、内部の鉄筋やコンクリート混合物自体を変える必要はさほどない。今の課題としては、このような工法での建設に慣れていないことである。軟質隔膜成形は建造物の外観の概念をくつがえすものなので、建築家やエンジニアが適応するだけでなく、施工手順や調達方法をそれに合わせて変える必要がある。しかし、いずれはすべて慣れていくだろう。そうなったときには、人前でコンクリートを撫でるのは私だけではなくなると確信している。

材料を撫でることで言うと、私は以前カリフォルニア大学バークレー校で、小型の3Dプリンターで作られたモジュール（手のひらサイズからディナー皿サイズまであり、組み立てて小さなインスタレーションや壁、ファサード、シェルターを作る）に触ったことがある。モジュールにはさまざまな色があり、その理由を聞いて私はびっくりした。白いモジュールは塩、黒いモジュールは再利用されたゴムのタイヤ、茶色とグレーのモジュールは、さらに身近な材料である粘土とコンクリートから作られていた。紫色のモジュールは、なんとブドウの皮からできているという。ロナルド・ラエルが率いる研究チームは、さまざまなものを作るための珍しい材料（樹脂と混合してプリント可能なペーストにするため）の調査をしている。不規則な穴の開いた幾何学的なコンクリートブロックや、美しい模様の付いた小さい六角形のファサード用タイルといったように、伝統的な材料を未来的な方法で扱っているだけでなく、地元のワイン産業から排出されたものを含むさまざまな廃棄物を使った実験をしているという。素晴らしいことだ。彼らが設計したものの中には、追加の構造を必要としない自立型のものもある。3Dプリンターと刺激的な新しい材料の組み合わせが、パーツをプリントして自分の家を組み立てることができる未来にどのようにつながっていくのか、私も考えるようになった。

しかし、今や3Dプリントはモジュールの限られたスケールだけで使われているわけではない。3Dプリントによる世界初の歩道橋が、2016年12月にマドリードで開通した。長さが12メートルの橋を建設する際には、荷重がかかる部分を正確に分析し、その部分にのみ構造材が配置された。そのため材料は最小限に抑えられ、廃棄物も少なくなり、最終成果物は軽量化された。さらに、現場でレンガを敷き、コンクリートを注ぐロボットも設計されている。製造業では数十年前にこのトレンドが取り入れられたが、ついに建設業界がそれに追いつくときが来た。

形状と材料の自然回帰をさらに一歩進めるのが「バイオミミクリー」である。バイオミミクリーでは、蜂の巣、竹、シロアリの塚といったものの「形状」だけでなく、「機能」も模倣する。このテクニックの有名な例は、野生ゴボウの実（いわゆる「ひっつきむし」）のギザギザである。ほかのものの表面にくっつくゴボウの実の能力は、マジックテープに模倣されている。自然は限られた材料で単純な構造を作り出す。この原則を建築に応用できるのだ。たとえば、鳥の頭蓋骨は2層の骨で成り立っており、その間には複雑なトラス状で接合された空間がある。高い圧力を受ける細胞の周りに骨の組織が自然に形成され、ほかの部分は空洞になっている。ロンドンを拠点とする建築家のアンドレス・ハリスが設計した曲面状の屋根は、鳥の頭蓋骨に似た構造で覆われた緩衝材のネットワークを利用している。シュトゥットガルトのランデスガルテンシャウ展示ホールも同様に、軽量でスポンジのようなプレート（殻板）が連結された骨格を持つウニからインスピレーションを得ている。この展示ホールは、コンピューターによる入念な分析を経て、ロボットにより製作された厚さ50ミリの合板を組み立てて作られた。もしも魔法で卵をこの建物と同じ大きさに巨大化させたとしても、卵の殻はこの合板よりも分厚くなってしまう。

自然治癒する建築

自然には自然治癒能力が備わっている。人体が何らかの不調（多くは痛みとして感じられる）を検知すると、人体自身が持つ能力を駆使して問題を自ら解決する。それに対して、建造物に問題が発生した場合は、今までは私たちが介入して修理（人体であれば手術）を行わなければならなかった。しかし、リーズ大学のフィル・パーネルが率いるチームは、道路に埋められた配管の中を移動して欠陥を診断し、侵食や崩壊が起きる前に、まるで白血球のように修理を行うロボットを設計している。インスティテュート・オブ・メイキングのマーク・ミーオドヴニクは、くぼみなどの道路の欠陥を修復するドローン搭載型の３Ｄプリント技術を開発するチームを率いている。これが現実になれば、修復のために道路を閉鎖する必要はなくなり、費用は削減され、渋滞は緩和されるだろう。道路工事さえ、なくなるかもしれない。

また、ケンブリッジ大学のＣＳＩＣ（Cambridge Centre for Smart Infrastructure and Construction）チームは、新しい建造物に神経系を追加することを研究している。継続的に検知を行う機能を持った長さ数十キロメートルもの１本の光ファイバーケーブルにより、杭、トンネル、壁、斜面、橋の内部のひずみや温度を測定できるようになる。これまでは存在しなかったデータをエンジニアが収集して、設計した建造物から学べるようになるだけでなく、差し迫った問題に関する警告を受けることもできる。

未来の世界では、鉛筆のように細い高層ビルや保存されている歴史的建造物に、このような生物学的装置が組み込まれるだろう。すでに、マンハッタンの432パーク・アベニューなどの高層ビルは細長比（幅の14倍の高さ）を売りにしている。通常なら、このような超高層ビルには安定性と揺れに対応するためのダンパーが設置される。密集した都市におけるスペースの取り合いが激化すれば、オフィス、マンション、店舗、公共エリアを組み合わせたこのような構造がますます増えていくのではないか。また、歴史的建造物の多くは、時間の経過とともに性能が低下していく。このような建物は、多くの場合は上下水道設備に不具合を抱えている。加えて、梁や床がたわみ、十分な断熱が施されていないため、多くの熱が失われている。ロンドンの街の中を歩くと、背後の構造が取り壊されて支えがなく空に向かって伸びている、装飾の施された古いファサードに気づく。これらのファサードは、新しい建物が建設されるまでの間、ファサードを安定させるための梁と柱のネットワークによって実は見えないところで支持されているのだ。レーザーなどの技術を使用した詳細な3Dモデルを作成することで、エンジニアが古いものを理解し、新しいものと組み合わせることが容易になっている。

そして、私の人生をはるかに超えた未来を考えるならば、子孫たちは水中につくられた、割れない薄いガラスのカプセルの中に住んでいるかもしれない。未来の「超素材」であるグラフェンから作られた橋は、現在の10倍のスパンを達成していることだろう。もしかしたら、ニーズに合わせて形を整えたり変えたりできる生物学的材料から成る家を「育てる」ことになるかもしれない。

しかし、今のところ私が毎晩帰宅するのは、長方形の、頑丈なレンガでできた昔ながらのヴィクトリア様式のアパートだ。明かりを消して（かつてニューヨークで買って、ボロボロになった猫のぬいぐるみを抱きながら）眠りにつくとき、未来のウィトルウィウスやエミリー・ローブリングは何を生み出すのだろうかと考える。想像力があれば可能性は無限だ。夢見るものは何でも、エンジニアが実現できるのだから。

謝辞

たくさんの人に、ありがとうと言いたい。

本を書くなんて絶対にないと言って笑い飛ばしていた私の心に、種をまいてくれたステフ・エブドン。私は、この本を書き終えてとても幸せです。

私自身と私のアイデアを信じてくれた、とても有能なエージェントのパトリック・ウォルシュ。彼は、文章をどのように特徴づけるかを教えてくれただけでなく、執筆プロセスのすべての段階で私を支えてくれました。レオ・ホリスも私を支援し、良いタイミングで私にパトリックを紹介してくれました。

私の提案の中に何かを見出し、長年にわたる本書の執筆を通して導いてくれた素晴らしい編集者のナタリー・ベロス。彼女の洞察力、（休暇中であっても変わらない）熱心さ、細部へのこだわりは比類のないものです。リサ・ペンドレイとレナ・ホールは、本書が書籍の形で実現するよう、最後の仕上げまで導いてくれました。私の「文章を魅力的なもの」へと変えてくれたパスカル・カリス。あなたは、私の言葉に命を吹き込んでくれました。非の打ちどころのない校閲を行ってくれたベン・サムナー。そして、私の本をここまで育ててくれた世界的なブルームズベリー社のチーム。

私が出会った素晴らしいメキシコのエンジニアたち。メトロポリタン大聖堂を案内してくれたエフライン・オヴァンド・シェリー博士（メキシコ国立自治大学工学研究所）。そして、地盤と地震の問題を説明してくれたエドガー・タピア＝ヘルナンデス博士、ルシアーノ・フェルナンデス＝ソラ博士、ティシアーノ・ペレア博士、ユゴン・ファレス＝ガルシア博士（メトロポリタン自治大学―アスカポツァルコ）。メキシコシティへのひときわ思い出深い研究旅行を企画してくれたブリティッシュ・カウンシル。

私の研究に協力し、インタビューに応じてくれたタイドウェイのフィル・ストライド。WSP社のカール・ラツコ、ニール・プールトン、サイモン・ドゥリスコル、カリフォルニア大学バークレー校のロナルド・ラエル。貴重な見解を提供してくれたブルネル博物館のロバート・ハルス。

書籍関連の知識の泉、ロブ・トーマス（構造工学協会の図書館に在籍）は、世にまったく知られていない情報源さえも見つけ出し、私のとりとめのない話にどんなときでも耳を傾けてくれました。デブラ・フランシス（英国土木学会の図書館）も私を支援してくれました。

今まで会った中で最も素敵な人、マーク・ミーオドヴニク。あなたは私のためにたくさんのことをしてくれました。あなたの著書『人類を変えた素晴らしき10の材料』（今も私のベッドサイドに置いてある）は、私にインスピレーションを与えてくれています。私を支援し、コメントと批評を提供し、素晴らしい執筆仲間ノイ・ライトを紹介してくれたティマンドラ・ハークネス。

10年にわたる素晴らしい経験と成長の機会を与えてくれたジョン・パーカー、ディーン・リックス、ロン・スレイド、「ザ・シャードチーム」の皆さん、WSP社のディレクターたち。とても優しい雇い主のインターサーブ社のデイビッド・ホルムズ、ゴードン・キュー、AECOM社のジョン・プリストランド、マイク・バートン、ピーター・サットクリフ、ダレン・リーバー。私は「変わり者」の従業員であることを自覚しています。

本書を読んで事実関係をチェックするなどして私を支えてくれた親愛なる友人や同僚（および妹）の、デイビッド・モーンドリル、ジョー・ハリス、メイ・チウ、クリスティーナ・バー博士、ジェームス・ディクソン、プージャ・アグラワル、ニリ・アランベポラ、エマ・ボウズ、クリス・ゴスデン、ジェレミー・パーカー、カール・ラツコ、クリス・クリストーフィ。私たちの仕事の内容を公の場で人々に伝えるように私を刺激し、書いたり話したりする場を私に提供してくれたエンジニア、科学者、組織、研究機関の皆さん。私は、エンジニアのプロフェッションの全体の将来に関して（イノベーション、影響、包括性という観点において）、希望を抱いています。

私の家族（祖父母、叔母、叔父、いとこ、姪、甥、そして義母）は、常に私を励まし続け、この大きなプロジェクトが完成するのを辛抱強く待ってくれました。いつも私と共にいてくれた友人たち。最近あまり一緒に過ごせないので、早く会いたい。そして、もうここにはいない私の愛する人たち。あなたたちに会えなくてとても寂しいです。

私の両親、ヘム・アグラワルとリネット・アグラワル。私の妹、プージャ・アグラワル。

何から感謝すれば良いでしょう。「一所懸命」になれば、すべての望みを達成できるといつも励まし、レゴ、科学、世界各地への旅行を通じて私を刺激し、最高の教育を受けさせ、挑戦し、問いかけてくれたあなたたちのすべての愛に感謝します。

そして最後に、4年間の執筆を通して、ほかの誰よりも本書を読み、私が自信を失いかけたときには元気づけ、ダラダラしているときには叱り、知的なフィードバックを提供し、本書を命名し、私が夢みた以上のものを達成できるように励ましてくれたバドゥリ・ワダワディジ、別名「遊び人君」。あなたの愛に感謝します。これからも、もっともっと「本日の橋」が送られてきますように。

ロマ・アグラワル
2018年2月

■参考文献

Addis, Bill. Building: 3000 Years of Design Engineering and Construction. University of Michigan: Phaidon, 2007

Agrawal, Roma. 'Pai Lin Li Travel Award 2008 – Stress Ribbon Bridges.' The Structural Engineer, Volume 87, 2009

Agrawal, R., Parker, J. and Slade, R. 'The Shard at London Bridge.' The Structural Engineer, Volume 92, Issue 7, 2014

Ahmed, Arshad and Sturges, John. Materials Science in Construction: An Introduction. Routledge, 2014

Allwood, Julian M. and Cullen, Jonathan M. Sustainable Materials – Without the Hot Air: Making Buildings, Vehicles and Products Efficiently and with Less New Material. UIT Cambridge, 2015.

Balasubramaniam, R. 'On the corrosion resistance of the Delhi iron pil- lar.' Corrosion Science, Volume 42, Issue 12, 2000

Bagust, Harold. The Greater Genius? A Biography of Marc Isambard Brunel. The University of Michigan: Ian Allan, 2006.

Ballinger, George. 'The Falkirk Wheel: from concept to reality.' The Structural Engineer, Volume 81, Issue 4, 2003

Barton, Nicholas and Stephen Myers. The Lost Rivers of London: Their effects upon London and Londoners, and those of London and Londoners upon them. Historical Publications, Limited, 2016

British Constructional Steelworks Association. A Century of Steel Construction 1906–2006. British Constructional Steelworks Association, 2006.

Blockley, David. Bridges: The Science and Art of the World's Most Inspiring Structures. Oxford: Oxford University Press, 2010

Brady, Sean. 'The Quebec Bridge collapse: a preventable failure.' The Structural Engineer, 92 (12), 2014 (2 parts)

Brown, David J. Bridges: Three Thousand Years of Defying Nature. London: Mitchell Beazley, 1993

Bryan, Tim. Brunel: The Great Engineer. Ian Allan, 1999

Clayton, Antony. Subterranean City: Beneath the Streets of London. London: Historical Publications, 2010.

Cross-Rudkin, P. S. M., Chrimes, M. M. and Bailey, M. R. Biographical Dictionary of Civil Engineers in Great Britain and Ireland, Volume 2: 1830–1890

Crow, James Mitchell. 'The concrete conundrum.' Chemistry World, 2008 Davidson, D. 'The Structural Aspects of the Great Pyramid.' The Structural Engineer, Volume 7, Issue 7, 1929. (Paper read before the Yorkshire Branch at Leeds on 7 February 1929.)

Dillon, Patrick (writer) and Biesty, Stephen (illustrator). The Story of Buildings: From the Pyramids to the Sydney Opera House and Beyond. Candlewick Press, 2014. （パトリ

ック・ディロン『世界の美しい名建築の図鑑 THE STORY OF BUILDINGS』、藤村奈緒美訳、エクスナレッジ、2017）
European Council of Civil Engineers. Footbridges – Small is beautiful.
European Council of Civil Engineers, 2014.
Fabre, Guilhem, Fiches, Jean-Luc, Leveau, Philippe, and Paillet, Jean- Louis. The Pont Du Gard: Water and the Roman Town. Presses du CNRS, 1992.
Fahlbusch, H. 'Early dams.' Proceedings of the Institution of Civil Engineers - Engineering History and Heritage, Volume 162, Issue 1, 1 Feb 2009 (19–28)
'The Falkirk Wheel: a rotating boatlift.' The Structural Engineer, 2 January 2002
Fitchen, John. Building Construction Before Mechanization. MIT Press, 1989.
Giovanni, Pier and d'Ambrosio, Antonio. Pompeii: Guide to the Site.
Electa Napoli, 2002
Gordon, J.E. Structures: or why things don't fall down. Da Capo Press, 2009.
Gordon, J.E. The New Science of Strong Materials: or why you don't fall through the floor. United States of America: Penguin Books, 1991 （ジェイムス・エドワード・ゴードン『構造の世界―なぜ物体は崩れ落ちないでいられるか』、石川広三訳、丸善、1991）
Graf, Bernhard. Bridges That Changed the World. Prestel, 2005.
Hanley, Susan B. 'Urban Sanitation in Preindustrial Japan.' The Journal of Interdisciplinary History, Volume 18, No. 1, 1987
Hibbert, Christopher, Keay, John, Keay, Julia and Weinreb, Ben. The London Encyclopaedia. Pan Macmillan, 2011.
Holland, Tom. Rubicon: The Triumph and Tragedy of the Roman Republic.
Hachette UK, 2011. （トム・ホランド 『ルビコン―共和政ローマ崩壊への物語』小林朋則訳、中央公論新社、2006）
Home, Gordon. Old London Bridge. Indiana University: John Lane, 1931. Khan, Yasmin Sabina. Engineering Architecture: The Vision of Fazlur
R. Khan. W.W. Norton, 2004.
Lampe, David. The Tunnel. Harrap, 1963.
Landels, J.G. Engineering in the Ancient World. Berkeley and Los Angeles: University of California Press, 1978.
Landau, Sarah Bradford and Condit, Carl W. Rise of the New York Skyscraper 1865–1913. New Haven and London: Yale University Press, 1999.
Lepik, Andres. Skyscrapers. Prestel, 2008.
Levy, Matthys and Salvadori, Mario. Why Buildings Fall Down: How Structures Fail. United States of America: W.W. Norton, 2002. （初版の邦訳に以下がある:マッシス・レヴィ、マリオ・サルバドリー『建物が壊れる理由―構造の崩壊 その真相にせまる』、望月重、槇谷栄次訳、建築技術、1995）
Mathewson, Andrew, Laval, Derek, Elton, Julia, Kentley, Eric and Hulse, Robert. The Brunels' Tunnel. ICE Publishing, 2006.
Mays, Larry, Antoniou, George P. and Angelakis, N. 'History of Water Cisterns: Legacies and Lessons.' Water. 5. 1916-1940. 10.3390/w5041916.

McCullough, David. The Great Bridge: The Epic Story of the Building of the Brooklyn Bridge. Simon & Schuster, 1983
Mehrotra, Anjali and Glisic, Branko. Deconstructing the Dome: A Structural Analysis of the Taj Mahal. Journal of the International Association for Shell and Spatial Structures, 2015.
Miodownik, Mark. Stuff Matters: Exploring the Marvellous Materials That Shape Our Man-Made World. Penguin UK, 2013.
Oxman, Rivka and Oxman, Robert (guest-edited by). The New Structuralism. Design, engineering and architectural technologies. Wiley, 2010.
Pannell, J.P.M. An Illustrated History of Civil Engineering. Univerity of California: Thames and Hudson, 1964.
Pawlyn, Michael. Biomimicry in Architecture. RIBA Publishing, 2016. Pearson, Cynthia and Delatte, Norbert. Collapse of the Quebec Bridge,
1907. Cleveland State University, 2006
Petrash, Antonia. More than Petticoats: Remarkable New York Women.
Globe Pequot Press, 2001
Poulos, Harry G. and Bunce, Grahame. Foundation Design for the Burj Dubai – The World's Tallest Building. Case Histories in Geotechnical Engineering, Arlington, VA, August 2008.
Randall, Frank A. History of the Development of Building Construction in Chicago Safety in tall buildings. Institution of Structural Engineers working group publication, 2002
Salvadori, Mario. Why Buildings Stand Up. United States of America: W.W. Norton and Company, 2002. （マリオ・サルバドリー『建物はどうして建っているか―構造―重力とのたたかい』、望月重訳、鹿島出版会、1980）
Santoyo-Villa, Enrique and Ovando-Shelley, Efrain. Mexico City's Cathedral and Sagrario Church, Geometrical Correction and Soil Hardening 1989–2002– Six Years After.
Saunders, Andrew. Fortress Britain: Artillery Fortification in the British Isles and Ireland. Beaufort, 1989.
Scarre, Chris (editor). The Seventy Wonders of the Ancient World: The Great Monuments and How They Were Built. Thames & Hudson, 1999.
Shirley-Smith, H. The World's Greatest Bridges. Institution of Civil
Engineers Proceedings, Volume 39, 1968.
Smith, Denis. 'Sir Joseph William Bazalgette (1819-1891); Engineer to the Metropolitan Board of Works.' Transactions of the Newcomen Society, Vol.58, Iss. 1, 1986
Smith, Denis (editor). 'Water-Supply and Public Health Engineering',
Studies in the History of Civil Engineering, Volume 5 Sprague de Camp, L. The Ancient Engineers. Dorset, 1990.
Soil Survey, Tompkins County, New York, Series 1961 No.25. United States Department of Agriculture, 1965.

Trout, Edwin A.R.. 'Historical background: Notes on the Development of Cement and Concrete', September 2013
Tudsbery, J.H.T. (editor). Minutes of Proceedings of the Institution of Civil Engineers
Vitruvius. The Ten Books on Architecture (translated by Morgan, Morris Hicky). Harvard University Press, 1914. (ウィトルーウィウス『ウィトルーウィウス建築書』、森田慶一訳、東海大学出版会、1979)
Walsh, Ian D. (editor). ICE Manual of Highway Design and Management.
ICE Publ., 2011.
Weigold, Marilyn E. Silent Builder: Emily Warren Roebling and the Brooklyn Bridge. Associated Faculty Press, 1984
Wells, Matthew. Engineers: A History of Engineering and Structural Design. Routledge, 2010.
Wells, Matthew. Skyscrapers: Structure and Design. Laurence King Publishing, 2005.
West, Mark. The Fabric Formwork Book: Methods for Building New Architectural and Structural Forms in Concrete. Routledge, 2016.
Wood, Alan Muir. Civil Engineering in Context. Thomas Telford, 2004. Wymer, Norman. Great Inventors (Lives of great men and women, series
III). Oxford University Press, 1964. https://www.tideway.london

http://puretecwater.com/reverse-osmosis/what-is-reverse-osmosis http://www.twdb.texas.gov/publications/reports/numbered_reports/
doc/r363/c6.pdf
http://mappinglondon.co.uk/2014/londons-other-underground-network/ http://www.pub.gov.sg/about/historyfuture/Pages/HistoryHome.aspx http://www.clc.gov.sg/Publications/urbansolutions.htm http://www.thameswater.co.uk/ http://www.bssa.org.uk/about_stainless_steel.php?id=31 https://www.newscientist.com/article/dn19386-for-self-healing-concrete-
just-add-bacteria-and-food/
http://www.thecanadianencyclopedia.ca/en/article/quebec-bridge- disaster-feature/
http://www.documents.dgs.ca.gov/dgs/pio/facts/LA workshop/climate.pdf http://www.cement.org/
http://www.unmuseum.org/pharos.htm http://www.otisworldwide.com/pdf/AboutElevators.pdf http://www.waterhistory.org/histories/qanats/qanats.pdf http://users.bart.nl/~leenders/txt/qanats.html
http://water.usgs.gov/edu/earthwherewater.html http://www.worldstandards.eu/cars/driving-on-the-left/
http://journals.plos.org/plosone/article?id=10.1371/journal.pone.
0026847
https://www.youtube.com/watch?v=gSwvH6YhqIM
http://www.livescience.com/8686-itsy-bitsy-spider-web-10-times- stronger-kevlar.html
http://linkis.com/www.catf.us/resource/flbGp http://www.bbc.co.uk/news/

magazine-33962178 http://www.romanroads.org/
http://www.idrillplus.co.uk/CSS ROADMATERIALSCONTAINI NGTAR 171208.pdf
http://www.groundwateruk.org/Rising_Groundwater_in_Central_ London.aspx
http://indiatoday.intoday.in/story/1993-bombay-serial-blasts-terror- attack-rocks-india-financial-capital-over-300-dead/1/301901.html http://www.nytimes.com/1993/03/13/world/200-killed-as-bombings-
sweep-bombay.html?pagewanted=all http://www.bbc.co.uk/earth/story/20150913-nine-incredible-buildings-
inspired-by-nature
http://www.thinkdefence.co.uk/2011/12/uk-military-bridging-floating- equipment/
http://www.meadinfo.org/2015/08/s355-steel-properties.html?m=1 http://www.fabwiki.fabric-formedconcrete.com/
http://www-smartinfrastructure.eng.cam.ac.uk/what-we-do-and-why/ focus-areas/sensors-data-collection/projects-and-deployments- case-studies/fibre-optic-strain-sensors
http://www.instituteofmaking.org.uk/research/self-healing- cities

■図版クレジット

P.17下 courtesy of Martin Avery
P.19 courtesy of John Parker and Roma Agrawal
P.21 courtesy of Major Matthews Collection;
P.27 © kokkai
P.36 © Dennis K. Johnson;
P.44上 © Prisma by Dukas Presseagentur GmbH / Alamy Stock Photo
P.44下 © Fernand Ivaldi; P.16 © Craig Ferguson
P.50 © robertharding / Alamy Stock Photo
P.60 © Evening Standard / Stringer
P.80 © mmac72
P.81 © Darren Robb
P.89 © Anders Blomqvist
P.95 © duncan1890
P.101下 © Henry Ausloos
P.105 courtesy of Roma Agrawal
P.111 © DNY59; P.112 © Allan Baxter
P.143 courtesy of Roma Agrawal
P.153下 courtesy of wikipedia
P.157 © Alvin Ing, Light and Motion
P.160 © Garden Photo World / Suzette Barnett
P.173上 © Paola Cravino Photography
P.187 © De Agostini / L. Romano
P.196 courtesy of wikipedia
P.214 © exaklaus-photos
P.235 © Heritage Images
P.239 © Heritage Images
P.251 © Everett Collection Historical / Alamy Stock Photo
P.257 © Fotosearch / Stinger
P.265 © Stock Montage
P.268 © Washington Imaging / Alamy Stock Photo
P.275 © Popperfoto
P.281 © North Wind Picture Archives / Alamy Stock Photo
P.283 © Empato

著者略歴――――

ロマ・アグラワル　ROMA AGRAWAL

構造エンジニア。インド系イギリス系アメリカ人。オックスフォード大学で物理学の学士号を取得した後、インペリアル・カレッジ・ロンドンで構造工学の修士号を取得。西ヨーロッパ一の高さを誇るビル「ザ・シャード」やノーザンブリア大学歩道橋をはじめとして、数々の有名な建造物の構造設計に関わる。英国王立工学アカデミーのルーク賞を含む数々の国際的な賞を受賞している。

訳者略歴――――

牧尾晴喜　まきお・はるき

株式会社フレーズクレーズ代表。建築やデザイン分野において、翻訳や記事制作を手がけている。1974年、大阪生まれ。メルボルン大学での客員研究員などを経て独立。一級建築士、博士(工学)。主な訳書・監訳書に、『幾何学パターンづくりのすべて』、『〈折り〉の設計―ファッション、建築、デザインのためのプリーツテクニック』、『箱の設計―自由自在に「箱」を生み出す基本原理と技術』(以上、ビー・エヌ・エヌ)、『世界の橋の秘密ヒストリア』、『あるノルウェーの大工の日記』(以上、エクスナレッジ)などがある。「AXIS(アクシス)」、「VOGUE JAPAN」、「GQ JAPAN」、「GA」といった雑誌で記事の翻訳・執筆も手がけている。

世界を変えた建築構造の物語

2022年9月29日　第1刷発行

著　者　ロマ・アグラワル
訳　者　牧尾晴喜
装幀者　トサカデザイン(戸倉 巌、小酒保子)
装　画　平田利之
発行者　藤田　博
発行所　株式会社 草思社
〒160-0022　東京都新宿区新宿1-10-1
電話　営業 03(4580)7676　編集 03(4580)7680

本文組版　有限会社 一企画
本文印刷　株式会社 三陽社
付物印刷　株式会社 平河工業社
製本所　加藤製本 株式会社
翻訳協力　上田麻紀／荒木久幸／田中祥子
（株式会社フレーズクレーズ）

ISBN978-4-7942-2604-4 Printed in Japan　検印省略